Seeker

WILLIAM NICHOLSON

Seeker

Nobles Guerriers I

Traduit de l'anglais
par Diane Ménard

GALLIMARD JEUNESSE

Titre original : *Seeker*
Publié initialement par Egmont UK Limited, Londres, 2005

PROLOGUE

La légende des Nobles Guerriers

Après maints errements et maintes pérégrinations, le jour le plus long de l'année, le Frère arriva dans l'île où le monde a commencé. Ce monde s'appelait Anacréa, car c'était l'endroit de la première création. Il bâtit sa maison là, et y vécut seul, paisiblement.

En plein cœur de l'hiver, alors que les jours étaient courts et les nuits glaciales, le Frère fut réveillé par des pleurs dans l'obscurité. Il se leva, alluma une lanterne et se dirigea vers la porte.

— Qui est là ? demanda-t-il. Pourquoi pleurez-vous ?

Une voix répondit :

— Je suis l'Enfant Perdu.

Le Frère ouvrit la porte et vit à la lueur de sa lanterne un petit enfant qui tremblait de froid. Il le fit entrer et alimenta le feu. Il enveloppa l'enfant dans une couverture, prépara du bouillon pour qu'il mange, puis lui donna son lit pour qu'il dorme.

Cette nuit-là, le Frère fit un rêve. Dans ce rêve, l'enfant lui parlait et lui disait : « Je suis le Tout et l'Unique. Je suis la Raison et le But. » Puis, dans son rêve, l'enfant changeait de forme et devenait une dame au visage empreint de douceur. « Je suis la Mère Aimante, disait-elle. Je te réconforterai. » Ensuite, la forme changeait encore, et devenait un guerrier recouvert d'une armure tachée de sang. « Je suis le Guerrier Blessé, annonçait-il. Je te donnerai la force. » Puis la forme changeait à nouveau, et devenait un homme aveugle. « Je suis le Père Sage, je te guiderai jusqu'au jour où viendra l'Assassin qui finira par me trouver. »

Le lendemain, le Frère proposa à l'enfant :

— Reste avec moi. Je te ferai un Jardin, où tu pourras vivre en paix.

Et l'enfant resta.

D'autres personnes vinrent vivre dans cette île, et toutes se jurèrent de protéger l'Enfant Perdu, qu'elles savaient être le seul vrai dieu.

Un jour, un redoutable seigneur de guerre nommé Noman arriva. Il voulut voir l'enfant-dieu de ses propres yeux. Il entra dans le Jardin, et y resta un jour et une nuit. Lorsqu'il en sortit, il s'agenouilla humblement devant les frères et les sœurs, et leur offrit sa force de guerrier pour qu'ils puissent protéger l'Enfant Perdu.

Noman construisit un grand château fortifié autour du Jardin, qu'il appela le Nome. Il découvrit le secret de la vraie force, puis le transmit à ses frères et sœurs, qui devinrent puissants. Ils désignèrent Noman comme chef, et décidèrent que désormais, eux-mêmes prendraient le nom de Nomanas. Mais Noman n'oublia jamais la menace qui pesait sur eux et qui avait été révélée au Premier Frère dans son rêve.

— Un jour, sûrement, l'Assassin viendra. Et ce jour-là, notre dieu mourra.

Avant de les quitter pour toujours, Noman s'adressa aux frères et aux sœurs :

— Ne cherchez pas le pouvoir. Le pouvoir qui nous est donné ne nous est pas destiné, il doit servir aux autres. Combattez la cruauté et l'injustice du monde. Cette lutte ne prendra jamais fin : mais le peu que nous puissions faire, nous devons l'accomplir, afin que d'autres sachent que les hommes bons peuvent aussi être forts.

Ainsi commencèrent les missions des Nomanas, au cours desquelles les frères et les sœurs voyagèrent loin, traversant les plus vastes étendues. Ils ne demandaient rien pour eux-mêmes, rendaient la justice aux opprimés et la liberté aux asservis. C'est pourquoi ils étaient aimés, et connus sous le nom de Nobles Guerriers.

PREMIÈRE PARTIE

ANACRÉA

Mes frères :
Nous devons affronter un danger grave et imminent.
Ceux qui nous craignent veulent notre destruction.
Nous ne savons pas quand l'attaque viendra, de quelle côté elle partira, ni quelles puissances se dresseront contre nous. Nous savons simplement qu'une nouvelle arme se prépare pour nous détruire.
Comment nous défendre contre ce danger inconnu ?
Par la vigilance. Par la sagesse. Par le sacrifice.

I

Le lever du jour

Seeker se réveilla plus tôt que d'habitude, bien avant l'aube, et resta étendu dans l'obscurité, en pensant à la journée qui l'attendait. C'était le plein été, et il ne manquait plus qu'une semaine avant le jour le plus long de l'année. A l'école, c'était la date de l'examen mensuel. Et c'était celle de l'anniversaire de ses seize ans.

Incapable de dormir, il se leva, s'habilla en silence pour ne pas réveiller ses parents, et sortit dans la rue silencieuse. A la lumière des étoiles, il se dirigea vers les marches qui se dessinaient en zigzag sur la colline et commença à les gravir. Il regardait en même temps le ciel vers l'est et vit à l'horizon la première lueur pâle, argentée, qui annonçait la venue de l'aube.

Il avait décidé de contempler le lever du soleil.

En haut des marches, le chemin s'aplanissait et conduisait à la place du Nome, pavée de dalles de pierre. A sa droite s'élevait la grande masse sombre du Nome, le château-monastère qui dominait l'île. A sa gauche, l'allée bordée de vieux pins foudroyés par l'orage, qui donnait sur la mer. Il connaissait bien ces arbres, c'étaient ses amis. Il venait souvent là, pour être seul, et pour regarder l'océan immense, jusqu'aux confins du monde.

Il y avait un garde-fou en bois tout au bout de l'allée, pour avertir les passants de ne pas aller plus loin.

Derrière le garde-fou, une pente abrupte aboutissait à une falaise qui descendait à pic sur l'océan. Plusieurs centaines de mètres en dessous, plus bas que les faucons qui planaient à la recherche de proies dans les nids, plus bas que les vols circulaires des mouettes, les vagues se brisaient contre de sombres rochers. C'était la partie la plus au sud de l'île. Au-delà, il n'y avait plus que la mer et le ciel.

Seeker resta près du garde-fou, regardant la lumière filtrer dans le ciel, et il frissonna. Le ruban d'or qui scintillait à présent à l'horizon lui parut être la promesse d'un changement : un avenir où tout serait différent. Le jour se levait, et il avait seize ans, il n'était plus un enfant. Sa vie réelle, la vie qu'il attendait depuis si longtemps, allait commencer.

La lueur dorée de l'aurore prenait une teinte rouge. A l'est, toutes les étoiles s'estompaient dans la lumière, et les cortèges de nuages duveteux s'ourlaient d'écarlate. A tout moment, le soleil lui-même briserait la ligne d'horizon.

Comment un jour nouveau peut-il commencer ainsi, pensa-t-il, sans que rien ne change ?

Voilà, la boule écarlate, flamboyante, crevait la ligne entre le ciel et la mer, éclaboussant l'eau de rayons lumineux. Seeker détourna les yeux, ébloui, et vit la lumière rouge se refléter sur le tronc des pins, sur les hauts murs de pierre du Nome. Sa propre main aussi, qu'il tendait devant lui, baignée par les premiers rayons du soleil, lui parut à la fois familière et différente. En avançant lentement, il leva ses deux bras au-dessus de sa tête, pointa ses index vers le ciel, et les réunit. C'était le salut des Nomanas.

Ceux qui désiraient devenir de Nobles Guerriers rejoignaient le Nome à l'âge de seize ans.

Il entendit un léger bruit derrière lui. Il se retourna, surpris, et vit une silhouette dans l'allée. Il rougit et baissa les bras. Puis il inclina respectueusement la tête, car celui ou celle qui l'observait faisait partie des Nomanas.

— Tu t'es levé tôt.

Une femme. Elle avait une voix chaude et amicale.

— Je voulais voir l'aube.

Seeker était gêné qu'elle l'ait vu faire un salut auquel il n'avait pas droit, mais elle ne le réprimanda pas. Il inclina de nouveau la tête, et commença à redescendre l'allée, à présent baignée par la lumière éclatante du soleil levant. Lorsqu'il passa à côté de la Noma, elle lui dit :

— Il n'est pas nécessaire d'être malheureux.

Il s'arrêta net, et se retourna pour la regarder. Comme tous les Nomanas, elle portait un bandane sur la tête, qui laissait son visage dans l'ombre. Mais il sentit qu'elle souriait à moitié lorsqu'elle croisa son regard.

— Je suis malheureux.

La Noma continua de le regarder en lui souriant gentiment.

— Qui es-tu ?

Il lui donna son nom en entier, le nom que son père avait choisi pour lui, le nom qu'il détestait.

— Seeker, le Chercheur de Vérité.

— Ah oui, le fils du professeur.

Son père était directeur de la seule école de l'île. Il éduquait Seeker pour qu'il devienne professeur, comme lui.

— Ta vie t'appartient, dit la Noma. Si ce n'est pas la vie que tu désires, tu peux en changer.

Seeker se dirigea lentement vers les marches, puis il les redescendit jusqu'à chez lui, en pensant aux paroles de la Noma. Depuis toujours, il avait fait ce que son père avait attendu de lui. Il avait été invariablement le premier de sa classe, et était même devenu le meilleur élève de l'école. Il savait que son père était fier de lui. Mais il ne voulait pas mener la même vie que son père.

Seeker voulait être un Noble Guerrier.

II

Le temps de la moisson approche

Le soleil du matin venait de passer au-dessus des montagnes, et ses rayons brillants tombaient, obliques, sur le versant ouest, baignant les plaines d'une lumière dorée. Les chèvres broutaient tranquillement dans les hauts pâturages, projetant leur ombre allongée sur l'herbe humide de rosée. Le chevrier, un garçon maigre et dégingandé, sentant le soleil dans son dos, leva son bâton le plus haut possible au-dessus de sa tête, de sorte que son ombre s'étire jusqu'aux méandres scintillants du fleuve, tout en bas. Une route longeait le fleuve, sur laquelle il distingua nettement un convoi de chars à bœufs qui avançait, aussi petits que des jouets, mais bien visibles. Trois chars, chacun d'eux tiré par deux bœufs, se dirigeaient lentement vers l'ouest. Il pouvait entendre le claquement des sabots et le grincement des roues dans l'air pur. Puis, poussée par une faible brise, les voiles molles, une barge glissant sur le fleuve arriva à leur hauteur. Les voix des bateliers criant bonjour aux charretiers parvinrent jusqu'à lui. Le chevrier bougea son bâton pour que son ombre, au loin, touche la voile de la barge. C'était un jeu qu'il répétait chaque matin, pendant les quelques minutes où l'angle de la lumière était parfait. Bientôt, le soleil serait trop haut dans le ciel, et il ferait trop chaud pour ce genre de jeu. Alors, il irait chercher de l'ombre sous un pin parasol, où ses chèvres ne manqueraient pas de le rejoindre.

— Viens là, ma vieille ! Avance !

Une de ses chèvres avait une patte postérieure estropiée et traînait derrière les autres. Elle le cherchait toujours du regard lorsqu'il parlait, et semblait comprendre ses paroles. Il passait les longs jours d'été seul, et aimait entendre une voix de temps à autre, même si ce n'était que la sienne.

Soudain, il entendit une autre voix, que son troupeau ne pouvait percevoir.

Chevrier !

Il lâcha aussitôt son bâton et se laissa tomber à genoux. Il toucha le sol de son front.

— Je suis là, maîtresse.

Nous avons besoin de tes yeux.

— A vos ordres, maîtresse.

Il tremblait, agenouillé, écoutant dans sa tête la voix adorée, anticipant déjà sa récompense.

Lève-toi et regarde sans ciller le paysage qui s'étend à tes pieds.

Le chevrier se leva, toujours tremblant, et survola les plaines du regard. Il sentit le doux bourdonnement dans sa tête, qui se produisait toujours dans ces moments-là. La première fois, il avait eu peur : cette voix, ce bourdonnement, la sensation que quelque chose était entré en lui qu'il ne pouvait pas contrôler. Mais il avait appris qu'il n'avait rien à craindre. Et lorsque ce serait fini, alors viendrait la douceur.

Ils regardent.

A travers les yeux du chevrier ils voient les miroitements du soleil sur la terre. Ils voient le fleuve scintillant, avec la barge qui disparaît au détour d'un méandre. Ils voient les chars à bœufs qui avancent lentement sur la route poussiéreuse. Loin sous la terre, les murailles silencieuses frémissent d'images venues de très loin.

Ils sont vieux, tous autant qu'ils sont. Si vieux que lorsqu'ils parlent, leurs lèvres ne bougent pas, et que le son de leurs paroles remue à peine l'air humide.

— Là-bas. La ville près du lac.

Ils regardent attentivement, avidement, l'éclat doré des toits qui se serrent sur le rivage du grand lac. La cité de Radiance.

— Les gens sont gouvernés par des prêtres. Ils croiront ce qu'on leur dira de croire.

— Sont-ils nombreux ? Nous avons besoin de beaucoup de monde.

— Ils sont nombreux. Ils nous donneront ce dont nous avons besoin.

Les voix se répondent après de longs silences. Le temps n'a pas d'importance, ici, dans le calme et l'obscurité des profondes cavernes.

— Il vaut mieux qu'il n'y ait que quelques personnes qui vivent éternellement jeunes, plutôt que d'être tous emportés par la mort.

— Éternellement jeunes !

Les gorges usées par les années répètent ces mots qui sont murmurés de bouche en bouche comme une prière.

— Éternellement jeunes !

C'est leur rêve, leur passion, le seul espoir qui les maintient en vie. C'est le travail de toute leur existence, et le travail de ceux qui les ont précédés. Ils subsistent dans les profondeurs de la terre, pratiquement sans bouger, en se préservant des écarts de température. Bien que leurs puissants cerveaux travaillent moins vite, désormais, ils se rapprochent cependant de leur but. Elles le sentent, ces créatures flétries dont les narines n'ont pas connu de sensation nouvelle depuis des décennies, elles sentent qu'une nouvelle vie va arriver.

Elles l'appellent la moisson.

A présent, leurs yeux usés parcourent lentement le paysage qui miroite devant eux, le long du large fleuve qui se jette dans la mer. Là où le fleuve rejoint la mer, il y a une île, à peine plus grande qu'un rocher dans l'estuaire. C'est Anacréa, le pays des Nomanas, qu'on appelle aussi les Nobles Guerriers.

— Et les Nomanas ?

Seuls les Nomanas sont un obstacle sur leur chemin. Seuls les Nobles Guerriers ont le pouvoir de résister à leur volonté.

— Les Nomanas seront détruits.

— Ah !

Les faibles souffles exhalent leur approbation.

— Nous donnerons l'ordre de construire une arme. Cette arme détruira l'île d'Anacréa. Et lorsque Anacréa aura disparu, le pouvoir des Nomanas sera anéanti.

— Ah !

— Alors la moisson commencera.

— Bientôt, murmurèrent les voix. Bientôt, bientôt ! Faites que ce soit bientôt !

— Ce sera bientôt. Le temps de la moisson approche.

Dans les pâturages, le chevrier sentit le bourdonnement disparaître dans sa tête, et il sut que c'était fini.

— Ai-je bien mérité, maîtresse ? demanda-t-il.

Tu as bien mérité.

Alors la douceur se répandit en lui. Il se laissa glisser sur le sol et resta allongé là, complètement détendu, s'abandonnant à la chaude ivresse de l'extase.

III

Une petite révolte

Seeker était assis à sa table, en classe. Il regardait par la fenêtre le mur blanchi à la chaux, et au-delà, la ligne droite de l'horizon au-dessus de l'océan. Il pensa à ce qu'il était sur le point de faire, et frissonna.

Les cours n'avaient pas encore commencé, et il était seul dans la salle. Par la porte ouverte, derrière lui, il entendait les cris de ses camarades qui se poursuivaient les uns les autres entre les platanes, retardant le plus possible leur entrée dans la classe. Un oiseau passa comme un éclair devant la fenêtre : bout des ailes noir et blanc, bec crochu, tête noire, gorge blanche, un faucon pèlerin en quête de proie. Il les connaissait tous, avait appris le nom de chacun. Il aimait connaître les noms.

Loin au-dessus, la cloche du monastère sonna l'heure, avec ses coups lents au son grave, dont on sentait les profondes vibrations, plus qu'on ne les entendait. Suivit le bruit de pas vif de son père-professeur. Le grincement de la poignée de la porte, lorsqu'il entra. Le froissement des papiers entre ses mains. Son père passa entre les tables pour déposer sur chacune d'elles un papier d'examen retourné : flop, flop, flop. Puis il prit place derrière son bureau, face aux élèves qui n'étaient pas encore rentrés, et concentra son attention sur ses papiers, sans adresser un mot ni un regard à son fils, seul autre être vivant qui respirait dans la pièce.

Seeker l'observa en silence. Son père était grand, avec un front haut et lisse dans un visage long et lisse. Son expression habituelle était une impatience polie. Il vous regardait d'une telle façon, de ses yeux bleus qui ne cillaient pas, qu'il donnait l'impression de savoir d'avance tout ce que vous alliez lui dire et d'avoir une réponse prête avant même que vous ayez commencé à parler.

La cloche de l'école sonna pour que les élèves entrent, et les cris se turent au-dehors, tandis qu'ils se dirigeaient vers leur classe. Le père de Seeker garda le regard baissé sur ses papiers jusqu'au dernier bruit de chaise. Il posa alors son stylo, leva ses yeux bleus dépourvus de toute expression, puis parla de sa voix douce et implacable :

— Vos feuilles d'examen sont sur la table. Écrivez votre nom en haut de chacune d'elles. Rappelez-vous qu'il ne suffit pas de donner une réponse exacte. Les notes dépendent également de la grammaire, de l'orthographe, de la ponctuation, de la lisibilité de votre écriture, et du soin que vous apporterez à votre travail. Vous pouvez commencer.

Il y eut un bruissement de papier dans toute la classe, tandis que l'on retournait les feuilles d'examen. Dix questions. Une heure pour y répondre. Seeker écrivit son nom sur les pages blanches, devant lui : « Seeker — Le Chercheur de Vérité. » Puis il lut la première question.

« Un homme veut mesurer la hauteur d'un arbre près de sa maison, et il vous demande de l'aider. Sa méthode consiste à mesurer l'ombre de l'arbre lorsqu'elle est exactement égale à la hauteur de l'arbre. Vous savez que le soleil se lève à 5 h 08 du matin et qu'il se couche à 18 h 40. A quelle heure lui conseilleriez-vous de prendre ses mesures ? »

Seeker fixa sa feuille pendant un long moment. Il était excellent en problèmes, et sut aussitôt comment répondre à la question.

Il s'aperçut que sa main tremblait trop fort pour écrire. Il mit son pouce gauche dans sa bouche et le mordit de toutes ses forces, se servant de sa douleur pour se calmer les nerfs. Puis il écrivit rapidement : « C'est un méchant homme qui abat des arbres, tous différents les uns des autres, pour en faire des planches qui sont toutes pareilles. Je ne l'aiderai pas. »

Il poussa un long et profond soupir. C'était fait. Il ne pouvait plus revenir en arrière. Le reste fut beaucoup plus facile.

La deuxième question était : « Décrivez le cycle de la chute de la pluie à l'aide de diagrammes. »

Seeker écrivit plus soigneusement, cette fois, pour ne pas oublier de faire des fautes d'orthographe : « Dabors la plui tombe dé nuauges et fai des flaqes, puis la plui remonte dé flaqes et fai des nuauges. »

Il traça un petit diagramme avec des flèches qui partaient dans n'importe quelle direction. Sa main ne tremblait plus.

La troisième question était : « En utilisant vos propres mots, décrivez la mission sacrée des Nomanas, également connus sous le nom de Nobles Guerriers. »

Seeker écrivit : « Lé Nomanas donne dé coup sur le nez des méchants ils lé bousille et lé écrabouille hip hip hip hourrah. »

Il commençait à se sentir plus léger. Il regarda furtivement les autres élèves, mais ils avaient tous la tête penchée sur leur copie. Il leva les yeux vers son père. Lui aussi était concentré sur son travail. Seeker plongea son porte-plume dans l'encrier, puis le tenant au-dessus de la feuille sur laquelle il venait d'écrire, il fit tomber des gouttes d'encre sur le reste de la page blanche. Chaque goutte fit des éclaboussures entourées de petites pattes, comme une araignée. A côté de ces taches d'encre, il écrivit : « Papa Arégné, maman Arégné, baibé Arégné. »

Ensuite, il ne répondit plus aux questions. Il passa le reste de l'heure à écrire de la main gauche, pour que son écriture soit aussi mauvaise que possible. Il gribouilla :

« *Jai tut oublié* »

« *Ma tete es vide* »

« *je sé rien* »

« *Je sui un idio* ».

Chaque question valait dix points, la meilleure note était donc cent. Jusqu'alors, Seeker n'avait jamais eu moins de quatre-vingt. Avec cette copie, en comptant les points enlevés pour fautes d'orthographe et manque de soin, il serait bien en dessous de zéro. Grâce à ce seul examen, il retomberait parmi les derniers de la classe. Peut-être alors, son père consentirait-il à l'écouter.

A la fin de l'heure, il tendit sa copie comme d'habitude, mais au fond de lui, il se sentait bizarre, pris d'un léger vertige, comme si son corps n'avait plus de poids et flottait un peu au-dessus du sol. Il ne pouvait imaginer comment son père allait réagir à ce qu'il avait fait. Ce qu'il savait, c'est que ça allait tout changer.

— Les résultats après la pause, annonça calmement son père, comme à l'accoutumée.

En sortant de la classe, Seeker entendit Précieuse Aubaine demander à Noise :

— Comment ça s'est passé ?

— Mal, comme d'habitude, dit Noise, en lui prenant le bras. Allez, viens à l'ombre ! On va s'amuser un peu.

Elles s'éloignèrent sans se presser, bras dessus, bras dessous, et Seeker les suivit seul. C'était une chaude journée, trop chaude pour rester au soleil. Les autres se jetèrent sur le sol poussiéreux, à l'abri des platanes. Un peu plus loin, les enfants d'une petite classe jouaient à se poursuivre autour du bassin ornemental de la cour pavée, poussant des cris aigus et s'appelant les uns les autres. Seeker s'appuya contre le mur blanchi à la chaux, tiédi par les rayons du soleil, le même mur qu'il voyait de la classe quand il était assis à sa place. Il se souvint du nombre de fois où il avait couru, lui aussi, tout autour du bassin quand il était petit, plusieurs années auparavant, à l'époque où son frère était encore à l'école. Tant que Flamb avait été là, tout s'était bien passé. Flamb était grand, robuste, et il s'était occupé de son petit frère depuis le premier jour de classe jusqu'à celui de son départ. Mais ensuite Flamb était parti pour s'entraîner à devenir un Noma.

Seeker leva les yeux vers les rues en terrasse qui sillonnaient les pentes raides de l'île, jusqu'au grand château-monastère du Nome, tout en haut. C'était là que se trouvait Flamb, à présent. Il avait été accepté comme novice trois ans auparavant, et Seeker ne l'avait plus revu depuis lors. Il lui manquait beaucoup. Il pensait à lui tous les jours sans exception. Pas seulement parce que son grand frère le protégeait. Mais parce que d'une certaine manière, tant que Flamb avait été là, leur père avait laissé Seeker tranquille. Après tout, Flamb était l'aîné, la fierté de son père qui l'avait promis au Nome dès le jour de sa naissance. Flamb avait toujours été destiné à être un Noble Guerrier, et son nom entier avait été choisi en conséquence : il s'appelait Flamb le Juste.

Seeker scruta le long mur de granit du monastère, qui semblait suspendu au-dessus des falaises abruptes qui dominaient l'océan. Cette partie du Nome était fermée à tout le monde, à l'exception des membres de la communauté. Parfois il faisait de grands signes de la main vers les hautes fenêtres, en pensant que Flamb regardait peut-être dehors, qu'il le voyait peut-être lui faire signe, et se souviendrait de lui. Dans ces moments-là, il avait l'impression d'apercevoir son visage large et ouvert, les yeux baissés vers lui, en train de lui sourire. Il lui semblait même entendre sa voix familière lui dire : « Il est temps de rentrer à la maison, petit frère. » Il sentait presque son bras fort passé autour de ses épaules.

Un faucon descendit en piqué, peut-être était-ce le même pèlerin qu'il avait vu de sa table avant l'examen. En suivant le vol tournant de l'oiseau, son regard tomba sur les fenêtres de sa classe. Son père était assis à son bureau, seul dans la salle, annotant les copies d'examen.

« Résultats après la pause. »

Son père pensait que les examens devaient être notés tout de suite, pendant que le souvenir des questions était encore frais dans les esprits. Il notait vite, et était scrupuleusement juste. Seeker se sentit rougir en imaginant son père en train de lire sa copie. Il serait furieux, bien sûr. Probablement stupéfait. Peut-être même blessé. Mais c'était fait, à présent.

La cloche sonna la fin de la récréation. Cette fois, Seeker fut l'un des derniers à entrer dans la classe. Il évita de croiser le regard de son père en regagnant sa place. Il s'assit, les yeux baissés, en écrasant l'ongle de son pouce gauche sous l'ongle de chaque doigt de sa main droite, l'un après l'autre. La sensation aiguë que cela provoqua, et qui n'était ni tout à fait de la douleur ni tout à fait du plaisir, l'empêcha de trembler.

Le professeur passa lentement entre les tables, pour rendre les copies. Il annonçait les notes à haute voix, en ajoutant chaque fois un bref commentaire.

— Précieuse Aubaine, cinquante-huit. Manque d'attention dans le calcul, Précieuse. Vérifiez toujours votre réponse.

— Oui, monsieur.

— Rose, soixante et onze. De grands progrès, Rose. Vous êtes troisième.

— Merci, monsieur.

— Noise, trente-huit. Vous n'avez répondu qu'à six questions, Noise. Êtes-vous satisfaite ?

— Non, monsieur.

— Moi non plus. Faites mieux la prochaine fois, s'il vous plaît.

Seeker sentit la présence de son père tandis qu'il s'approchait de lui. Il vit sa copie tomber sur sa table, retournée. Il resta immobile, les yeux baissés.

— Seeker, dit le professeur, d'une voix aussi neutre que d'habitude. Quatre-vingt-seize. Meilleur devoir de la classe.

Seeker sursauta, relevant brusquement la tête, son regard cherchant celui de son père. Mais celui-ci se dirigeait déjà vers une autre table. Derrière lui, il entendit Noise chuchoter quelque chose à Précieuse Aubaine, et il entendit Précieuse rire. Avec une sensation de nausée, il retourna sa feuille. Aucune de ses questions n'avait été notée. En haut de la première page, son père avait écrit : « Viens me voir à la fin du cours. »

— Voilà ce que j'ai l'intention de faire de cette copie.

Son père la tint devant lui, puis lentement, méthodiquement, il la déchira en petits morceaux.

— Ce n'était pas le travail du meilleur élève de cette école. Ce n'était pas le travail de mon fils. Il aurait été tout à fait injuste de ma part de le noter comme s'il s'était agi d'un devoir sérieux. J'ai donc fait la moyenne des résultats de tes cinq examens précédents, et je t'ai donné une note qui reflète tes compétences réelles.

Seeker baissa la tête en silence. Que pouvait-il dire ? Son père ne comprendrait jamais. Il resta devant lui dans la salle de réunion de l'école, entouré de trophées et de tableaux d'honneur d'anciens élèves, attendant que sa punition tombe.

— Est-ce que j'ai été honnête avec toi ?

Seeker fit oui d'un signe de tête.

— Alors, tu dois être honnête avec moi. Pourquoi as-tu fait ça ?

Seeker haussa les épaules. Sa langue était épaisse et lourde dans sa bouche. Son esprit confus.

— Eh bien ? Je pense avoir droit à une réponse.

— Sais pas, répondit Seeker.

— Tu ne sais pas ?

La voix de son père devint plus aiguë. Il allait se mettre en colère.

— J'ai bien peur de ne pas te croire.

Seeker ne dit rien. Il ne supportait pas de rester ainsi devant lui. C'était inutile, aussi bien pour l'un que pour l'autre. Il n'avait qu'une envie : en finir.

— Est-ce que tu voulais avoir une mauvaise note ?

Seeker acquiesça, d'un petit hochement de tête.

— Pourquoi ? Pour ressembler davantage aux autres ?

Seeker fut surpris. Il ne s'attendait pas à ce que son père comprenne la moindre chose à ses sentiments.

Il hocha de nouveau la tête.

— C'est bien ce que je pensais.

Le professeur s'assit sur l'un des bancs de la salle, puis fit signe à Seeker de l'imiter.

— Maintenant, sois franc avec moi. As-tu été chahuté ?

— Non...

— Est-ce que les autres te disent des choses désagréables ?

— Pas vraiment.

— Qu'est-ce qu'ils te disent ?

— Que je suis plus intelligent qu'eux.

— C'est tout ?

— Oui.

— Tu es plus intelligent qu'eux. Tu t'en rends compte ?

— Je ne veux pas l'être.

— Tu veux être comme eux ?

Seeker ne répondit pas.

— Très bien. Je crois que je comprends, à présent.

Il se leva, pressa la paume de ses mains l'une contre l'autre, et regarda au loin. C'est ce qu'il faisait toujours avant de se lancer dans un discours. Seeker détestait ses discours.

— Je n'ai pas l'intention de te punir, déclara-t-il. Tu as délibérément commis un acte de désobéissance. Mais je ne tiens pas à l'obéissance seule. Je veux que tu comprennes les choses. Tu n'es pas comme les autres élèves de ta classe, Seeker. Pas plus que je ne l'étais moi-même, lorsque j'allais à l'école. Tu as un cerveau de premier ordre. Exactement comme moi.

Il se tourna vers la liste des tableaux d'honneur et tapota du doigt l'endroit où apparaissait son nom, écrit en lettres dorées, en tant que meilleur élève de son année.

— Un jour, ton nom sera inscrit ici, comme le mien. Un jour, c'est du moins ce que j'ose espérer, tu occuperas la position qui est la mienne aujourd'hui. Un jour, tu seras le directeur de cette honorable institution. C'est pourquoi je ne laisserai pas de traces indiquant que tu n'aurais pas eu les meilleures notes, ne serait-ce qu'une fois. Toi et moi, Seeker, nous ne connaissons pas l'échec. Nous avons des aptitudes naturelles exceptionnelles. Nous travaillons dur. C'est pourquoi nous sommes les meilleurs. Ton envie d'être comme les autres est une négation de toi-même, de ta véritable nature. Tu n'es pas comme les autres. Tu es supérieur aux autres. Et cela, je te le promets, t'apportera de grandes satisfactions.

— Je veux simplement être...

— Qu'est-ce que tu racontes ? Ouvre la bouche quand tu parles. Je n'entends pas un mot de ce que tu marmonnes.

Seeker savait qu'il marmonnait. Chaque fois qu'il essayait de dire quelque chose d'important à son père, il murmurait de façon inaudible.

— Je veux être... Je veux rejoindre... le Nome...

— Le Nome ? De quoi parles-tu donc ? Tu veux dire que tu veux être un Noma, comme Flamb ?

Seeker acquiesça d'un hochement de tête.

— Mais tu n'es pas comme Flamb. Mon cher garçon, il

est inutile de vouloir être ce qu'on n'est pas. C'est bon pour les rêveurs. Et les rêveurs n'arrivent jamais nulle part. De toute façon, tu ne serais jamais choisi, même si tu te présentais.

Seeker aurait voulu lui demander ce qu'il en savait, mais c'était inutile.

— Tu as des talents différents. Talents que je suis fier de revendiquer comme miens. Flamb combattra pour la justice. Mais toi, tu chercheras la vérité. Quelle mission dans la vie pourrait être plus noble que celle-ci ?

« C'est ta mission, et pas la mienne, pensa Seeker. C'est le nom que tu as choisi pour moi, et pas le mien. » Mais il ne dit rien.

— Aujourd'hui, c'est ton anniversaire. Le jour de tes seize ans. Un bon jour, je pense, pour réfléchir à tes responsabilités futures, en tant qu'adulte. Je suis content que nous ayons eu cette petite conversation.

Quelqu'un frappa à la porte. C'était le serviable de l'école, un vieil homme très doux, appelé Don.

— Il y a un visiteur pour vous, monsieur le directeur.

— J'arrive.

Le père de Seeker se tourna vers lui, et lui tendit la main.

— Nous oublierons donc ce petit incident, n'est-ce pas ? Ce n'est pas la peine d'en parler à ta mère. Nous ferons comme s'il ne s'était rien passé.

— Oui, père.

Son père jeta les morceaux de papier déchiré dans la corbeille. Lorsque sa main les lâcha, ils voltigèrent un instant comme des pétales de fleur qui tombent. C'était la fin de la révolte de Seeker.

Dehors, un Noma silencieux attendait.

IV

La porte ouverte

Lentement, tristement, Seeker gravit les deux cent douze marches qui menaient de l'école jusqu'au sommet de l'île. Il montait les marches escarpées, et s'arrêtait à chaque tournant pour contempler en dessous de lui les rues en terrasse qui descendaient jusqu'au petit port, ainsi que la mer qui entourait l'île. Puis il levait les yeux vers les hautes murailles et les coupoles du grand château-monastère, à l'intérieur duquel vivait le dieu unique aux multiples noms : le Père Sage, la Mère Aimante, l'Enfant Perdu, l'Observatrice Silencieuse, le Tout et l'Unique. Seeker avait la mort dans l'âme, il avait mal, un mal plus profond que la faim, plus profond que la fatigue. C'était comme si toutes les couleurs du monde, toutes ses odeurs, toutes ses saveurs avaient disparu, comme si l'air même qu'il respirait était devenu fétide. Il avait l'impression d'être déjà vieux, que sa vie était passée sans joie ni surprise. Il n'avait aucune raison de se plaindre : en sécurité et en bonne santé, il vivait dans un monde où tant de gens étaient en danger ou dans la peine. Mais il n'avait aucune raison de se réjouir. Sa vie continuerait à se dérouler dans la routine, un jour morne et solitaire après l'autre, jusqu'à ce qu'il voie son nom inscrit sur le tableau d'honneur de l'école, comme celui de son père. Puis, un jour, il le montrerait à son tour à un petit garçon triste, qui serait son propre fils, en lui disant de travailler davantage, pour obtenir les mêmes marques d'estime que lui.

Comment pourrait-il le supporter?

Il arriva en haut des marches, d'où partait l'allée bordée de vieux pins. Il s'arrêta de nouveau pour reprendre son souffle, et regarda la mer. Une barque de pêcheur passait, loin en dessous, traçant lentement sa route vers la côte, un long filet à la traîne. Le petit bateau lui sembla si brave, toutes voiles au vent, tirant son filet derrière lui! Une vie solitaire, celle du pêcheur, mais au moins la solitude faisait-elle partie de son travail! C'était bien différent à l'école. Là-bas, si on était seul, on en était le premier responsable, et tout le monde le savait.

Un faucon pèlerin monta en flèche de la falaise, s'élevant dans les airs, à la recherche d'une proie. Des colombes nichaient dans les pins, et les grands faucons les chassaient, surtout au crépuscule, planant silencieusement au-dessus des arbres, avant de fondre sur elles pour leur porter leur coup mortel. Un jour, Flamb avait montré à Seeker comment rester immobile pour les observer. Il ne fallait pas se cacher, mais simplement rester immobile. « Ils ne nous voient que si on bouge. » Et une fois, alors qu'il restait sans bouger à côté de Flamb, il avait assisté à un meurtre. Le vol en piqué du faucon était silencieux, époustouflant, irrésistible. « Maintenant les œufs vont refroidir », avait dit Flamb à Seeker. Ils avaient ressenti un mélange si étrange d'excitation et de pitié!

Flamb et lui s'amusaient souvent à faire ricocher des cailloux sur l'eau lorsqu'ils étaient au port, où mouillaient les barges et les bateaux du fleuve. A l'époque, Seeker n'y arrivait pas très bien même si, lorsque Flamb ne regardait pas, il faisait semblant d'y parvenir, en s'écriant : « Un! deux! Trois! Trois ricochets! » Maintenant, il savait le faire, et soudain, il ressentit l'envie violente, douloureuse, que Flamb soit là pour le voir. Il aurait voulu descendre vers le port une fois encore avec lui, et lui montrer comme il avait appris à faire les ricochets. Il aurait voulu dire à Flamb à quel point il lui manquait, qu'il avait pensé à lui chaque jour depuis trois ans, que sa vie était dure, mais qu'il la supportait, car il n'avait pas le choix.

Il sentit un picotement sous ses paupières, et cligna des yeux pour retenir ses larmes. Un seul endroit où aller, un seul refuge. Il se dépêcha de descendre l'allée bordée d'arbres pour se rendre jusqu'au Nome et à la haute arche de la porte du Pèlerin. C'était la partie du monastère qui était ouverte aux habitants de l'île, et certains jours aux pèlerins. C'était la voie qui menait au saint des saints, l'endroit où vivait le dieu. Et c'était là que Seeker venait toujours lorsqu'il était triste, pour dire la vérité à voix basse et trouver la paix.

Deux Nomanas se tenaient près de la porte, mais ils connaissaient bien Seeker et lui firent signe de passer. Il entra dans la première galerie, un grand atrium plongé dans la pénombre, nommé cour de l'Ombre. Cette salle, comme les deux suivantes sur lesquelles elle ouvrait, était destinée à calmer l'esprit et à le préparer à approcher le Tout et l'Unique. Il n'y avait personne d'autre que Seeker. Tout au bout, trois portes à deux battants étaient ouvertes et donnaient dans la deuxième galerie, nommée cour de la Nuit. C'était une vaste pièce sans fenêtre, surmontée d'une coupole percée de centaines de petits trous. Le soleil éclatant passait à travers ces trous comme une multitude d'étoiles, et tombait en faisceaux lumineux qui formaient des dessins de lumière partout sur le sol. Là non plus, il n'y avait personne.

Au-delà de la cour de la Nuit, une autre porte à deux battants ouvrait sur la cour du Cloître, l'endroit le plus secret du Nome, à l'exception du Jardin. Là, contrastant fortement avec la cour de la Nuit, une lumière froide émanant des piliers et du pavement en marbre se diffusait dans la salle. Le haut plafond était en perlite, une pierre nacrée, laiteuse et translucide, qui transformait l'éclat des rayons du soleil en une lumière tamisée et apaisante. Les piliers miroitants étaient disposés en rangs serrés, de sorte que beaucoup de gens pouvaient être présents sans se gêner les uns les autres. Tout au fond de la salle, là où il n'y avait plus de colonnes et où le plafond finissait en une terrasse offerte aux rayons du soleil, se trouvait le Jardin.

Seeker s'arrêta un instant, et récita la prière de l'entrée. Son regard traversa la forêt de piliers jusqu'à l'éclat argenté de l'écran qui entourait le Jardin. Au-delà de ces beaux panneaux d'argent ajourés et délicatement ouvragés, était la clairière ensoleillée où demeurait le Toujours et Omniprésent.

— Père Sage, vous êtes la Lumière Limpide, vous êtes la Raison et le But. Montrez-moi la bonne voie.

Puis il avança lentement entre les piliers blancs, jusqu'à la lumière étincelante du Jardin. Comme toujours, des Nomanas se tenaient là, immobiles et silencieux. Il en vit deux, mais ils étaient sans aucun doute plus nombreux. Parfois, il fallait empêcher des pèlerins surexcités d'escalader l'écran d'argent. En outre, la menace racontée dans la légende, et qui pesait depuis le jour de l'arrivée de l'Enfant Perdu, la menace de l'Assassin, était toujours présente. Personne ne savait qui était l'Assassin, il pouvait aussi bien s'agir d'un homme que d'une bande d'individus ou d'un dieu. Mais tout le monde savait qu'un jour l'Assassin finirait par trouver son chemin jusqu'au Jardin, car telle était la prédiction du rêve du Premier Frère.

Seeker s'approcha de l'écran. Les trous percés dans la fine dentelle d'argent avaient la forme de diamants et d'étoiles. A travers eux, il pouvait voir une végétation luxuriante, éclatante, ombragée par des feuillages plus sombres : des floraisons blanches et laineuses au sein de feuilles vert foncé, des pétales écarlates de plantes sauvages tachetant le jaune pâle de pétales de fleurs, des plantes rampantes dorées retombant dans l'herbe bleue, une jungle sauvage à laquelle aucun jardinier n'avait jamais touché depuis deux cents ans. Là, il voyait de vieux rochers moussus, et une source d'eau claire et bouillonnante qui se jetait dans un étang où des libellules dansaient au soleil. Il y avait des endroits où marcher, d'autres où s'asseoir, et des pêches mûres qui pendaient des branches basses des arbres, des prunes qui n'avaient pas été cueillies et qui pourrissaient grassement dans l'herbe. Ici, l'ombre profonde et violette. Là, parfois, un frisson agitait l'herbe, et on aurait pu jurer avoir vu quelqu'un dormir entre les arbres. Car c'est dans ce Jardin que se trouvait la demeure de l'être qui avait créé le monde, qui savait pourquoi les choses doivent être telles qu'elles sont, même les mauvaises, même la solitude, même l'impression d'être vieux quand on est encore jeune.

Seeker entendit un doux ronflement non loin de lui. Il se retourna, et vit l'un des serviables du Nome tranquillement endormi entre les colonnes. C'était un bruit rassurant comme la douce caresse de la main de sa mère sur son front quand il ne trouvait pas le sommeil. Il se mit à genoux devant l'écran étincelant, et chercha du réconfort, non pas auprès de la Mère Aimante, ni du Père Sage, mais auprès de l'Enfant Perdu.

— Vous aussi, vous avez été seul et perdu, murmura-t-il doucement, mais de façon intelligible. Vous savez ce que je ressens, sans que j'aie besoin de vous le dire. Soyez mon ami. Montrez-moi que vous m'entendez. Je suis si fatigué d'être seul !

Il se laissa tomber sur le sol froid et blanc et se prosterna à la manière des pèlerins.

— Sauvez-moi ! implora-t-il. Ma tristesse dure depuis trop longtemps. Montrez-moi la voie qui me permettra d'y échapper.

Il resta étendu là, en silence, et sentit son esprit s'apaiser, comme toujours lorsqu'il venait dans cet endroit sacré. Il pressa sa joue contre le pavement de marbre et se laissa glisser dans un demi-sommeil, calmé par le bruissement lointain du balai d'un serviable.

Soudain, il entendit une voix. La voix était claire et réelle, mais elle résonnait au milieu de sa tête. C'était une voix d'enfant.

— Tu sais sûrement, disait la voix, que c'est toi qui me sauveras.

Surpris, Seeker se redressa et s'agenouilla, en regardant autour de lui. Mais ce faisant, il savait déjà que les autres ne pouvaient entendre cette voix. Il y avait des gardes nomanas, aussi immobiles et silencieux que des statues. Le serviable qui balayait. Mais la voix était celle d'un enfant, et elle était en lui.

Elle parla de nouveau :

— Tu sais sûrement, dit-elle, que là où est ton chemin, la porte est toujours ouverte.

Au même moment, il entendit une porte s'ouvrir avec un léger grincement. Il regarda autour de lui. Un peu plus loin, entre les colonnes, il aperçut une petite porte entrebâillée, à l'autre bout de la cour du Cloître, dans le mur qui entourait les quartiers où résidait la communauté. Ces entrées étaient uniquement réservées aux Nomanas.

Il se releva et jeta un coup d'œil circulaire. Soit les gardes nomanas ne s'étaient aperçus de rien, soit ils ne se sentaient pas concernés. Un sentiment d'exaltation s'empara de Seeker. La voix qu'il avait entendue n'avait pu venir que de l'Enfant Perdu. La porte ne pouvait s'être ouverte que pour lui. Il n'hésita plus. Il passa sans bruit entre les piliers, arriva devant la porte, l'ouvrit complètement et pénétra dans le royaume des Nomanas.

La salle sans fenêtre dans laquelle il entra était éclairée par des panneaux de verre dépoli découpés dans le toit.

Les murs, tout autour de la pièce, étaient couverts de portemanteaux auxquels étaient suspendus des vêtements blancs. Seeker les reconnut : c'étaient les habits de cérémonie que portaient les Nomanas les grands jours de fête. Ils étaient identiques à leurs vêtements de tous les jours, mais au lieu d'être en serge grise et grossière, ils étaient en fin coton blanc. Les Nomanas étaient très simplement vêtus : un pantalon flottant, noué à la taille et aux chevilles, un simple tricot de corps, une tunique à manches courtes et amples, qui leur arrivait aux mollets, et dont les pans étaient fendus de chaque côté à partir de la taille, enfin une large écharpe qu'ils portaient sur la tête comme un capuchon. Cette coiffure, appelée bandane, était particulière aux Nomanas. A chaque extrémité de la longue bande de tissu, il y avait un caillou enfermé dans un réseau de fils. Les deux bouts de l'écharpe lestés d'un poids pendaient, l'un devant, l'autre derrière.

Seeker se trouvait donc dans un vestiaire. C'était là que les Nomanas venaient se changer, pour mettre ces vêtements clairs et légers, qui, lorsqu'ils défilaient par centaines sur la place, le jour de la Congrégation, les faisaient ressembler aux esprits d'un autre monde.

Il passa devant les portemanteaux, n'osant toucher à l'étoffe blanche et fraîche. Il savait qu'il n'avait pas le droit d'être là. Il savait aussi que cette pièce n'était pas sa destination finale, car tout au fond de la salle, il voyait une autre porte, qui était ouverte, elle aussi.

« Là où est ton chemin, la porte est toujours ouverte. »

Il la franchit et se retrouva dans une cour. Au milieu de la cour, il vit un grand parterre circulaire de sable, ratissé en forme d'éventails se chevauchant les uns les autres. Plusieurs portes permettaient de sortir de la cour, mais une seule d'entre elles était ouverte. Un bruit en provenait, qui lui rappela le bourdonnement des abeilles, mais en plus rauque et plus strident. Seeker fit lentement le tour de la cour, en restant sur les pavés, jusqu'à la porte entrebâillée. Là, le bruit était beaucoup plus fort, presque pénible. Il grimaça et se boucha les oreilles. Il franchit la porte.

Il était dans une blanchisserie. Des tuyaux longeaient les murs, des rigoles creusées dans le sol en pierre transportaient de l'eau bouillonnante jusqu'aux égouts. Le haut plafond était également traversé par des canalisations d'où partaient des tuyaux plus petits, munis de robinets à leur extrémité. De l'eau jaillissait par un robinet ouvert. Les poignets liés par une bande de tissu, pendu à l'une des conduites du plafond, un homme se balançait à moitié nu. Ses bras étaient étirés au-dessus de sa tête qui retombait sur sa poitrine dénudée, et l'eau qui jaillissait du tuyau ruisselait sans cesse sur ses bras, sur ses cheveux trempés, le long de son corps pour dégouliner de ses pieds nus jusqu'au sol.

Une foule de Nomanas, hommes et femmes, l'entourait, remplissant la blanchisserie. Chacun d'eux se bouchait les oreilles, comme Seeker, et tous avaient les yeux fixés sur l'homme suspendu. Tout en le regardant, ils émettaient ce bourdonnement rauque et strident qui sciait les nerfs et semblait pénétrer jusqu'au fin fond du cerveau.

A cette vue, Seeker prit peur. L'expression des Nomanas était si résolue ! Leur regard fixe et ce bruit incessant de foreuse n'offraient aucune pitié pour l'homme attaché et trempé. Il était déjà assez pénible d'endurer le bourdonnement, même sur le pas de la porte. Mais en être le centre devait être insupportable. D'ailleurs le pauvre homme tournait la tête comme s'il avait voulu échapper à ce tourment, et gémissait de détresse.

Que se passait-il ? S'agissait-il d'un terrible châtiment ? L'homme suspendu était aussi un Noma, comme Seeker le voyait à ses vêtements. Le tissu qui liait ses poignets était son bandane. Peut-être était-il soumis à une épreuve ? Seeker avait entendu parler de la dureté de l'entraînement pour les novices. Mais au moment même où il émettait ces hypothèses, il savait qu'elles étaient fausses. Il n'assistait pas seulement à une épreuve. Il assistait à une forme de torture.

L'homme suspendu gémit à nouveau, et essaya en vain de se boucher les oreilles avec ses bras tendus vers le haut. Cet effort le fit souffrir. Il laissa retomber sa tête plus bas sur sa poitrine. Puis, frappé par une vague invisible de douleur, il releva le front et cria sa souffrance. C'est alors que Seeker vit son visage. Même ruisselant d'eau, même tordu par la douleur, et même vieilli de quelques années, Seeker le reconnut.

— Flamb ! s'écria-t-il.

Les yeux de l'homme suspendu s'ouvrirent brusquement. Il dirigea aussitôt son regard sur Seeker, qui se tenait sur le pas de la porte. Il le voyait, c'était hors de doute. Mais il ne le reconnut pas. Son regard était vide. On lui avait fait quelque chose, et soudain, Seeker comprit.

Flamb avait été « nettoyé ».

— Flamb ! cria-t-il encore, éperdu de terreur et de chagrin. Flamb ! Ne les laisse pas faire !

Son frère adoré le regarda de nouveau, avec son large visage familier et sa grande bouche. Mais ses yeux avaient changé, il ne le connaissait plus. Comme si son frère n'habitait plus son propre corps.

Seeker entendit une voix crier. Le terrible bourdonnement s'arrêta. Les Nomanas se tournèrent vers lui. C'était sa propre voix qui criait.

Le Noma le plus proche de lui dit :

— Regarde-moi.

Seeker le regarda. Il comprit aussitôt qu'il n'aurait pas dû, mais il était trop tard. Le Noma ne le quitta pas des yeux, et Seeker sentit que ses forces l'abandonnaient, qu'il s'évanouissait.

V

Les larmes d'un vieil homme

Lorsque Seeker reprit conscience, il était étendu sur un lit dur, dans une pièce inconnue. Il ne montra pas qu'il était éveillé, car il se rendit aussitôt compte qu'il n'était pas seul, et il voulait d'abord comprendre comment il était arrivé là. Tandis que ses pensées confuses s'éclaircissaient peu à peu, il vit qu'il n'était ni blessé, ni lié, ni entravé d'aucune façon. A en juger par la voûte de pierre au-dessus de lui, il était toujours quelque part à l'intérieur du Nome. Il se risqua à tourner très légèrement la tête, et vit deux silhouettes au fond de la longue salle, toutes deux des Nomanas. Ils parlaient à voix basse, probablement pour ne pas le déranger. L'une des voix était féminine, l'autre masculine. Seeker resta immobile et tendit l'oreille pour essayer de se rappeler ce qui s'était passé. On avait fait du mal à son frère. Mais quoi exactement? Ah oui! Flamb avait été nettoyé! En retrouvant la mémoire, il sentit une flambée de colère monter en lui. Le nettoyage vous transformait pratiquement en mort vivant. Il était réservé aux criminels et aux assassins. Une personne nettoyée par les Nomanas perdait entièrement sa mémoire, sa volonté, ses désirs. Elle retombait en enfance. Comment avaient-ils pu faire ça à Flamb?

Il saisit un mot étrange prononcé à l'autre bout de la pièce, lorsque l'homme éleva la voix. La femme parlait trop doucement pour qu'il puisse l'entendre. Il saisit les paroles « arme secrète », puis « grand danger ». Un mot revint à plusieurs reprises, qu'il ne comprit pas au début, mais qu'il finit par identifier. C'était Radiance. Ils parlaient d'une grande cité qui portait ce nom, au cœur de l'empire qui dominait les terres s'étendant vers le nord.

Puis la femme se retourna et vit qu'il avait les yeux ouverts.

— Il est réveillé.

Elle s'approcha de lui. Elle avait des cheveux gris coupés très court, et son visage marqué par l'âge était empreint de douceur. Comme tous les Nomanas lorsqu'ils étaient à l'intérieur du Nome, elle portait son bandane dénoué sur les épaules.

— Comment te sens-tu ? lui demanda-t-elle, en pressant sa main sèche sur le front de Seeker.

— Bien, répondit Seeker. Où suis-je ?

— Tu es dans le Nome. A l'infirmerie.

— Pourquoi ?

L'homme aussi se tenait près du lit, à présent, le regardant d'un air renfrogné. Seeker le reconnut. C'était un frère nommé Sente Étroite, connu pour sa grande sainteté. Chauve, il avait un grand front, et un visage maigre, anguleux.

— C'est à toi de nous le dire, déclara-t-il.

— Plus tard, le gronda la femme. Ce garçon est encore sous le choc.

— Il me paraît tout à fait rétabli. Est-ce que tu peux t'asseoir ?

Seeker s'assit.

Au même moment, la porte s'ouvrit et un fauteuil roulant dans lequel était assis un vieillard tout ratatiné entra, poussé par une vieille femme. La vieille femme était une des serviables du Nome. Le vieillard était l'homme le plus respecté de tous les Nomanas, l'Aîné de la communauté. Il dormait et ronflait. Sente Étroite jeta un coup d'œil à l'Aîné, fronça les sourcils d'irritation, et se retourna vers Seeker.

— Explique-toi, dit-il. Tu n'as pas le droit d'être ici.

Seeker était sur le point de s'expliquer, du mieux qu'il pouvait, mais le ton tranchant de Sente Étroite ranima sa colère.

— Vous n'avez aucun droit de faire ça à mon frère !

— Frère ? Quel frère ?

— Flamb. Celui que vous étiez en train de... de...

Les larmes jaillirent de ses yeux. La femme au doux visage comprit.

— Oh, s'exclama-t-elle, Flamb le Juste est ton frère ?

Seeker acquiesça d'un signe de tête. Sente Étroite sembla d'autant plus contrarié.

— Est-ce que Flamb le Juste est entré en contact avec toi ?

— Non, répondit Seeker.

— Alors, pourquoi t'es-tu faufilé dans le Nome ?

— Je ne me suis pas faufilé. J'étais... J'étais...

Il se rendit compte qu'il n'avait pas d'explication sensée. Sente Étroite secoua son crâne luisant, et prit un air encore plus grave.

— Tu savais exactement où aller. Tu savais comment retrouver ton frère. Qui t'a dit où il était ?

— Je ne le savais pas. Personne ne m'a rien dit.

Sente Étroite se tourna vers la femme et lui parla à voix basse.

— Il y a quelque chose qui cloche. Ça ne va pas du tout.

Seeker savait qu'il valait mieux se taire, mais malgré ses efforts, il ne put s'empêcher de laisser éclater sa détresse :

— Je vais vous dire ce qui ne va pas ! C'est ce que vous avez fait à Flamb ! Ce n'est pas juste ! Vous l'avez nettoyé ! Je l'ai vu ! Vous n'aviez pas le droit de faire ça !

Il sentait qu'il avait les yeux pleins de larmes, et que sa voix était aussi aiguë que celle d'un enfant qui s'est fait mal, mais c'était plus fort que lui.

— Pas le droit ? s'exclama Sente Étroite. Ton frère est un traître !

— Ce n'est pas vrai !

— Flamb le Juste s'est montré trop faible pour résister à la tentation. Il a gravement mis en danger toute la communauté. Il doit être chassé. Et il faut le nettoyer, bien sûr ! Tu ne voudrais quand même pas qu'on remette en liberté un homme faible et amer, qui possède encore tous les pouvoirs des Nomanas !

Seeker était trop abasourdi pour répondre. S'efforçant péniblement de comprendre ce qui avait pu se passer, il se rappela soudain les mots qu'il avait entendus lorsqu'il était allongé sur le lit.

— Est-ce à cause de l'arme secrète de Radiance ?

Sente Étroite tressaillit.

— Tu vois ! dit-il à la femme. Il en fait partie !

A présent, la femme aussi avait l'air grave.

— Que sais-tu au sujet de l'arme secrète ? demanda-t-elle.

— Rien.

Seeker se sentit accablé. Il se rendait compte de l'effet catastrophique de ses derniers mots.

— Qu'importe ce qu'il sait, dit Sente Étroite. C'est déjà trop. Il faut le rendre inoffensif, lui aussi.

— Non ! s'écria Seeker, avec un mouvement de recul.

— Ne fais pas peur à ce garçon ! intervint la femme.

— Tu le sais aussi bien que moi. On ne peut pas le renvoyer sans l'avoir rendu inoffensif.

— S'il vous plaît, implora Seeker. C'est à cause de la voix. J'ai obéi à la voix.

— Bien sûr, dit Sente Étroite, en haussant les épaules d'un air incrédule. Une voix t'a parlé. C'est tellement commode !

Un grognement s'échappa alors du fauteuil roulant, suivi d'une série de reniflements, et l'Aîné se réveilla.

— Une voix?

Ses mots émergèrent de sa bouche, sans qu'il parût avoir desserré les lèvres. C'était un son grinçant, d'un autre âge.

— Ce garçon dit bien avoir entendu une voix?

Il fixa Seeker de ses petits yeux pétillants, comme ceux d'un oiseau. Son visage était si profondément ridé qu'il était difficile de lire son expression, mais son regard sembla vif et gentil à Seeker.

— C'était une voix au milieu de ma tête.

— Dans ta tête?

L'Aîné eut l'air de comprendre parfaitement de quoi il s'agissait.

— As-tu déjà entendu une telle voix auparavant?

— Non, l'Aîné.

— Où étais-tu lorsque tu l'as entendue?

— Dans la cour du Cloître, l'Aîné. Juste devant le Jardin.

L'Aîné montra encore une fois qu'il comprenait. Puis il leva les yeux vers les deux autres Nomanas et leur demanda gentiment :

— Laissez-moi seul avec ce garçon.

— L'Aîné, dit Sente Étroite, à la lumière du danger qui nous menace actuellement...

Le vieillard leva sa main osseuse.

— Je connais ce danger, frère. Laisse-nous, s'il te plaît.

Les deux Nomanas s'en allèrent. Seeker resta seul avec l'Aîné et sa silencieuse serviable.

— Maintenant, mon garçon, demanda l'Aîné, lorsque tu as entendu cette voix, as-tu également éprouvé une sensation de douceur?

— Non, l'Aîné.

— De douleur?

— Non, l'Aîné.

— Très bien. Alors raconte-moi ce que t'a dit cette voix dans ta tête.

— La voix a dit... la voix a dit...

Seeker s'aperçut qu'il était incapable de finir sa phrase. L'Aîné le regardait de ses petits yeux brillants, sans paraître surpris.

— Peu importe ce que t'a dit la voix. A ton avis, qui t'a parlé ?

— Je ne sais pas, l'Aîné.

— Mais tu peux faire une supposition.

— Je pense que c'était peut-être l'Enfant Perdu.

L'Aîné ferma les yeux et hocha la tête.

— Pourquoi l'Unique qui crée toutes choses te parlerait-il, mon garçon ?

— Je ne sais pas, l'Aîné.

Et réellement, il n'en savait rien. Cela ne lui était jamais arrivé auparavant, ni à personne de sa connaissance. Même sa mère, qui était très dévote et parlait du Tout et de l'Unique comme on parle d'un vieil ami, n'avait jamais prétendu avoir entendu une vraie voix.

— Mais tu crois, reprit l'Aîné, les yeux toujours fermés, que celui qui t'a parlé voulait que tu entres dans le Nome.

— Je ne sais pas, l'Aîné.

Mais au moment où il répondait, Seeker se rendit compte que c'était exactement ce qu'il croyait, même si cela n'avait aucun sens. Aussi ajouta-t-il :

— Oui, l'Aîné, je le pense.

— Bien sûr. Et celui qui t'a parlé t'a conduit vers ton frère.

— Oui, l'Aîné.

Le vieil homme réfléchit un moment en silence. Seeker pensa de nouveau à Flamb, à l'expression affreusement vide de son visage trempé, et au fait qu'il ne l'avait pas reconnu, lui son propre frère !

— Ils ont eu tort de faire ça, dit-il à voix basse.

— Le Nome n'a pas tort, mon garçon. Le Nome ne commet pas d'erreurs. Si tu ne comprends pas, c'est parce que tu n'as pas les connaissances nécessaires, et non parce que le Nome a tort.

— Flamb ne peut pas être un traître ! C'est impossible ! Il n'a rien à voir avec cette arme secrète, ni avec Radiance, ni avec quoi que ce soit de ce genre.

— Ce qui est fait est fait, dit doucement l'Aîné. Le problème, maintenant, c'est ce qu'on va faire de toi. On dirait que tu sais quelque chose, et c'est dangereux. Il vaut mieux en savoir assez pour comprendre notre situation, ou ne rien savoir du tout.

Seeker comprit ce que cela signifiait : il imagina aussitôt le bourdonnement dans la blanchisserie, l'eau qui ruisselait sur sa tête, lavant et emportant dans les égouts tous ses souvenirs, tout ce qui faisait qu'il était lui.

— Je crois qu'il convient de te faire confiance, Chercheur de Vérité.

— Comment connaissez-vous mon nom ?

— Tu es le frère de Flamb le Juste. Le fils de notre estimable directeur d'école. Quel âge as-tu, maintenant, mon garçon ? Quatorze, quinze ans ?

— Seize, l'Aîné. C'est aujourd'hui mon anniversaire.

— Déja seize ans. Pardonne-moi. Tu as un visage très jeune. Alors, Seeker, voilà ce que tu dois savoir : le prêtre-roi de Radiance a décidé qu'Anacréa devait être détruite.

— Détruite ! Pourquoi ?

— Ça, nous l'ignorons. Quelque chose a changé. L'empire de Radiance n'a jamais eu aucune raison de nous craindre. Nous n'avons pas le pouvoir de détrôner des rois, ni la volonté de diriger des empires.

— Mais si vous décidiez de le faire, l'Aîné, dit Seeker, brûlant de colère devant l'arrogance de cette menace, il vous suffirait de faire appel aux Nobles Guerriers, et tous vos ennemis s'écrouleraient devant eux !

— Ce serait une bataille de gagnée, mon garçon, mais ensuite ? Tu sais ce qu'il en est de nos pouvoirs. Nous sommes capables de faire de grandes choses, mais nous le payons très cher. La puissance que nous possédons vient d'une force-de-vie qui se rassemble très lentement et se dépense très vite. Lorsque nous dépensons cette force dans la violence, son impact est écrasant, mais ensuite nous perdons complètement notre énergie. Pendant de longues heures, nous sommes aussi faibles que des bébés.

Seeker écouta l'Aîné avec consternation, et sa fière colère se transforma en désarroi.

— Je ne savais pas, dit-il.

— Mais si, tu le savais, répliqua l'Aîné, d'un ton gentiment réprobateur. Tu connais bien les mots de la Légende. La Légende dit que notre force est la force d'un guerrier blessé, et que la victoire nous rend faibles.

— Je croyais...

— Tu croyais que ce n'était qu'une histoire.

— Mais l'Aîné... les Nomanas ! Personne ne peut battre un Noble Guerrier ! Les Nomanas sont entraînés... Ils ont de tels pouvoirs qu'ils peuvent tout faire !

— Pas tout, mon garçon. Mais nous pouvons accomplir certaines choses. Et le peu que nous puissions faire, nous devons l'accomplir, afin que d'autres sachent que les hommes bons peuvent aussi être forts.

— Oui, l'Aîné.

— Et nous ne laisserons pas nos ennemis nous détruire si nous pouvons l'empêcher, n'est-ce pas ?

— Non, l'Aîné.

— C'est donc tout ce que nous savons pour le moment. Une arme est construite à Radiance, une arme qui a un tel pouvoir explosif qu'elle pourrait balayer cette île et la réduire en poussière. Nous ne savons pas quelle forme prend cette arme, ni où elle est fabriquée. Mais nous savons que nos ennemis vont chercher le moyen de l'apporter sur notre île. S'ils y parviennent...

Il leva ses deux mains, ouvrit ses petits yeux pétillants, et sourit.

— Alors, ce sera la fin.

— Et mon frère a quelque chose à voir avec ça?

Il comprit, au moment où il la posait, que sa question était absurde.

— Ton frère ne représente plus de danger pour nous.

Seeker baissa la tête, confus et malheureux.

— Puis-je te faire confiance Seeker, le Chercheur de Vérité?

— Oui, l'Aîné.

— Alors, voici comment tu peux nous aider en ces temps périlleux. Rentre chez toi et console tes parents. Ils savent déjà que Flamb a été renvoyé. Ne dis rien de tout ce que tu as vu et entendu aujourd'hui au Nome. Regarde-moi, mon garçon.

Seeker leva les yeux vers lui. Le regard de l'Aîné soutint le sien, et pénétra profondément en lui. Seeker fut incapable de détourner les yeux de ce regard perçant. Alors, à son tour, il regarda vraiment, plongeant ses yeux le plus loin possible dans ceux de l'Aîné. Pendant quelques instants, il ne vit rien. Puis il tressaillit et serra très fort ses paupières. C'était comme s'il avait fixé le brouillard, et que soudain ce brouillard s'était dissipé, découvrant une infinité de souffrances.

Lorsqu'il rouvrit les paupières, il vit que l'Aîné le fixait toujours, mais à présent ses yeux étaient remplis de larmes. L'Aîné de la communauté, le plus sage de tous les Nobles Guerriers, pleurait devant lui.

Seeker frissonna de peur.

— Parlez-moi, l'Aîné. Je vous en prie.

— Que veux-tu que je te dise? Que tu dois t'attendre à traverser des années très dures? Tu le sais déjà. Quant au reste, tu y arriveras le moment venu.

— Est-ce que ça me fera pleurer, moi aussi ?

— Je l'espère. Nous pleurons de pitié pour ceux auxquels nous devons faire du mal, et nos cœurs se brisent pour ceux que nous aimons. Mais tant que nous pouvons encore pleurer, nous ne sommes pas entièrement perdus. Méfie-toi des vieillards qui ne pleurent pas.

A présent, les yeux de Seeker aussi étaient pleins de larmes, même s'il ne comprenait pas ce qu'il devait craindre. Il essuya maladroitement ses larmes avec son poing.

— Va maintenant, mon garçon, dit l'Aîné. Ne dis rien.

VI

Soumission, soumission

Seeker quitta le Nome par la porte du Pèlerin. Il traversa lentement la place pavée de dalles de pierre, longea l'allée de pins et arriva aux marches. En même temps, il essayait de réfléchir à tout ce qu'il avait appris, et de déterminer qui il devait croire. Il y avait la voix qui avait parlé dans sa tête, et il y avait la voix de l'Aîné. Mais plus forts qu'elles, gravés dans sa mémoire, il y avait l'image du visage de son frère et le gémissement qui lui avait échappé pendant qu'on le nettoyait. Seeker se retourna pour regarder les hautes murailles du Nome, le château-monastère qui avait toujours représenté pour lui le bien et la force. Pour la première fois, il s'interrogea sur la légitimité des décisions des Nomanas. S'il devait choisir entre son frère et le Nome, il choisissait Flamb. Le Nome avait décidé que son frère était un traître, il devait donc mentir. Et si le Nome mentait, alors le Nome était mauvais. Mais en même temps, il aimait le Nome, et les Nobles Guerriers. Il rêvait déjà de devenir l'un d'entre eux pour sauver Anacréa du terrible danger qui la menaçait à présent.

Tandis qu'il descendait, en sautant d'une marche à l'autre, il eut l'impression que ses sentiments changeaient à chaque marche.

« J'aime Flamb. Je déteste le Nome. »

« Qui sont ceux qui veulent du mal au Nome ? Que je les combatte, que je les tue ! »

« Qui sont ceux qui ont fait du mal à mon frère ? Que je les combatte, que je les tue ! »

« Tu sais sûrement que c'est toi qui me sauveras. »

« Le peu que nous puissions faire, nous devons l'accomplir... »

« Mais qu'est-ce que je vais faire ? »

Lorsqu'il arriva chez lui, il vit que la porte d'entrée était ouverte, que les pièces du rez-de-chaussée étaient vides. A cette heure du jour, son père se trouvait toujours dans sa petite bibliothèque, et sa mère était assise à côté de la fenêtre qui donnait sur la rue, un livre à la main, le crayon à la bouche, en train de lire et de prendre des notes. L'une de ses nombreuses activités consistait à lire et à donner un jugement sur de nouvelles parutions, et lorsqu'elles étaient intéressantes, à ajouter leur titre sur la liste approuvée par l'école.

Mais elle n'était pas dans son fauteuil, en train de lire.

Seeker monta l'escalier jusqu'au toit. Là, le toit plat était aménagé en une petite terrasse qui ouvrait sur la mer. Sa mère était assise sur une chaise en rotin terni, sous un auvent de bambou. Elle pleurait.

— Maman !

Seeker se jeta dans ses bras. Sa mère ne pleurait jamais. Cela lui fit presque plus mal que d'avoir vu Flamb souffrir. Il aurait voulu la consoler, mais incapable de se contrôler, il se mit à pleurer, lui aussi. Les larmes qu'il avait essuyées quand il se trouvait devant l'Aîné coulaient maintenant librement. Sa mère le tint serré contre elle, embrassa son visage, et leurs larmes se mêlèrent sur leurs joues.

— Mon cher fils, dit-elle, mon enfant chéri. Et le jour de ton anniversaire ! Je ne sais pas comment te le dire.

— Je sais déjà, maman.

— Mon pauvre Flamb.

— C'est une erreur ! C'est sûr !

— Ne dis pas ça, mon chéri. Il y a des choses qu'on ne peut pas comprendre, c'est la volonté du Tout et de l'Unique.

— Ce n'est pas possible ! Tu connais Flamb ! Ils disent qu'il a trahi le Nome. Flamb ne trahirait jamais le Nome !

— C'est ce qu'ils disent ? Oh, mon chéri.

Elle baissa la tête pour qu'il ne voie pas combien elle souffrait. Seeker se creusa la cervelle pour trouver quelque chose qui lui redonne de l'espoir. Il savait qu'elle ne se réfugierait jamais dans la colère contre le Nome, comme il l'avait fait. Sa foi était trop forte. C'est pourquoi il lui confia la seule vérité dont il était certain :

— J'aime Flamb et je ne croirai jamais le mal qu'on pourra dire de lui.

— Je l'aime aussi, mon chéri. Même si... même si...

Silence et larmes. Seeker n'avait pas d'autre consolation à apporter. La souffrance de sa mère lui était insupportable. Il aurait voulu faire en sorte que tout aille bien de nouveau, et se sentait terriblement frustré de son impuissance. Il sentit de nouveau une obscure colère monter en lui. Qui leur faisait ça ? Pourquoi ? Il traquerait ces ennemis inconnus, les attraperait et leur serrerait la gorge jusqu'à ce qu'ils avouent que tout cela n'était qu'un mensonge, que Flamb était bon, honorable, le meilleur même de tous les Nomanas. Alors sa mère retrouverait le sourire, et son père serait...

— Père ! Où est-il ?

— Il est à l'école. Il m'a fait porter un message.

Elle l'avait toujours à la main. Seeker le lut. Ce n'était pas du tout l'écriture habituelle de son père, claire et nette : c'était un gribouillis à moitié illisible.

« Flamb sur le point d'être chassé de la Congrégation. Je

ne sais rien de plus. Soumission, soumission. Aie confiance en le Tout et l'Unique. »

Soumission ! Ce père si fier, devant qui les professeurs tremblaient autant que les élèves — comment pouvait-il se soumettre ? Seeker ne savait que trop bien que cette catastrophe ferait doublement souffrir son père, car il perdrait à la fois son fils aîné, et son orgueil.

— Je vais aller le voir.

— Oui, mon chéri. Va le voir. Console-le.

Seeker ne savait comment dire à sa mère que lui aussi avait déçu son père le matin même. Puis il se souvint du Noma silencieux qui attendait à la porte, lorsqu'il était sorti de l'école. C'était sans doute à ce moment-là que la terrible nouvelle était tombée.

— Va le voir, répéta sa mère. Ramène-le à la maison.

Don vint à sa rencontre, lorsqu'il franchit les grilles de l'école. Le vieux serviable tremblait de détresse.

— Il est dans la salle de réunion, dit-il à Seeker. Il ne veut pas me parler, et il ne veut pas sortir non plus. Qu'est-ce que je dois faire ? J'aurais dû fermer l'école depuis plusieurs heures.

— Je vais lui parler, répondit Seeker. Il rentrera à la maison avec moi.

Il alla jusqu'à la porte de la salle et frappa.

— Père, c'est moi.

Pas de réponse.

Il ouvrit la porte et entra. Son père était là, devant les tableaux d'honneur, regardant la ligne en lettres dorées, peinte vingt ans auparavant, sur laquelle figurait son nom.

Il se retourna en entendant un bruit de pas. Seeker reçut un choc en voyant à quel point le chagrin avait vieilli son père. Le visage lisse et sévère était décomposé.

— Je me souviens si bien de tout, dit-il à voix basse. Le jour où cette distinction m'a été accordée, et publiquement annoncée dans cette même salle. La fierté de ma mère lorsqu'elle a lu mon nom ! J'avais espéré, bien sûr. Mais on ne peut jamais être sûr. Tant qu'on ne l'a pas entendu. Tant qu'on n'a pas entendu son propre nom cité à haute voix. Ensuite, on peut en être sûr jusqu'à la fin de sa vie.

Il passa le doigt sur les lettres peintes.

— C'est quelque chose, d'être le meilleur de sa promotion, dit-il. C'est quelque chose.

Tout cela ressemblait tellement peu à son père que Seeker, désorienté, oublia Flamb un instant. Comme s'il devinait ses pensées, son père hocha la tête avec un petit sourire.

— Ça va. Je n'ai pas perdu l'esprit. C'est simplement que quelquefois ça m'aide de... de me rappeler.

— Oui, père.

— Alors, tu es au courant ?

— Oui, père.

— Rien n'aurait pu me blesser davantage.

Sa voix tremblait. Seeker aurait voulu le réconforter en lui passant le bras autour des épaules, en le serrant contre lui, mais ce n'était pas quelqu'un qu'on pouvait facilement caresser.

— C'est sûrement une erreur, dit Seeker.

— Le Nome ne fait pas d'erreurs.

Le professeur baissa la tête. Seeker repensa aux mots écrits sur le billet : « Soumission, soumission. » Il eut envie de lui dire : « Ne te soumets pas ! Résiste ! Combats ! »

— Peut-être, dit son père, peut-être que j'étais trop fier de... de ce garçon.

Il ne pouvait même plus prononcer son nom. Il en serait ainsi, désormais. On ferait comme si Flamb n'avait jamais existé ! Et il serait chassé lors d'une manifestation publique, à la Congrégation qui devait avoir lieu au solstice d'été, quatre jours plus tard.

— Il est temps de rentrer à la maison, père.

— Oui...

Il caressa une fois de plus les lettres de son nom peint sur le tableau d'honneur, et regarda Seeker en essayant de sourire.

— Bientôt ton nom aussi sera là, hein ?

Ce demi-sourire força Seeker à détourner brusquement la tête. Il ne voulait pas pleurer devant lui.

— Tu as raison.

Son père se méprit sur son geste.

— Il ne faut pas tenter le sort. Mais tu es un bon garçon, Seeker. Tu l'as toujours été.

Seeker ne répondit pas. Le professeur soupira, se redressa, essayant de reprendre contenance.

— Bon. Au moins, nous savons comment nous comporter. Nous attendrons la Congrégation comme si de rien n'était. Nous nous conduirons avec dignité. Tu comprends à quel point c'est important ?

— Oui, père.

— Nous continuerons à faire ce que nous avons toujours fait.

Ils quittèrent enfin l'école, et le vieux serviable ferma les portes derrière eux. Seeker ne prononça plus un mot, et son père crut qu'il avait accepté, comme lui, la soumission comme seule solution possible. Mais ce n'était pas vrai. Finalement, la révolte de Seeker, qui s'était manifestée pour la première fois dans sa classe ce matin-là, était loin d'être épuisée.

« Tu sais sûrement, avait dit la voix, que c'est toi qui me sauveras. »

VII

Sauvage

L'heure la plus chaude du jour le plus chaud, pas un nuage pour voiler le soleil, dont la lumière aveuglante sur le fleuve transformait la boue en or. Sur les deux rives, les eucalyptus laissaient retomber leur feuillage sombre à la surface de l'eau, et les chiens errants se reposaient, haletants, dans l'ombre violette. C'était l'heure du serpent, lorsque des vipères à la peau de bronze se déroulant sur les rochers brûlants, languides et vulnérables, insouciantes des prédateurs, se gorgent de chaleur. C'était l'heure de l'eau dormante, lorsque les petits poissons turbulents recherchent les profondeurs, et restent aussi immobiles que des pierres dans la fraîcheur du lit du fleuve. Aucune créature sensible n'avait d'activité à pareille heure.

A l'exception de Sauvage.

— Hé ! Est-ce que vous m'ai-ai-aimez ?

Ressemblant plus à un chant qu'à un cri, les syllabes s'étiraient, insupportables, bondissant et ricochant d'une rive à l'autre, le long des méandres du grand fleuve.

— Est-ce que vous m'ai-ai-mez ?

Aucune réponse ne vint. Aucune réponse n'était attendue. Le monde entier aimait Sauvage pour ses yeux noirs et ses cheveux dorés, pour sa jeunesse — tout juste dix-huit ans — pour sa beauté, et pour son extraordinaire instinct de conservation. On l'appelait Sauvage, car il était connu pour tuer ceux qui lui déplaisaient, et il lui déplaisait de ne pas être aimé.

Il se tenait à la proue du *Lazy Lady*, ses bras dorés couverts de bracelets d'argent tendus devant lui, son visage tourné vers le soleil. Il avait les yeux fermés, et sa voix était aussi suave que celle d'un amant.

— Danse avec moi, dit-il au soleil, en sentant son corps s'amollir sous la brûlure des rayons de midi. Danse dans mes bras aimants.

Il se mit à danser tout seul à la proue du bateau, sous le soleil. Les membres de son équipage le regardaient, hochant la tête en souriant. Aussi fou qu'un poisson-chat, et dangereux avec ça, plus dangereux qu'un chien galeux et affamé. Mais ils ne se plaignaient pas. Sauvage les avait rendus riches, et chaque jour était un nouveau spectacle. C'était là le secret : il suffisait de suivre ce jeune fou éblouissant pour que les lumières brillent et que les jours sentent bon.

— Hé, les braves ! En avant la compagnie !

Les chaumières étaient cachées dans la végétation, le chaume bruni des toits se mêlant aux frondes vertes des arbres, mais Sauvage avait un regard perçant. Il vit le village en aval du fleuve, il vit qu'il était désert, car c'était l'heure de la sieste. Il savait que les gens allaient bientôt se réveiller, qu'ils seraient ensommeillés, apeurés, et qu'ils lui donneraient tout ce qu'il voulait. Sauvage se sentit frustré et irrité.

— Des poules mouillées, grommela-t-il. Cot cot cot, les poules ! Voilà Sauvage qui arrive !

Sauvage aimait qu'on lui résiste. Il en avait besoin. C'est la résistance des autres qui faisait naître la colère qui l'envahissait, le nourrissait, et le rendait redoutable. Lorsqu'il perdait le contrôle de lui-même, il entrait dans un état extatique de violence qui lui donnait à la fois la joie et la puissance. C'étaient deux bons sentiments, dont les effets étaient positifs, aussi peu lui importait celui qu'il éprouvait en premier. Sauvage savait comment obtenir des résultats. Il sentait la peur monter chez ceux qui excitaient sa colère. Il adorait voir leurs yeux s'agrandir en découvrant, impuissants et terrorisés, qu'ils allaient mourir.

Mais il n'agissait jamais de sang-froid. Jamais. Il n'y avait aucun honneur ni aucune satisfaction à tuer de sang-froid. Il avait appris à respecter la violence meurtrière, mais seulement au combat, dans la bataille, seulement dans l'amour et dans la haine. Lorsque le suave liquide coulait, il ne pensait plus à sa propre survie, et sa fureur ne connaissait plus de limites. Le reste du temps, il était aussi doux qu'une colombe, un agneau, un enfant sage.

Une cloche sonna au temple du village.

— Hé, les braves ! cria Sauvage à son équipage. Cot cot cot codec, il y a des poules mouillées dans l'air !

Ses hommes savaient ce qu'ils devaient faire. Les voiles brunes ondulant sous la brise furent affalées, les avirons sortis. Sous l'action des rameurs, le *Lazy Lady* descendit alors le courant, se rapprochant de sa proie. Le chef de cette bande de piquiers, tout juste sorti de l'enfance, tapa du pied à l'avant du bateau, et cria à son équipage :

— Hé, les braves ! Est-ce que vous m'aimez ?

Oh, oui, ils l'aimaient. Ils aimaient leur Sauvage.

Dès que leur bateau eut brutalement accosté, les pirates du fleuve bondirent à terre, criant et riant, dans un jaillissement de couleurs détonnantes, avec leurs chemises orange, écarlates et vert émeraude, leurs ceintures ornées de pierreries, leurs bracelets d'argent cliquetant au soleil. Les longs couteaux recourbés avec lesquels ils jonglaient, les faisant passer d'une main à l'autre, ne laissaient aucun doute sur l'hostilité de leurs intentions. Les villageois sortirent de leurs fermes, hébétés de sommeil et de peur, puis se rassemblèrent autour du temple, au cœur du hameau. Les yeux agrandis par l'épouvante, ils se mirent à prier.

Le chef des piquiers traversa allègrement la berge du fleuve, portant son regard noir sur le bétail dans les étables, sur les sacs de blé dans les greniers, avec l'expression d'un fils bien-aimé qui rentre enfin à la maison.

— Hé, les poules mouillées ! cria-t-il. Est-ce que vous m'aimez ?

Le prêtre s'avança lentement, le front en sueur, les yeux baissés. Il marmonna quelques mots que le chef des piquiers ne saisit pas.

— Ouah ! s'écria Sauvage, en s'excitant. Ouvre le bec, mon brave !

Pour montrer l'exemple, il ouvrit grand la bouche, découvrant d'éclatantes dents blanches.

— Il faut que je t'entende.

— Nous sommes protégés, dit le prêtre, en parlant toujours à voix basse, les yeux rivés au sol. Notre dieu Shom nous protège.

— Il vous protège ? En voilà une protection ! Poules mouillées ! Pisses de rats. Vous ne m'aimez plus, mon brave ?

Le prêtre tremblait. La voix du chef des piquiers changea de ton, devenant un doux murmure.

— Vous ne m'aimez plus ?

D'une voix chantante dans l'air lourd de soleil, un enfant du village révéla le secret que le prêtre leur avait confié à tous :

— Nous sommes défendus par une barrière spirituelle. Vous ne pouvez pas nous faire de mal !

Sauvage l'entendit. Il regarda le chemin d'un bout à l'autre, avec un grand sourire.

— Une barrière spirituelle. Vous êtes défendus par une barrière spirituelle ?

Le prêtre leva une main pour tamponner la sueur qui ruisselait sur son visage.

— Shom nous protège, murmura-t-il, priant silencieusement le dieu de son village pour qu'il en soit ainsi.

Les piquiers observaient la scène en ricanant. Ils connaissaient les signes. Lorsque Sauvage se mettait à parler d'une voix suave, le moment de trancher les gorges approchait.

— Montrez-moi votre barrière spirituelle.

Le prêtre indiqua le chemin, d'une main tremblante.

— Si vous traversez la barrière spirituelle, dit-il d'une voix tout aussi tremblante, vous mourrez.

Le chef des piquiers eut l'air étonné.

— Mourir ? Comme être mort ?

— Si vous traversez la barrière spirituelle, dit le prêtre, la main de Shom vous frappera, et vous serez raide mort.

Il surprit une lueur d'incertitude dans les regards que les piquiers échangeaient entre eux.

— Raide mort ? demanda le chef des piquiers d'une voix pleine d'effroi. Ouah ! Vous avez entendu ça, les braves ? Ces poules mouillées me veulent raide mort !

Il s'approcha du chemin.

— Ici ?

— Tout le long du chemin, dit le prêtre.

— Ouah !

Sauvage fit semblant de toucher la barrière spirituelle, puis retira aussitôt la main, comme s'il avait peur. Il fit quelques pas de danse, s'approchant tout près de la barrière imaginaire, puis recula de nouveau brusquement.

— Hé, les braves ! cria Sauvage à ses hommes. Raide mort !

A ce moment, un inconnu sortit de derrière les arbres qui bordaient la rive du fleuve. Il avait l'apparence d'un pauvre homme. Il ne portait aucun sac, aucune arme. Il restait là, les yeux baissés. Il portait une longue tunique grise, avec une écharpe gris clair sur la tête, nouée en forme de capuchon, et il était pieds nus. De grande taille, il avait les cheveux blancs coupés très court. Il émanait de lui quelque chose d'insaisissable, comme si, plus Sauvage le regardait, plus son attention se dérobait.

— Noble Guerrier, s'écria le prêtre. Aidez-nous !

C'était donc un Noma, un de ces fameux Nobles Guerriers. C'était la première fois que Sauvage se trouvait face à face avec l'un d'eux. Il fut déçu. On disait que les Nomanas avaient des pouvoirs magiques. Mais ça se réduisait à quoi ? Un homme seul, sans arme. Les Nomanas n'avaient pas d'armée. Ils n'avaient pas de trésor. Ils ne dirigeaient aucun pays. Ce n'était qu'une bande de farfelus perdus sur un rocher au milieu de la mer. Ce n'est pas là qu'il trouverait beaucoup de résistance.

L'inconnu leva alors ses yeux d'un bleu pâle.

— Laissez ces gens tranquilles, dit-il.

— Vous voulez la paix, dit Sauvage. Eh bien, venez la chercher, venez vous battre !

Il lança son couteau recourbé en l'air, qui tourna sur lui-même une fois, deux fois, trois fois, avant que son manche retombe dans la paume de sa main.

L'inconnu resta immobile.

— Cot cot cot codec ! cria Sauvage, en se retournant et en brandissant sa lame au-dessus de sa tête, prêt à briser la foi ridicule de ces petites gens.

Il balança son bras...

— Hé !

Son bras faiblit. Ses doigts s'écartèrent. Son couteau lui échappa des mains. Le prêtre pensa que la barrière spirituelle avait repoussé le couteau. Il s'écria :

— Que Shom soit loué !

Brûlant de honte, Sauvage ramassa son couteau, et sifflant comme un chat en colère, il lança au prêtre :

— Pisse de saindoux ! Je vais te trancher le cou !

Il vit les yeux terrifiés du prêtre regarder derrière lui. Il vit que tous les villageois regardaient derrière lui. Alors, il se retourna, et fixa ses yeux noirs sur l'inconnu qui se tenait parfaitement immobile, les yeux de nouveau baissés, à l'ombre des arbres, se confondant avec les rais et les taches de lumière. Était-ce lui ? Était-ce lui qui avait trouvé le moyen de lui faire lâcher son couteau ?

— Hé, mon brave ! murmura Sauvage. Tu veux danser avec moi ?

Ses hommes ricanèrent en l'entendant. Oh, Sauvage avait une façon bien à lui de danser !

Le beau jeune homme rejeta en arrière sa chevelure d'or, tendant ses bras de chaque côté, faisant tinter ses bracelets d'argent. Se dressant sur la pointe des pieds tel un danseur, il marcha droit sur l'inconnu, faisant onduler doucement son couteau devant lui.

L'inconnu ne bougea pas en le voyant approcher. Son visage ne montra rien. Comment un être vivant pouvait-il exprimer si peu de choses ? C'était sûrement un homme creux, ses veines tranchées exhaleraient de l'air vicié, et il se replierait comme un sac de papier...

Sauvage sourit et frappa si vite que le couteau sembla ne pas bouger, assez précisément pour que le bord effilé de la lame fasse couler le sang de l'inconnu, mais ne le tue pas, le sang du grand inconnu aux cheveux blancs, qui avait...

... disparu.

Aucun effort visible : un mouvement, haut dans les airs, puis de nouveau à terre, et il était là, ailleurs, de nouveau immobile. Sans un battement de sa tunique, sans un flottement de son écharpe. D'une immobilité à l'autre, à travers la parabole parfaite d'un mouvement qui disparaissait déjà des mémoires, qui était oublié, qui était impossible, et ne pouvait donc pas avoir eu lieu.

Sauvage poussa un hurlement de rage :

— Tuez-le, les braves ! Tuez-le !

Les piquiers s'approchèrent de l'inconnu en brandissant leurs couteaux. L'inconnu ne fit pas un geste, mais aucun couteau ne l'atteignit. Les armes, comme détournées de leur cible, retombèrent dans le vide. En voyant ce qui se passait, Sauvage ressentit une émotion qu'il ne put définir. Il la craignait et la désirait, il savait que c'était dangereux, mais il savait aussi qu'il irait au-devant de ce danger.

Quel genre d'homme était-ce donc ?

Il entendit un profond bourdonnement dans ses oreilles, et une brume s'étendit devant ses yeux. Il connaissait ces signes. Il voulait tuer. Ce n'était plus le moment de jouer. Il sortit sa lance, aussi mince qu'un roseau, et ses yeux noirs fixèrent l'inconnu, sa poitrine, le tissu grossier et gris de sa tunique, le morceau d'étoffe à l'endroit du cœur, la fibre et la laine du tissage, l'espace entre les fils. Il relâcha les muscles bandés de son bras, et la lance siffla dans l'air, comme un éclair entre deux nuages.

L'inconnu leva une main et ouvrit les doigts. Sa main se referma. Lorsqu'il la rouvrit, elle tenait la lance, attrapée en plein vol, puis elle la laissa tomber, inoffensive, sur le sol.

L'inconnu leva les yeux, et Sauvage y découvrit un vide auquel il ne put échapper. L'inconnu tourna de nouveau sa main. Il étendit deux doigts devant lui. Sauvage sentit le poids de ces doigts lointains sur sa tête, sur ses épaules, sur sa poitrine : un poids auquel il était incapable de résister.

Il tomba à genoux.

Pendant une fraction de seconde, tandis qu'il regardait l'inconnu, il vit un géant devant lui, un homme aérien, dont la tête était auréolée par le soleil. Si proche qu'il aurait pu tendre la main et le toucher, si loin qu'il remplissait le monde. Puis ce moment passa, et Sauvage entendit le prêtre murmurer :

— Que Shom soit loué !

Il sentit aussi la peur sur la peau de ses hommes, et les

vit reculer craintivement devant l'inconnu. Mais peu lui importait. Il respirait de l'air frais. Il buvait de l'eau fraîche. Il était envahi par le flot d'une nouvelle sensation... ou plutôt non, il s'était jeté dans ce flot immense, il s'était laissé tomber dedans, comme il avait souvent plongé dans le lent courant du fleuve, jusqu'aux froides profondeurs... et à présent, dans la chaleur du jour, son corps était baigné de fraîcheur, il était lavé de toute sa colère, de tout son orgueil. C'était la première fois qu'il était subjugué, qu'il éprouvait du respect.

Un son lointain et étouffé lui parvint alors, comme le cri d'un oiseau. L'inconnu leva ses deux bras au-dessus de sa tête, pointant l'index de chaque main vers le ciel, puis il joignit le bout de ses doigts. Ce faisant, les larges manches de sa tunique remontèrent, découvrant ses avant-bras. Il resta ainsi quelques instants, ses pieds nus écartés plantés dans le sol, faisant une flèche de son corps, comme s'il répondait au cri. C'était un signal, mais qui disait quoi ? Qui s'adressait à qui ?

Alors, de derrière les arbres sortirent deux inconnus, les pieds nus, portant le même capuchon. Étaient-ils là depuis longtemps ? S'étaient-ils contentés de laisser leur compagnon combattre seul ? Ou venaient-ils seulement d'arriver, sans faire de bruit, sans attirer l'attention sur eux ?

Le premier inconnu baissa les bras, et son regard croisa celui de Sauvage.

— Laisse ces gens en paix, lui dit-il. Cherche ta propre paix.

Le beau jeune homme resta muet de stupéfaction. Il ne comprenait rien à ce qui lui arrivait, si ce n'est que cet inconnu possédait le pouvoir le plus grand qu'il eût jamais vu, et que ce pouvoir lui procurait un calme extraordinaire, qui devait être ce qu'on appelait la paix. Car, malgré sa beauté, malgré ses rires, Sauvage n'avait jamais connu la paix.

— Où ? demanda-t-il. Où est la paix ?

Le grand inconnu aux cheveux blancs le regarda, de ses pâles yeux bleus, et le jeune homme vit qu'ils n'étaient pas vides, comme il l'avait cru. C'était un regard infini, illimité, aussi immense que l'océan.

— Tu trouveras la paix, répondit-il, lorsque tu vivras dans le Jardin.

Les inconnus partirent aussi silencieusement qu'ils étaient venus. Sauvage les regarda s'éloigner jusqu'à ce qu'ils se perdent sous les arbres, entre les taches d'ombre et de lumière. Puis il leva un bras, ses bracelets étincelant au soleil, pour faire signe à ses hommes de regagner le bateau.

Le *Lazy Lady* descendit de nouveau le courant du fleuve. Et de nouveau Sauvage s'installa à la proue, mais il ne dansa pas. Ses hommes l'observaient, mal à l'aise. Ils voyaient son regard fixer l'horizon au loin, vers une aventure inconnue où ils ne pourraient le suivre.

Pour Sauvage, tout avait changé. Il avait rencontré les Nobles Guerriers. Il voulait leur pouvoir. Il voulait leur paix.

VIII

Étoile de l'Aube

La nuit qui précéda l'anniversaire de ses seize ans, Étoile de l'Aube resta avec son père sur la colline, et ensemble, bien avant le point du jour, ils attendirent l'apparition de son homonyme, la véritable étoile de l'aube. Amik, la chienne de berger au poil tacheté qui appartenait à son père, était couchée à ses pieds et ronflait doucement dans son sommeil. Le seul chiot qui lui restait d'une portée née huit semaines auparavant, une petite boule de fourrure blanche nommée Agnel, dormait sur les genoux d'Étoile de l'Aube. Autour d'eux, les moutons étaient silencieux et tranquilles, chacun d'eux reposant sur une parcelle de terre que réchauffait la chaleur de leur corps. La nuit était claire, l'air froid. Soudain, tout en bas de l'horizon obscur, la fidèle petite lueur qu'ils attendaient apparut et commença son ascension régulière, qui serait ensuite occultée par la lumière plus intense du jour naissant.

— Te voilà, dit son père d'une voix douce. Tu viens me dire que la nuit ne durera pas toujours.

— J'aimerais qu'elle dure toujours.

— Non, ce n'est pas vrai. Tu ne peux pas souhaiter des choses pareilles.

Le chiot s'éveilla au son de leurs voix, il s'étira et pointa le museau sous sa couverture. Il vit sa mère et s'approcha d'elle, en lui donnant de petits coups de truffe impatients pour téter. Amik gronda et s'écarta. Le chiot était censé être sevré. Étoile de l'Aube chercha la main de son père sous la couverture qui les protégeait tous deux du froid. Elle pensait : « Je ne peux pas lui dire. Comment le pourrais-je ? Je lui briserais le cœur. »

Car depuis sa plus tendre enfance, elle attendait d'avoir seize ans. A présent, elle pourrait enfin rejoindre les Nomanas, comme l'avait fait sa mère. Mais comment son père pourrait-il supporter la solitude sans elle ?

Réveillée par son chiot qui lui tirait sans cesse la fourrure, Amik se releva brusquement, secoua son pelage marron et blanc, puis s'éloigna en trottant dans l'herbe humide. Le chiot s'assit, leva son museau blanc, duveteux, et la suivit des yeux avec une expression blessée. Le troupeau sortait peu à peu du sommeil. Tandis que la lumière du soleil invisible se répandait dans le ciel, l'étoile de l'aube commença à perdre de son éclat. Le père et la fille contemplèrent l'aurore en silence, comme ils l'avaient fait mille fois au cours des seize années de vie de la jeune fille.

— Et voilà, tu es partie, dit enfin son père.

L'étoile de l'aube n'était plus visible. D'habitude, lorsqu'ils assistaient à la naissance d'un jour nouveau, après avoir dit « Et voilà, tu es partie », il regardait sa fille en souriant et ajoutait : « Et voilà, tu es là. » Mais ce jour-là, il ne dit rien.

Il était habitant de ces collines où les gens vivaient depuis longtemps en faisant paître des troupeaux sur les bas coteaux des montagnes. Ils parlaient peu. Il était rare qu'ils voyagent loin, et étaient plutôt réservés. Il s'appelait Arkati. Sa femme, la mère d'Étoile de l'Aube, venait des basses terres, près de la côte, où l'on attribuait les noms d'une façon différente. Elle s'appelait Grâce. Ils avaient choisi un nom pour leur enfant non pas selon sa coutume à lui, mais selon celle de sa femme. C'est ainsi que leur fille se nommait Étoile de l'Aube.

Étoile de l'Aube, à son tour, avait donné un nom aux chiots d'Amik. A présent, ils avaient tous été adoptés par des voisins, à l'exception d'Agnel, le plus petit de tous. Agnel avait rapidement montré un piètre sens de l'orientation : il restait sans arrêt en arrière et se perdait, c'est pourquoi dans cette terre de travailleurs, il n'avait pas trouvé preneur. Étoile de l'Aube l'aimait d'autant plus, et s'inquiétait de ce qu'il deviendrait lorsqu'elle serait partie.

Pour le moment, Agnel, abandonné par Amik, se retourna et trotta vers Étoile de l'Aube. Il grimpa sur ses genoux et lui lécha l'oreille. Elle resta assise sans bouger, sentant chacun de ses petits coups de langue, son odeur chaude, laiteuse, et elle s'inquiéta pour lui.

— Qu'est-ce qui va arriver à Agnel ? demanda-t-elle à haute voix.

Son père lui lança un coup d'œil, puis détourna le regard.

— Il trouvera un foyer.

— Il ne pourrait pas rester là ?

— Ce ne sera jamais un chien de berger. Tous mes chiens doivent travailler pour gagner leur nourriture.

— Alors qu'est-ce qui va lui arriver ?

— Quelqu'un aura un coup de cœur pour lui. Il n'y a pas beaucoup de chiens qui naissent tout blancs comme ça.

Le soleil luisait à présent. Ils se levèrent, replièrent la couverture, rangèrent leur paquetage de la nuit, et commencèrent à descendre la pente raide du pâturage jusqu'à chez eux. Arkati siffla Amik, qui vint immédiatement se mettre sur les talons de son maître, tandis qu'Étoile de l'Aube prenait le chiot dans ses bras.

En arrivant sur le sentier du village, ils rencontrèrent Filka, le chevrier, qui menait ses chèvres au pâturage pour la journée. Filka les salua, posant lentement son regard lourd sur Étoile de l'Aube. Puis il s'approcha pour examiner le chiot.

— Il t'en reste un, alors ? demanda-t-il.

— Juste celui-là, répondit Étoile de l'Aube en berçant le petit chien contre sa poitrine.

Elle n'aimait pas Filka : c'était un grand échalas qui bâillait trop souvent, et elle n'aimait pas sa façon de sourire. Un jour, bien des années auparavant, elle l'avait surpris en train d'attraper des perce-oreilles, qu'il avait ensuite fait brûler à la flamme d'une bougie. Elle n'appréciait pas beaucoup les perce-oreilles, mais elle avait détesté le visage silencieux et le regard fixe de Filka, tandis qu'il les regardait griller.

— Chien ou chienne ? demanda-t-il.

— Chien.

— Je pourrais avoir besoin d'un bon chien.

— Tu ne l'auras pas, dit-elle brusquement, en protégeant la tête du chiot de sa main.

Si elle avait réfléchi, elle aurait trouvé un prétexte. Elle aurait dit qu'Agnel n'avait pas les qualités d'un bon chien de berger, qu'il ne retrouvait même pas son chemin pour rentrer à la maison. Mais elle avait tellement hâte que Filka s'en aille qu'elle dit la simple vérité. Et cela déplut à Filka.

— Pourquoi ? demanda-t-il. Je ne suis pas assez bien pour lui ?

— Nous le gardons avec nous.

— Je n'y crois pas. Vous avez déjà un chien.

— Tu ne l'auras pas, dit Étoile de l'Aube.

— J'ai le droit, s'entêta Filka. (Il se tourna vers Arkati.) Pas vrai ?

Arkati saisit le regard implorant que lui lançait Étoile de l'Aube.

— Ma fille s'est prise d'affection pour ce chiot, dit-il gentiment, espérant calmer le chevrier.

— Et moi aussi, répliqua Filka. Elle n'a pas besoin d'un chien. Moi, j'en aurai l'usage. Je peux payer.

Il fouilla dans son sac et en sortit quelques pièces de monnaie.

— Vous voyez ? Qu'est-ce que vous dites de ça ?

Il regarda Étoile de l'Aube d'un air triomphant, comme si ses pièces représentaient un argument irréfutable.

— Nous n'avons pas besoin de ton argent, dit-elle.

Le regard triomphant de Filka s'assombrit.

— Mon argent n'est pas assez bon pour vous ?

— Viens, papa. — Elle se remit en chemin. — On doit rentrer à la maison.

— Tu penses que je ne suis pas assez bien pour toi ! cria-t-il à la jeune fille. — Il était devenu écarlate. — Tu ne sais rien de moi ! Tu ne sais rien !

Étoile de l'Aube descendit le sentier sans se retourner. Son père hocha gauchement la tête vers le chevrier, comme pour s'excuser, et suivit sa fille.

— Ta mère t'a abandonnée, cria Filka. Ta mère ne t'a jamais aimée et elle s'est enfuie !

C'était la pire des choses qu'il avait trouvée à lui lancer, après qu'elle fut partie en lui tournant le dos. Elle ne répondit pas. Il se retourna enfin, et gravit le raidillon derrière ses chèvres, en parlant rageusement tout seul.

Étoile de l'Aube l'avait entendu, cependant, et des larmes brûlantes lui montèrent aux yeux. Elle secoua la tête pour les chasser, puis se pencha sur son chiot et embrassa sa truffe humide.

— Il n'avait pas à dire ça, affirma son père, en la rejoignant. Et tu sais que ce n'est pas vrai.

— Oui, papa. Je sais.

En bordure du village, ils arrivèrent à leur maison, derrière laquelle coulait le ruisseau qui descendait de la colline. Les dernières braises du feu de la veille rougeoyaient encore dans la cuisinière. Arkati alla chercher du bois, rangé en tas sous l'avant-toit, pendant qu'Étoile de l'Aube mettait le chiot dans un panier sous la table, et préparait le petit déjeuner. Qui ferait le porridge de son père, lorsqu'elle serait partie ? Elle s'occupait des tâches ménagères depuis qu'elle avait cinq ans.

Tandis que la bouillie d'avoine cuisait doucement dans la casserole, son père sortit son matériel d'écriture sur son bureau. Des porte-plumes, de l'encre, un buvard, des feuilles de papier, tout cela du côté gauche. Et ouvert sur un plan incliné devant la chaise sur laquelle il s'asseyait, le texte du jour. Arkati avait deux activités : il était berger, et il était copiste de livres. L'argent que lui rapportait son deuxième travail, il le mettait de côté pour sa fille. Ainsi, toutes ces heures qu'il passait, courbé sur son bureau à tracer des lettres, de son écriture nette et soignée, c'était pour elle. Et elle s'apprêtait à le quitter.

Elle se dit qu'elle soulèverait le problème après le petit déjeuner. Mais Amik entra dans la maison, Agnel voulut de nouveau la téter, et Amik se démena d'une façon si comique pour lui échapper, qu'ils se mirent à rire et à parler des chiens.

— Quoi qu'il en soit, dit son père, il va bien falloir donner ce chiot à quelqu'un.

— Je suis d'accord. Mais pas à Filka.

— Tu sais que ta mère t'aimait beaucoup. D'ailleurs, tu as sa lettre.

— Oui, papa. J'ai sa lettre.

Sa mère les avait quittés au plus fort des pluies d'été, alors qu'Étoile de l'Aube avait tout juste trois ans. Lorsqu'elle avait été assez grande pour comprendre, Arkati lui avait donné une lettre que sa mère avait écrite pour elle, et qu'il avait gardée. La lettre disait :

Ma fille unique et bien-aimée. Je pleure en écrivant ces mots. En te quittant, je quitte le meilleur de moi-même. Mais je suis appelée à vivre une autre vie, par une voix à laquelle je dois obéir. Je te confie à notre Mère Aimante à tous. Puisse-t-elle veiller sur toi et te donner du bonheur. Pardonne-moi si tu peux. Sinon, de grâce, aie pitié de moi. Mon cœur se brise. Je t'embrasse dans ton sommeil. Au revoir, cœur de mon cœur. Chaque matin au lever du soleil, je t'enverrai mon amour, jusqu'au jour de ma mort. Au revoir, belle enfant de ma jeunesse. Jusqu'à ce que nous nous retrouvions.

Elle connaissait cette lettre par cœur, chaque mot était gravé dans son esprit. Elle n'avait qu'un très vague souvenir de sa mère, mais dans sa mémoire, Grâce était très belle, et sa présence enveloppait l'enfant d'un amour doux, protecteur. Le nom de sa mère, Grâce, qui évoquait en elle les mots de la lettre — « de grâce, aie pitié de moi » — lui avait toujours paru beau, aimant, et fragile.

Bien sûr, elle avait demandé à son père pourquoi sa mère les avait quittés. Il avait répondu :

— Elle est partie pour servir le Tout et l'Unique, qui est plus grand que toi ou moi.

Avec le temps, Étoile de l'Aube avait compris que sa mère avait rejoint une communauté de gens pieux, les Nomanas.

— C'est la plus haute aspiration qui soit, lui avait dit son père. Beaucoup de gens veulent entrer dans cette communauté, mais seuls quelques-uns sont choisis. Nous devrions être très fiers que ta mère soit parmi eux.

Étoile de l'Aube était plus que fière de sa mère. En secret, elle avait fait le serment de rejoindre les Nomanas, elle aussi, dès qu'elle en aurait l'âge. Elle avait deux raisons de croire qu'ils l'accepteraient. L'une était que sa mère avait été choisie avant elle. L'autre était qu'elle pouvait voir les couleurs.

Étoile de l'Aube avait cette faculté de voir les couleurs

depuis toujours. Lorsqu'elle était plus jeune, elle avait essayé d'en parler aux autres, mais personne ne comprenait jamais. Les gens pensaient qu'elle parlait de ses sentiments, en utilisant le nom des couleurs. Comme on dit par exemple : « Je suis d'humeur noire. » Mais elle voyait de vraies couleurs. Elle ne les distinguait pas tout le temps, et en général, elles étaient très pâles, mais elles étaient là, exactement comme le rouge des foulards des femmes de la colline. Les couleurs provenaient des gens, elles émanaient d'eux, comme une légère brume colorée qui les enveloppait. Au cours des ans, elle avait appris que chaque teinte avait un sens. Les gens en colère étaient entourés de rouge. Ceux qui étaient tristes ou malades produisaient une couleur jaune paille, ou parfois un bleu terne. Les tricheurs ou les menteurs jetaient des lueurs orange. Ceux qui avaient bon cœur diffusaient une couleur rouge, mais différente de celui de la colère, c'était un rouge rosé, très doux. Il y avait des centaines de couleurs, correspondant à tant de nuances de sentiments qu'elle n'aurait su dire, mais de toute façon, elle n'avait pas besoin de le dire. Ce qui comptait, c'était de voir, et de percevoir.

Elle savait que c'était un don, mais c'était un don dont elle ne retirait aucun avantage. Ses amis du voisinage, dans le village de montagne reculé où elle vivait, n'étaient pas au courant. Cela lui donnait la curieuse impression d'être un peu étrangère à leur monde.

Après avoir débarrassé la table sans avoir parlé de ses projets à son père, qui s'était déjà mis à son travail de copiste, elle s'assit par terre, près de la cuisinière et joua avec le chiot. Elle avait un petit morceau de ficelle avec des nœuds, qu'elle faisait bouger sur le sol. Le chiot essayait de l'attraper, se jetait dessus et le secouait dans sa gueule jusqu'à ce qu'il n'en reste plus rien. Tout en s'amusant avec Agnel, elle laissa ses pensées courir librement. Elle réfléchit au mystère du masque.

Étoile de l'Aube croyait être très différente à l'intérieur, de ce qu'elle était à l'extérieur : au point qu'elle avait l'impression de porter un masque. Dans sa lettre, sa mère avait écrit qu'elle était belle, et son père aussi le lui répétait souvent, mais elle savait que ce n'était pas vrai. Elle avait un visage pâle et ovale, avec un petit nez, une petite bouche et de timides yeux bleu clair. L'Étoile de l'Aube masquée était docile, se rendait utile, et vivait sa vie sans se faire remarquer. Mais au fond d'elle-même, la véritable Étoile de l'Aube était très différente : beaucoup plus maligne, plus vive, plus critique. On ne pouvait pas dire qu'elle était intelligente, au sens où l'on est capable de faire des discours savants. Mais il lui suffisait de regarder quelqu'un pour savoir ce qu'il désirait ou craignait le plus. Les gens disaient beaucoup de mensonges, ou au mieux émettaient une sorte de bruit destiné à distraire les autres. Mais ce qu'ils faisaient vraiment dépendait de ce qu'ils désiraient et de ce qu'ils craignaient.

Filka, le chevrier, par exemple. Lorsqu'il avait demandé le chiot, il avait été enveloppé d'une couleur brique, qui correspondait à l'une des premières phases de la colère. Elle avait vu le ressentiment qui l'habitait, sa susceptibilité, sa peur du rejet. Tout était dans ses couleurs. Il ne voulait pas de chien, il voulait le respect que ses voisins lui refusaient, il le sentait bien.

Tout cela, Étoile de l'Aube le comprenait, parce qu'elle avait appris à se fier aux couleurs et à ignorer les bavardages. Mais personne, en dehors de son père et d'elle-même, ne le savait. Les gens pensaient qu'elle était silencieuse à cause de sa timidité. Ils pensaient qu'elle était douce, mais fade, comme un petit pain au lait.

— Qu'est-ce qu'ils en savent, petit Agnel ? demanda-t-elle au chiot.

Le chien répondit à sa voix affectueuse, en se dressant joyeusement sur ses petites pattes de derrière, et en essayant de lui lécher le visage.

— Peut-être que tu peux voir les couleurs, toi aussi, lui dit-elle en se penchant vers lui. Peut-être que tous les animaux en sont capables.

Étoile de l'Aube s'était souvent demandé si sa mère pouvait voir les couleurs. Son père lui avait assuré que non, qu'elle ne lui en avait jamais parlé. Mais elle avait remarqué que sa voix était hésitante. Lorsqu'elle le pressa de lui en dire davantage, il lui révéla que parfois Grâce se troublait, et lui parlait d'une obscurité qui masquait la lumière du jour. Elle avait l'impression que la nuit tombait en plein jour, et qu'elle seule était perdue dans le noir. Puis les ténèbres se dissipaient, comme des nuages poussés par le vent, et elle retrouvait le sourire.

— Lorsque l'obscurité l'envahissait, on ne pouvait rien faire pour elle. Je crois qu'elle ne m'entendait même pas.

— Pauvre maman. Qu'est-ce qui la rendait si triste ?

— Ça, je ne l'ai jamais su. Elle sentait peut-être que sa place n'était pas ici, dans cette maison.

— Alors, elle est heureuse, maintenant.

— Oh, elle doit chanter comme un oiseau. Elle n'a jamais eu qu'un seul désir, rejoindre les Nomanas.

A présent, il semblait à Étoile de l'Aube qu'elle n'avait plus que ce même désir, elle aussi. Elle avait appris tout ce qu'elle pouvait des voyageurs qui traversaient le village. Elle savait qu'elle devrait faire un long voyage jusqu'à l'île sainte d'Anacréa. Elle savait qu'elle devrait se rendre à la Congrégation annuelle, qui aurait lieu trois jours plus tard, pour s'y présenter. Elle devrait donc commencer son voyage le surlendemain matin.

Son père devait s'attendre à ce qu'elle quitte bientôt la maison pour aller travailler ou pour se marier. La plupart des filles du village se mariaient à seize ans. Elle redoutait pourtant le moment de lui annoncer son départ, et toute la journée elle remit cette conversation à plus tard.

Enfin le soir descendit, le soleil déclina dans le ciel, et

son père se prépara à retourner dans les pâturages pour garder les moutons.

— Je vais peut-être remonter avec toi, dit-elle.

Ce n'était pas son habitude de passer deux nuits à courir sur la colline. Mais son père acquiesça d'un hochement de tête.

— Comme tu veux.

Elle prit le petit chien avec elle, comme la veille. Ils sortirent avec leur couverture, leur sac, et gravirent le sentier raide.

En arrivant près des pâturages, dans la lumière déclinante du soir, ils rencontrèrent de nouveau le chevrier. Il se tenait près du chemin, aussi immobile qu'une statue, et regardait au loin. On aurait dit qu'il ne remarquait pas leur présence. Étoile de l'Aube surprit une couleur singulière autour de lui, une lueur argentée qui la fit frissonner. Perplexe, elle ne le quitta pas des yeux en passant à côté de lui avec son père. Elle l'observait toujours, lorsqu'il tourna brusquement la tête vers elle et la regarda droit dans les yeux.

— Stop ! cria-t-il. Arrête-toi là où tu es !

Elle s'arrêta. Son ordre lui avait semblé si urgent, si étrange venant de sa part ! Il avait les yeux fixés sur elle, mais d'une certaine façon, elle sentit qu'il ne percevait pas sa présence.

— *Ils* veulent te voir, dit-il.

— Qui ? Qui veut me voir ?

— Tu les intéresses.

Il la contemplait fixement de ses yeux exorbités, où brillait cette désagréable lueur argentée.

— Tu es fou, dit-elle.

Elle sentit le chiot s'impatienter dans ses bras, et elle s'apprêtait à repartir, lorsque Filka se mit à trembler des pieds à la tête. Son expression changea. C'était comme s'il se réveillait d'un état de transe. Il s'aperçut qu'elle l'observait d'un air étonné, et lui lança un regard mauvais.

— Alors ? dit-il. Tu ne te doutais pas de *leur* existence.

— L'existence de qui ?

— J'ai des amis haut placés.

Le chiot poussa un aboiement aigu. Filka baissa aussitôt les yeux sur lui. Avant qu'elle comprenne ce qu'il faisait, il avait attrapé Agnel et s'éloignait d'elle d'un bond. Tout s'était passé si vite et si brusquement qu'il était déjà de l'autre côté du chemin, avant qu'elle ait pu réagir.

— Rends-le-moi ! s'écria-t-elle.

— C'est moi qui l'ai, maintenant ! répondit-il, d'un air provocant.

Il souleva le chiot en l'air, qui se mit aussitôt à pousser de petits gémissements, et le tint au-dessus de sa tête.

Elle fit un pas vers lui, mais il s'écarta d'elle en sautillant.

— Si tu viens le chercher, je l'écrase ! lui lança-t-il. Je lui écrase la tête contre une pierre !

— Non ! — Étoile de l'Aube s'arrêta. — Ne lui fais pas de mal !

Agnel gémissait et se débattait dans la grande main osseuse du chevrier. Amik pointa les oreilles en avant, grondant doucement. Étoile de l'Aube, bouleversée de peur et de colère, se tourna vers son père.

— Papa ! Il ne peut pas faire ça !

— Laissez-moi tranquille, cria Filka. Vous en avez déjà un. Ce chien-là est à moi, maintenant !

Arkati tenta de le calmer de sa voix bienveillante :

— Ça suffit, Filka, maintenant. Ce n'est pas une façon de faire. Nous sommes tous des amis, des voisins.

— Je ne suis pas assez bien pour vous, rétorqua Filka. Si vous croyez que je ne suis pas au courant ! Vous m'appelez Filka-tête-fêlée. Mais j'ai des amis haut placés, à présent.

Arkati fit un pas vers lui.

— Laissez-moi tranquille ! dit Filka. Ou je tue le petit chien !

Et il s'approcha vraiment de la pointe d'un rocher en balançant le chiot au bout de son bras : il s'arrêta au dernier moment, en entendant le hurlement d'Étoile de l'Aube. Arkati le menaça du doigt.

— Ce n'est pas gentil, dit-il sur un ton de reproche.

— Pas gentil ! railla le chevrier. Qui a jamais été gentil avec Filka ? Mais j'ai des amis haut placés, maintenant. Et vous avez tous intérêt à me laisser tranquille !

Sur ces mots, il leur tourna le dos et monta la colline en courant, dans la faible lumière du crépuscule.

Étoile de l'Aube éclata en sanglots amers.

— Il est trop horrible ! Trop horrible !

Son père la prit dans ses bras et la consola du mieux qu'il put. Elle se cramponna à lui, sans arrêter de pleurer.

— J'irai lui dire deux mots demain, dit Arkati.

— Je le déteste, je le déteste, je le déteste !

— Il est désagréable, c'est vrai. Mais il est bon avec ses chèvres. Il ne fera pas de mal au petit chien.

— Je n'ai même pas dit au revoir à Agnel !

Il n'y avait rien à faire pour le moment. Ils montèrent le chemin jusqu'à la prairie en pente. Là Arkati l'installa sous la couverture et la laissa pleurer toutes les larmes de son corps. Lorsqu'elle se tut enfin, il embrassa ses joues mouillées et lui dit :

— Alors, à qui d'autre devrais-tu dire au revoir ?

Elle le regarda plissant ses yeux baignés de larmes.

— Tu vas me le dire ? dit-il. Ou tu vas bêtement jouer à cache-cache jusqu'à ton départ ?

— Mon départ pour où ?

— Pour ton île sainte.

— Tu es au courant !

— Comment veux-tu que je ne le sois pas ? Tu es ma fille unique, non ?

— Oh, papa ! Comment pourrais-je jamais te quitter ?

Dis-moi que tu ne veux pas que je parte, et je ne partirai pas.

— Ah, tu ne partiras pas. Et ensuite ?

— Je resterai là avec toi.

— Et que feras-tu ici avec moi, tout le reste de ta vie ? Rien, voilà ce que tu feras. Non, mon ange, tu t'en iras, tu verras ce qu'il faut voir, et un jour tu reviendras pour me raconter tout ça.

— Comment vas-tu te débrouiller sans moi ?

— Tu me prends pour un nouveau-né ? Comment me suis-je débrouillé pendant presque trente ans avant que tu pointes ton nez ?

— Tu ne te sentiras pas seul ?

— Si, sans aucun doute. Et peut-être te sentiras-tu seule, toi aussi.

— Oui.

Elle passa ses bras autour du cou de son père et le serra contre elle, avec tout son amour.

— Tu partiras donc après-demain matin, c'est bien ça ?

— Oh, papa. Tu sais tout.

— Le voyage est long jusqu'à ton île, et c'est une route dangereuse.

— Il ne m'arrivera rien.

— Il ne t'arrivera rien, parce que tu ne partiras pas seule.

— Pas seule ? Mais tu ne peux pas laisser le troupeau.

— Non, c'est pourquoi je me suis arrangé pour te trouver un compagnon de route.

Avec stupeur, Étoile de l'Aube comprit alors que son père s'était tranquillement préparé à cette échéance. Il avait pris des dispositions pour engager une escorte qui accompagne sa fille jusqu'à l'île sainte. Ainsi, pendant tout le temps où elle craignait de lui annoncer qu'elle allait partir, il organisait le départ de sa fille.

— Quel genre de compagnon ?

— Un homme capable de chasser les piquiers qui pourraient te causer des ennuis. C'est le facteur de livres qui s'occupe de tout. C'est lui qui l'amènera.

— Papa ! Combien est-ce que tu as dû payer pour que cet homme m'accompagne ?

— Cela n'a pas d'importance. A quoi d'autre servirait mon argent ?

— Mais je ne veux pas de compagnon. Vraiment, je n'en veux pas.

— Alors, prends-le pour ma propre tranquillité. Tu es en sécurité avec moi, et tu seras en sécurité sur l'île sainte, mais entre les deux, il y a des hommes méchants, des hommes fous, et toutes sortes d'êtres malfaisants.

Elle le serra encore plus fort contre elle sous la couverture.

— Je ne devrais pas te quitter.

— Le plus tôt sera le mieux, dit-il. Pour la première fois de ma vie, je pourrai enfin faire tout ce que je veux.

Il avait beau plaisanter, elle voyait les couleurs briller autour de lui, et le rose-rouge de son amour pour elle se mêlait au violet foncé de son chagrin. Elle ferma les yeux, pour ne pas voir, mais même avec les yeux fermés elle sentit la peine qu'il éprouvait.

— Tu es trop bon pour moi.

— Et pourquoi ne le serais-je pas ? Être bon avec mon enfant, c'est être bon avec moi-même.

IX

Derniers conseils avant le départ

Le facteur de livres arriva ponctuellement le lendemain matin, ployant sous la charge. Il transportait son fardeau à sa façon, supportant tout son poids sur une sangle qui faisait le tour de son front. Une fois chargé, il se penchait en avant, et équilibré par le poids qu'il avait sur son dos, il avançait à un trot régulier, qui donnait l'impression qu'il courait sans arrêt pour ne pas tomber la tête la première.

— Enfin arrivé, déclara-t-il, en laissant les livres tomber sur le sol. Et content de me reposer, croyez-moi.

Il était accompagné de l'homme le plus grand, le plus gros, qu'Étoile de l'Aube eût jamais vu. Le facteur de livres regarda le visage d'Arkati et vit avec satisfaction qu'il était impressionné.

— Eh bien, mon vieil ami. Ai-je bien travaillé pour toi ?

— Très bien.

Le colosse tendit la main et dit d'une voix retentissante :

— Barban à votre service.

— Il a suivi un entraînement de hacheron, le présenta fièrement le facteur. A présent, il est retiré du service actif.

— Vous êtes le bienvenu, monsieur, dit Arkati.

— Et voici la petite demoiselle, j'imagine.

Barban se pencha pour mettre son visage au niveau des

yeux d'Étoile de l'Aube, et découvrit ses robustes dents blanches.

— Nous vous amènerons à votre destination, petite demoiselle, aussi sûrement que si vous étiez restée chez vous.

— Merci, répondit Étoile de l'Aube, qui s'aperçut avec consternation qu'il lui inspirait une forte antipathie.

— Vous prendrez bien un verre avant de partir? proposa son père.

— Ça ne se refuse pas, répondit le colosse, avec un rire tonitruant.

Ils entrèrent dans la maison, et Arkati versa quatre verres de son meilleur vin. Étoile de l'Aube savait que cette bouteille avait été mise de côté pour la boire le dernier jour où elle serait là. Barban, qui ne s'en doutait pas, avala son vin d'un seul coup, comme pour montrer quel grand gosier il avait. Le père d'Étoile de l'Aube, qui voulait prolonger ce moment, leva son verre à la santé de sa fille et lui sourit avec douceur.

— A toi, mon étoile.

Elle trinqua avec lui.

— Et à toi, papa.

Barban posa son verre, ouvrit brusquement sa veste et dénuda son torse devant eux.

— Frappez-moi! cria-t-il. Allons, frappez-moi! N'importe lequel d'entre vous. Frappez-moi où vous voudrez.

Ils le regardèrent, surpris. Il se tenait là, les jambes écartées, les bras en arrière, attendant qu'on lui porte un coup à la poitrine ou à l'estomac. Une médaille en or, où était gravé un soleil, pendait à une chaîne autour de son cou.

— Aussi dur qu'un roc! Allez-y, frappez-moi!

— Je vous fais confiance, je suis sûr que vous êtes une escorte fiable pour ma fille, dit Arkati.

— Essayez la marchandise avant d'acheter, rétorqua

Barban. Je veux que vous sachiez que vous payez pour ce qu'il y a de mieux.

— Je ne suis pas vraiment habitué à frapper les gens, dit Arkati.

Barban se tourna vers le facteur de livres.

— Vous, monsieur. Donnez-moi un coup de poing. Le plus fort possible.

— Bon, dit le facteur. Si vous insistez.

Il frappa légèrement le colosse à l'abdomen.

— Non, non ! s'écria Barban. Je ne vous ai pas demandé de me chatouiller. Je vous ai demandé de me battre.

Étoile de l'Aube trouvait cette exhibition ridicule. Elle posa son verre. Le facteur frappa de nouveau Barban beaucoup plus violemment, cette fois. Le colosse éclata de rire.

— Je ne sens toujours rien !

— Laissez-moi essayer, dit Étoile de l'Aube.

Elle tendit les doigts vers lui, trouva un pli de chair bien gras juste au-dessus des hanches, et pinça fort. Barban poussa un cri aigu de douleur.

— Ouille ! ouille ! ouille ! gémit-il.

— Je crois que cette fois, il a senti quelque chose, dit-elle, avec un regard innocent.

— C'était un pinçon ! s'exclama-t-il.

Il lui lança un regard noir, en frottant l'endroit douloureux.

— Ce n'était pas un coup, c'était un pinçon !

— Je crois que tu devrais t'excuser, ma chère, dit Arkati à sa fille.

— Excusez-moi, monsieur Barban.

— Il n'y a que les filles qui pincent, dit-il amèrement.

— Alors, c'est parfait, répondit-elle. Je suis sûre que nous ne serons pas attaqués par des filles sur la route.

Le colosse reboutonna sa veste. Il se tourna vers Arkati. Il ne souriait plus.

— Vous avez l'argent ?

— Oui, je l'ai ici.

Arkati prit une boîte, en vida le contenu dans un petit sac. Étoile de l'Aube comprit qu'il était prêt à payer sur-le-champ la totalité de la somme convenue pour l'emmener jusqu'à Anacréa.

— Papa, dit-elle, je suis sûre que d'habitude, on paie la moitié du montant total maintenant, et l'autre moitié lorsque le travail est fait.

— Ah ? demanda son père. C'est ainsi que l'on fait d'habitude ?

— C'est comme ça, quand on n'a pas confiance, dit Barban.

Il lança un coup d'œil furieux à Étoile de l'Aube. Ses couleurs avaient tourné à l'orange-rouge, le pire des mélanges.

— Vous préférez peut-être renoncer à ce travail ? demanda-t-elle.

— Oh non ! Vous ne m'aurez pas comme ça ! J'ai fait ce long chemin jusqu'ici. Je ferai ma part, et je veux être payé en retour.

— Vous le serez, dit Arkati.

— Vous ne semblez pas vous rendre compte, poursuivit Barban, frottant toujours d'un air mauvais le pinçon sur son flanc, que vous avez engagé ce qu'il y a de mieux comme garde du corps.

Il prit dans sa main la médaille qui pendait à son cou.

— Vous voyez ça ? C'est l'insigne des hacherons ! Oui, monsieur. J'étais l'un des meilleurs hacherons de l'empire de Radiance !

— J'ai bien peur de ne pas savoir ce que c'est, dit Étoile de l'Aube.

— Hacheron ! s'exclama Barban, indigné. Le mot qui frappe de terreur le cœur de tous les hommes ! Hacheron ! Hacheron !

Étoile de l'Aube le regarda, sans paraître le moins du monde frappée de terreur.

— Papa, dit-elle, donne la moitié de ce que tu dois à M. Barban maintenant, et donne-moi l'autre moitié. Je le paierai quand nous arriverons à Anacréa.

Le colosse haussa les épaules, exaspéré.

— Faites comme vous voudrez. Ça m'est complètement égal.

— C'est une pratique tout à fait courante, dit le facteur de livres. Il s'agit d'une somme importante. Si notre ami a l'amabilité d'accepter cet arrangement, nous pouvons conclure l'affaire.

— Quand on veut ce qu'il y a de mieux, il faut payer, dit Barban, maussade.

Le problème fut donc réglé. Étoile de l'Aube regarda son père compter son argent, et elle fut choquée par le montant. Deux cents shillings ! Son père gagnait un shilling par semaine pour son travail de copiste. Comment cet homme pouvait-il valoir aussi cher ?

Arkati mit cent pièces d'or dans une petite bourse qu'il donna à sa fille. Il remit le reste au colosse.

— Vous prendrez bien soin d'elle, n'est-ce pas ?

— Aussi longtemps qu'elle prendra soin de mon argent.

— C'est un monde dangereux.

Arkati et le facteur s'occupèrent ensuite de leurs propres affaires. Et le moment vint enfin de se séparer. Étoile de l'Aube alla chercher son sac, qui était déjà prêt depuis plusieurs jours. Le facteur de livres reprit la large sangle qui lui servait à équilibrer son chargement, et sortit sur le chemin, en faisant signe au colosse de le suivre.

Le père et la fille furent laissés seuls pour passer un dernier moment ensemble.

— Alors, on dirait que le départ approche.

— Mais je reviendrai. Je reviendrai pour te raconter tout ce qui se sera passé.

— En ce qui concerne ton retour, laisse les choses suivre leur cours.

— Et peut-être que je ramènerai maman avec moi.

— Et, encore une fois, peut-être pas.

Il posa sur elle son regard doux et perspicace.

— Il y a des gens qui pensent que nous ne sommes pas très malins, nous les gens des collines, et que nous sommes un peu attardés dans nos façons de faire, dit-il. Je ne prétends pas que ce n'est pas vrai. Mais ne te donne pas la peine de les détromper. Il peut être très utile de passer pour un sot.

— Tu n'es pas sot. Tu es la personne la plus sensée que je connaisse.

— Et combien de personnes connais-tu ?

— Tu devrais me donner des conseils, pour me transmettre un peu de ta sagesse.

— Alors, maintenant tu veux être sage ?

Il fit semblant de se plonger dans de profondes pensées. Puis il lui donna ses conseils, en parlant lentement, sur un ton grave :

— N'oublie jamais de prendre ton petit déjeuner. Tâche d'en savoir plus que tu ne le dis. Quitte les pièces sans faire de bruit.

Elle l'embrassa, et il la serra contre lui quelques instants. Tous deux savaient que tout ce qui devait être dit l'avait été. Alors même qu'ils s'étreignaient, un fossé s'ouvrit entre eux. Pour Étoile de l'Aube, c'était le début de ce qu'elle pensait être sa vraie vie. Pour son père, c'était la fin.

Ainsi, ils se séparèrent. Son père fouilla dans sa poche et en sortit un petit rouleau de tissu noir attaché par une ficelle.

— C'est pour toi, dit-il.

Elle l'ouvrit et trouva à l'intérieur une natte blanche de pure laine d'agneau. Elle la mit contre son visage, en sentit la douceur et l'odeur.

— Ça chatouille un peu, mais ça te rappellera la maison, dit-il. Au cas où tu oublierais.

— Je n'oublierai pas.

Elle sortit. Le facteur de livres était là, son paquet sur le dos, la sangle autour du front. Il se pencha en avant, et n'eut plus d'autre choix que de partir. Barban l'accompagna aussitôt, marchant à grandes enjambées à côté de lui. Étoile de l'Aube les suivit.

Elle se retourna une fois, et vit son père immobile sur le seuil de la maison, solide et silencieux comme toujours, qui la regardait, avec Amik près de lui. Elle lui fit signe, mais il ne répondit pas à son geste. Il resta là, entouré du halo rose-rouge de son amour pour elle, assombri par le cercle violet foncé de son cœur brisé. Mais elle ne pouvait rien y faire. Elle laissa donc retomber son bras, et poursuivit sa route.

En sortant du village, à l'endroit où le chemin bifurquait, le facteur de livres leur fit ses adieux et tourna vers le nord. Étoile de l'Aube et son escorte continuèrent sur le même chemin qui menait à l'ouest.

Tandis qu'ils marchaient, ils entendirent le chevrotement des chèvres, et ils aperçurent Filka sur le flanc abrupt de la colline, qui redescendait de la montagne avec son troupeau. Il avait un sac sur l'épaule, d'où pointait le museau blanc et duveteux du chiot. Il hâta le pas, en voyant Étoile de l'Aube, pour arriver sur le chemin avant qu'elle ne passe.

Au début, Étoile de l'Aube fit semblant de ne pas l'avoir vu, car elle ne voulait pas lui donner la satisfaction de savoir à quel point il la démoralisait. Mais il la regarda d'un air railleur lorsqu'elle approcha et mit une main sur la tête du chien, comme pour dire : « Non, je ne te le rendrai pas. » Puis, n'obtenant pas de réaction, il prit la gueule du chiot dans ses mains et la tourna d'un côté puis de l'autre, pour qu'Agnel aussi semble lui dire : « Non, non, non. »

Étoile de l'Aube sentit qu'elle tremblait aussi fort que la colère qui montait en elle. Elle siffla doucement vers le village. Puis elle marcha vers Filka, en prenant garde de ne pas faire de gestes menaçants, et de lui parler d'une voix humble, suppliante :

— Tu seras gentil avec lui, n'est-ce pas? demanda-t-elle.

— Aussi longtemps que les autres seront gentils avec moi, répondit Filka en ricanant.

Derrière elle, elle entendit la course d'un chien qui venait du village. Elle jeta un coup d'œil sur sa droite, et vit que Barban attendait.

— Oh, je serai gentille avec toi, dit-elle.

Soudain, elle trébucha, tomba contre lui, et se mit à hurler, comme s'il l'avait frappée.

— Ne me fais pas de mal! cria-t-elle. Ne me fais pas de mal!

Barban agit avec une rapidité et une force satisfaisantes. Il attrapa le chevrier, le tint à bout de bras et le secoua en l'air.

— Tu cherches des ennuis?

— Non, non, non! bégaya Filka, terrorisé.

— Essaye de la toucher et je te casse en deux!

Il le jeta par terre. Le chevrier tomba avec un bruit sourd, et resta allongé là, en gémissant. Étoile de l'Aube ouvrit le sac de Filka, en sortit le chiot, juste au moment où Amik arrivait et bondissait à côté d'elle.

— Va, mon petit Agnel!

Elle poussa le chiot vers Amik.

— A la maison, Amik! A la maison!

La chienne de berger obéit aussitôt : elle fit demi-tour et se dirigea vers le village. Le petit chien trottait en jappant derrière elle.

— A la maison, Agnel ! A la maison !

Étoile de l'Aube ne quitta pas le chiot des yeux jusqu'à ce qu'il rentre sain et sauf au village. Ce n'était pas loin. Pendant une fraction de seconde, elle se demanda si elle n'allait pas changer d'avis et suivre Agnel jusqu'à chez elle. Son père ne lui en voudrait pas. Il serait tellement heureux qu'elle revienne ! Ces quelques maisons toutes simples, qui s'étendaient le long du torrent au pied des montagnes, étaient le seul monde qu'elle connaissait. Mais il y avait Barban, debout à côté du chevrier, l'air mauvais, qui le poussait du bout de sa botte.

— Je le laisse là ?

— Oui, laissez-le.

Le village était le passé, tout comme le chevrier, et même le petit Agnel. Elle savait qu'elle ne pouvait revenir en arrière, pas plus qu'elle ne pouvait ramener le temps écoulé dans le présent. Elle tourna donc son regard vers l'ouest, et se remit en chemin.

X

Tel est pris qui croyait prendre

— Alors, maintenant, vous avez vu un hacheron en pleine action, dit Barban. J'espère que vous êtes satisfaite.

— Oui, répondit Étoile de l'Aube. Merci.

Cela ne suffit pas au colosse.

— Je suis surpris que vous n'ayez jamais entendu parler des hacherons, dit-il. Les hacherons sont connus dans tout l'empire.

— L'empire de Radiance est loin. Nous, les gens des collines, nous sommes un peu à l'écart.

Ils avançaient régulièrement sur la ligne de crête, montant et descendant au gré des ondulations du terrain. Derrière eux, les montagnes se dressaient au loin dans la brume. Devant eux s'étendaient les vastes plaines. Étoile de l'Aube n'était jamais allée aussi loin vers l'ouest. Elle s'efforçait de ne pas regarder en arrière, de ne pas penser à sa maison, mais de regarder en avant, de tourner ses yeux et son esprit vers ces plaines, et au-delà encore vers les rives boisées du Grand Fleuve, qui descendait jusqu'à la mer. Elle avait déjà vu des fleuves, mais jamais la mer. Il était difficile de s'imaginer une aussi longue marche sans repères, sur un chemin qui semblait interminable. Difficile aussi d'imaginer l'endroit vers lequel elle se dirigeait, cette île rocheuse située à l'embouchure du fleuve, où sa mère l'attendait.

« *Jusqu'à ce que nous nous retrouvions.* »

— L'empire de Radiance n'est pas loin, dit Barban. Si vous alliez à la cité du lac, vous verriez une chose ou deux que vous n'avez jamais vue avant. Il n'y a rien de semblable dans le monde entier. Les maisons sont couvertes de tuiles d'or ! Les tuiles des toits sont en or véritable !

Étoile de l'Aube ne dit rien. Elle n'était intéressée ni par l'empire de Radiance, ni par la cité au bord du lac du Nord. Mais après avoir marché une bonne heure en silence, son escorte se mit à parler, et à bavarder sans arrêt :

— J'imagine que vous vous demandez si les voleurs ne risquent pas de venir voler l'or des toits, la nuit. Mais que diriez-vous si je vous assurais qu'il n'y a pas de voleurs à Radiance ?

Étoile de l'Aube ne dit rien du tout, ce qui ne gêna pas Barban, ravi de se charger tout seul des questions et des réponses.

— Vous me direz : comment est-ce possible ? Et je vous répondrai : c'est possible parce que personne n'enfreint la loi à Radiance. Vous m'ojecterez sûrement : Barban, il y a des gens malfaisants partout. Pourquoi les gens malfaisants ne feraient-ils pas de mal à Radiance ? Et je vous répondrai : ils ne font pas de mal, parce qu'il y a des hacherons !

C'était toujours sa conclusion : la redoutable gloire des puissants hacherons de Radiance.

— Nous, les hacherons, nous nous entraînions tous les jours, lui raconta-t-il. Nous faisions des courses de rocher, c'est-à-dire que nous courions en portant d'énormes rocs. Et nous fendions des rondins, non pas avec nos haches, oh non, mais avec nos poings !

— Vous aviez égaré vos haches ?

— Égaré ? Non, pas du tout. C'était l'entraînement : frapper avec nos poings, mais avec la puissance d'une hache !

Il frappa l'air devant lui.

— Nous, les hacherons, nous pouvions assommer un bœuf d'un seul coup de poing.

— Pauvre bœuf ! Pourquoi est-ce que vous faisiez ça ?

— Entraînement ! Tout ça, c'était l'entraînement. Avez-vous une idée de l'armure que porte un hacheron ? De son poids ?

— Pas la moindre.

— Rien que la cuirasse qui protège la poitrine pèserait plus lourd que vous. D'épaisses plaques de métal qui se chevauchent les unes les autres, cousues sur une toile épaisse. C'est comme porter deux petits adultes sur son dos ! Vous vous rendez compte !

— Très spécial, dit Étoile de l'Aube.

— Et le casque. Mettez-le et vous m'en direz des nouvelles ! En fer solide, appuyé sur vos épaulettes, aussi lourd qu'un enfant.

— Ainsi, vous vous promenez en portant deux petits adultes et un enfant ?

— Voilà, vous avez une idée de ce que c'est, maintenant.

— C'est vraiment très spécial.

— Comme ça, quand on se bat, personne ne peut nous toucher. Grand soleil, c'est quelque chose à voir ! Un hacheron en pleine bataille, avec son équipe autour de lui est un dieu descendu sur terre ! Un seul coup de chaîne, et plus rien ne résiste. Les petites gens s'enfuient en criant, vous pouvez me croire ! C'est un sacré spectacle, un hacheron en marche !

Revivant ces instants, il martela le sol de son pas lourd, en balayant l'air devant lui avec une chaîne imaginaire.

— Il faut user de sa chaîne juste à la bonne hauteur pour couper les têtes des petites gens, plop ! plop ! plop !

— Vous avez dû y prendre plaisir, dit Étoile de l'Aube.

— La meilleure période de ma vie, répondit-il. Je n'ai jamais été aussi heureux.

— Alors, pourquoi êtes-vous parti ?

Le sourire du hacheron s'effaça. Il laissa retomber le bras avec lequel il avait mimé le mouvement de sa chaîne.

— Retraite, dit-il.

— Oh, je vois. Vous êtes vieux.

— Je ne suis pas *vieux* ! répliqua-t-il, soudain amer. Regardez-moi. Est-ce que j'ai l'air vieux ? Je suis plus fort que jamais ! Vous allez voir !

Il descendit du chemin d'un bond et se planta devant un arbre qui poussait dans un fossé. Levant son poing droit, il visa l'une des branches les plus basses.

— Ya-ha ! cria-t-il.

Son poing frappa la branche près du tronc, là où elle avait l'épaisseur d'une cuisse. Avec un craquement déchirant, la branche tomba de l'arbre sur le sol.

— C'est vieux, ça ?

Il lança un regard noir à Étoile de l'Aube. Elle baissa les yeux vers la main droite du hacheron. Ses articulations étaient à vif et saignaient.

— Vous avez dû vous faire mal, dit-elle.

— Je n'ai rien senti du tout. Regardez ! Regardez !

Il ramassa la lourde branche et la brandit devant elle.

— Est-ce qu'un vieil homme aurait pu faire ça ?

— Non.

— Bon, à présent, vous reconnaîtrez peut-être que je vaux bien deux cents shillings.

— C'est un accord que vous avez passé avec mon père. Je n'ai rien à voir là-dedans.

— Sauf que vous avez la moitié de mon argent.

— Conduisez-moi saine et sauve jusqu'à Anacréa, et l'argent est à vous.

Ils poursuivirent leur chemin. Barban léchait discrètement les plaies de sa main droite. Lorsqu'ils arrivèrent près d'une rivière, Étoile de l'Aube lui dit :

— Vous feriez mieux de laver cette main.

Il s'agenouilla et plongea son poing meurtri dans l'eau, en grimaçant de douleur.

— Bien sûr, dit-il, un hacheron en pleine action aurait porté ses gants de protection cuirassés.

— Ils ne vous laissent pas votre armure quand vous êtes mis à la retraite ?

— Non. On nous donne une médaille.

Il prit entre ses doigts la médaille qu'il portait autour du cou et la lui montra : un soleil resplendissant dardait ses rayons sur le monde.

— C'est le soleil, n'est-ce pas ?

— C'est le pouvoir de Radiance. La source de toute vie.

— Vous y croyez ?

— Bien sûr. Regardez !

Il abrita ses yeux de la lumière et lui indiqua le soleil qui brillait au-dessus d'eux, dans un ciel sans nuage.

— Qu'est-ce qui pourrait être plus puissant que ça ?

— Celui qui l'a créé.

— Qui pourrait créer le soleil ? Non, croyez-moi. C'est là que tout commence et que tout finit. Le Pouvoir Radiant gouverne le monde, et ses fils favoris sont le roi, puis les prêtres de Radiance. Vous savez comment je le sais ?

— Comment ?

— Aucun endroit sur terre n'est aussi puissant, aussi riche, aussi somptueux que l'empire de Radiance !

— Je vois.

— C'est bien la preuve que j'ai raison ! Le peuple le plus fort a le dieu le plus fort. C'est logique.

— Je vois.

Ils marchèrent un moment en silence. Barban se sentait mieux, à présent. Il avait l'impression que cette drôle de fille au visage lunaire commençait enfin à comprendre les réalités d'un monde plus vaste.

— Regardez qui vient par ici, dit-il.

Une famille de piquiers descendait le chemin vers eux : une femme maigre, un homme aux yeux fatigués, et une charrette à deux roues tirée par un bœuf efflanqué. Deux petits enfants étaient assis dans la charrette, au sommet de tous les biens que possédait sans doute la famille.

— Populace des routes ! dit Barban avec dégoût.

En les croisant, il frappa le bœuf pour le chasser du chemin.

— Hors de notre passage !

— Arrêtez ! s'écria Étoile de l'Aube. Laissez-les tranquilles ! C'est leur route autant que la nôtre.

— Ce sont des piquiers ! Des vagabonds, de la racaille de caniveau !

— Excusez la grossièreté de mon compagnon, dit Étoile de l'Aube aux piquiers. C'est un homme ignorant.

Elle ramena le bœuf sur le chemin, tandis que la famille de piquiers l'observait dans un silence apeuré. Elle n'eut pas besoin d'étudier leurs couleurs pour savoir qu'ils étaient effrayés et affamés.

— Qui est ignorant ? grommela Barban.

— Vous, répondit-elle.

Elle fouilla dans sa bourse et donna un shilling d'or à la femme. L'homme exprima silencieusement sa gratitude, par un petit signe de tête. La femme serra la pièce dans sa main, et des larmes lui montèrent aux yeux, mais elle ne put parler. Qui sait d'où ils venaient ? De très loin peut-être ? Peut-être même parlaient-ils une autre langue ? Les routes étaient pleines de familles misérables comme celle-ci, chassées de chez elles par la guerre, les épidémies ou la famine.

Barban n'en crut pas ses yeux.

— C'est mon argent ! Vous donnez mon argent aux autres !

— Ce n'est pas votre argent.

— Vous avez donné mon argent à des piquiers !

— C'est mon argent. J'en fais ce que je veux.

Étoile de l'Aube se remit en route pour forcer le colosse à la suivre et à laisser la famille de piquiers tranquille. Un shilling d'or était une somme importante pour des gens aussi pauvres. Cela leur permettrait de payer le gîte et le couvert pendant une semaine.

— Vous n'êtes qu'une idiote ! s'exclama Barban.

— Je préfère être une idiote qu'une brute.

— Donnez-moi mon argent immédiatement !

— Non.

— Alors, je ne vais pas plus loin.

Il s'arrêta, et resta planté là, avec ses bras gros comme des troncs d'arbre repliés sur sa poitrine, vexé, blessé dans son orgueil. Étoile de l'Aube continua simplement de marcher.

— Revenez !

Elle ne jeta même pas un coup d'œil en arrière.

— Sale idiote, méchante fille !

Il la rejoignit à grandes enjambées, et l'attrapa avec son énorme main.

— Donnez-moi mon argent !

Elle pressa étroitement son sac contre sa poitrine. Il la secoua violemment.

— C'est à moi, et je le prendrai.

Il lui serra le bras de sa main puissante. Elle grimaça de douleur, mais ne céda pas.

— Il faut que je vous arrache le bras ?

— Oui ! Allez-y ! Arrachez-moi le bras !

— Je pourrais vous écraser comme une fourmi !

— Ne vous gênez pas ! Écrasez-moi ! Tuez-moi !

Pendant un instant, il sembla sur le point de le faire. Puis il la poussa, l'envoyant trébucher le long du sentier, et il lui lança, l'air menaçant :

— Ne croyez pas que j'y renonce !

Étoile de l'Aube calma les battements de son cœur et

prit une expression impassible. La tête haute, elle lui montra qu'elle n'avait pas eu peur de lui.

— Vous pouvez partir, maintenant, lui dit-elle. Je ne veux plus de votre protection.

— J'irai là où vous irez, répliqua le hacheron, jusqu'à ce que j'aie mon argent.

A partir de là, ils poursuivirent leur chemin sans s'adresser la parole, et en gardant une bonne distance entre eux. Barban marchait en tête, et ne tenait aucun compte des jambes plus petites de la jeune fille, qui était donc obligée de courir de temps en temps pour ne pas le perdre de vue. Mais elle était trop fière et trop en colère pour lui demander de ralentir.

L'énorme hacheron se trouvait à une bonne centaine de pas devant Étoile de l'Aube lorsqu'ils arrivèrent au fleuve. Ce n'était pas encore le grand fleuve qui coule vers Anacréa, mais c'était quand même une large rivière, si profonde qu'il était impossible de la traverser à pied. Un canoë était amarré à la berge, et deux passeurs étaient paresseusement allongés sous un abri de fortune, pour se protéger du soleil. Même de là où elle se trouvait, Étoile de l'Aube comprit à leurs couleurs que quelque chose n'allait pas chez ces passeurs. Elle vit Barban se diriger vers eux pour leur parler. Elle vit qu'ils lui répondaient affirmativement par un hochement de tête et qu'ils détachaient le canoë. Plus elle approchait, plus elle était sûre que les passeurs n'étaient pas ce qu'ils feignaient d'être.

Barban se tourna vers elle, attendant avec une impatience manifeste qu'elle le rejoigne. Il tendit la main et claqua des doigts.

— Des sous ! demanda-t-il.

Il voulait de l'argent pour payer les passeurs, elle le comprit aussitôt. Mais elle s'arrêta net.

— Non, répondit-elle. Quelque chose ne va pas.

Le scintillement orange qui entourait les passeurs n'était que trop évident.

Barban marcha pesamment vers elle.

— Quelque chose ne va pas ? Je ne vois vraiment pas quoi !

Étoile de l'Aube recula, mais il était trop rapide. Il avança brusquement la main vers elle, et s'empara de sa bourse, arrachant son cordon. Il courut vers la rive et sauta dans le canoë. Le passeur qui tenait l'amarre du bateau le suivit, et le canoë partit rapidement au milieu du fleuve.

Barban brandit la bourse d'un air triomphant.

— Personne ne donne mon argent aux piquiers ! cria-t-il à Étoile de l'Aube. Il n'est pas né celui qui bernera un hacheron !

Étoile de l'Aube resta sans voix. Elle avait concentré toute son attention sur les passeurs, et en avait oublié de se défendre contre Barban.

— Montrez-vous plus respectueuse, la prochaine fois ! clama-t-il. Personne n'insulte un hacheron !

Le passeur qui tenait la pagaie fit tourner le canoë pour remonter le courant, pendant que le deuxième cherchait un paquet au fond du bateau. Étoile de l'Aube était toujours abasourdie. Les couleurs des passeurs lui étaient apparues fortes et évidentes avant même que Barban n'aille leur parler. Comment avait-elle pu interpréter la situation aussi mal ? Comment avait-elle pu se tromper à ce point ?

— Sale petite sorcière ! lui lança Barban. J'espère que les piquiers vont vous attraper !

Le deuxième passeur ouvrit le paquet d'un mouvement sec. Un filet s'éleva alors comme une vague, qui retomba sur Barban, toujours en train de vociférer contre Étoile de l'Aube. Le filet était lesté d'un poids sur toute sa bordure, et l'homme qui l'avait lancé connaissait son affaire. Avant même que Barban comprenne ce qui lui arrivait, il se retrouva saucissonné dans le filet et tiré au fond du canoë. Là, les deux hommes, travaillant ensemble avec des gestes vifs et précis, le recouvrirent d'une lourde couverture et le maintinrent au fond du bateau à l'aide de barres de fer. Ainsi ficelé, empaqueté et séquestré, le hacheron ahuri se mit à pousser des cris de rage étouffés, qui retentirent jusqu'aux berges, tandis que le bateau l'emportait sur le fleuve.

Étoile de l'Aube ne savait pas qui pouvaient être ces passeurs, ni pourquoi ils avaient voulu s'emparer de Barban. Elle retrouva, cependant, la foi en ses couleurs. Certes, Barban avait été assez habile pour lui voler son argent. Mais les passeurs étaient plus habiles que lui et meilleurs voleurs. Le canoë était déja hors de vue. Lentement, les battements de son cœur se calmèrent. Elle revint à ses propres préoccupations, et réfléchit à la situation dans laquelle elle se trouvait.

Elle ne regrettait pas d'avoir perdu son escorte. Elle ne craignait pas non plus de continuer son voyage seule. Les piquiers qui hantaient les routes ne lui faisaient pas peur. Quant aux bandits, elle se fiait à l'acuité de ses sens pour éviter les ennuis. Mais avec Barban, tout son argent s'était envolé. Il ne lui restait plus que les vêtements qu'elle portait sur elle, et la petite natte de laine d'agneau que son père lui avait offerte au moment de partir.

Elle la sortit de sa poche, et la pressa contre sa joue.

— Je suis désolée d'avoir perdu ton argent, papa, murmura-t-elle. Je sais que tu as travaillé dur pour le gagner. Mais il ne faut pas que tu t'inquiètes pour moi. J'arriverai à Anacréa, par un chemin ou par un autre. Et là, je retrouverai maman.

DEUXIÈME PARTIE

L'ÉMISSAIRE

Ils observent.
Jour après jour leur corps s'affaiblit.
Jour après jour leur esprit se renforce.
Ils parviendront jusqu'aux petites gens. Ils trouveront ceux qui savent obéir.
Pour ces vieillards, c'est une question de vie et de mort.
Leur vie. La mort de tous les autres.

XI

L'entraînement à la haine

— Hou ! Hou ! Qui détestons-nous ?

Bam-bam ! Ba-ba-ba-bam !

— Les Nomanas ! Les Nomanas !

Ba-ba-bam ! Ba-ba-bam !

Vision Radiante, héritier de Moisson Radiante et du trône impérial, prêtre-roi, souverain de l'empire de Radiance, et fils favori du Grand Pouvoir Céleste, se tenait debout, les jambes écartées. Tapant sur un tambour avec ses poings, le visage écarlate et en sueur à cause de l'effort, il criait de toute sa voix :

— Hou ! Hou ! Qui tuerons-nous ?

Bam-bam ! Ba-ba-ba-bam !

— Les Nomanas ! Les Nomanas !

Ba-ba-bam ! Ba-ba-bam !

Une seule autre personne se trouvait dans la pièce avec le roi : son secrétaire particulier, Soren Similin. C'était un jeune homme d'une laideur étonnante. Avec son long nez étroit, ses yeux exorbités, ses oreilles proéminentes, son visage semblait fait de bric et de broc, aucune de ses parties ne paraissant aller avec l'autre. Mais lorsqu'il parlait, comme il le faisait à présent, sa voix était suave et musicale.

— Arrachez-leur les yeux, Radiance !

Le roi reprit, en frappant sur son tambour :

— Hou ! Hou ! Arrachons-leur les yeux !

Bam-bam ! Ba-ba-ba-bam !

Cet entraînement à la haine était une idée du secrétaire, qu'il avait introduite peu après son arrivée à la cour de Radiance. Similin était un étranger qui avait grandi dans les terres pauvres du Nord, sans aucun des droits et privilèges accordés aux citoyens de l'empire. Son ascension rapide, et le crédit dont il jouissait auprès du roi, avaient rempli la cour de stupeur. Le Grand Prêtre, en particulier, avait tout fait pour mettre le roi en garde contre un excès de confiance en cet affreux jeune homme.

— Nous ne savons rien de lui, Radiance. Nous ignorons totalement ce qui a pu l'amener ici, et ce qu'il veut.

— Si, lui répondit le roi, on le sait. Il veut la destruction des Nomanas. Ce n'est pas un secret.

— Mais pourquoi, Radiance ?

— Ils refusent de vénérer le Pouvoir Radiant. Ils pensent qu'ils sont supérieurs à tout le monde. Je vais leur apprendre qui est supérieur, moi !

Le Grand Prêtre fronça les sourcils et hocha la tête, consterné.

— Nous avons toujours pensé qu'il valait mieux laisser les Nomanas tranquilles, Radiance. Ils ont des pouvoirs...

— Ce sont des trucs ! cria le roi. Des trucs ! Je vais leur en montrer des trucs !

Ainsi le Grand Prêtre et le reste de la cour, réduits à l'impuissance, virent la graine semée par l'affreux jeune homme venu d'ailleurs s'épanouir dans le cœur du roi, jusqu'à devenir une obsession. Cependant, malgré leurs doutes et les questions qu'ils se posaient, ils durent admettre que l'entraînement à la haine faisait merveille sur le moral du roi. Il sortait de chaque séance revigoré et rayonnant.

— Hou ! Hou ! Arrachons-leur le cœur !

Bam-bam ! Ba-ba-ba-bam !

— A mort les Nomanas ! Qu'ils souffrent et qu'ils meurent !

Ba-ba-ba-bam ! Ba-ba-ba-bam !

Moins de trois semaines après l'arrivée de Soren Similin à Radiance, le prêtre-roi déclara qu'Anacréa devait être détruite, telle était la volonté impériale.

Le jour où cette nouvelle décision politique fut rendue publique, Soren Similin revint dans ses modestes quartiers et tomba à genoux. Il toucha le sol de son front et murmura :

— Ai-je bien agi, maîtresse ?

Tu as bien agi, lui répondit une voix que lui seul pouvait entendre.

— Tout ce que je fais, je le fais pour vous.

Tu es la coupe dans laquelle nous versons notre vin.

— Je déborde de reconnaissance.

Le temps de la moisson approche. Les petites gens s'agenouilleront devant toi et te proclameront leur seigneur.

— Mon pouvoir sera le vôtre, maîtresse. Je suis votre émissaire. Vous me commandez comme le cœur commande la main.

Nous apprécions ton obéissance, dit la voix douce et suave.

— Ai-je bien mérité, maîtresse ?

Tu as bien mérité.

Puis la douceur l'enveloppa. Nageant dans le bonheur, il recevait sa récompense.

Le moment de l'offrande du soir approchait. Le soleil déclinait au-dessus du lac du Grand-Bassin. Dans le temple royal de Radiance, les prêtres et les personnages officiels de la cour étaient réunis pour accomplir leurs devoirs rituels. Le Gardien de la Couronne ornait de têtes de tournesol la structure en forme d'éventail qui reposerait sur les épaules du roi. Les femmes du souverain entraient une par une, chacune d'elles accompagnée de son enfant unique. La petite procession de trois prêtres à la robe cramoisie, agitant leur petite sonnette d'argent, avançait vers le grand réceptacle pour recueillir le tribut du soir. Six niveaux plus bas, sur la place du temple — une vaste esplanade qui descendait jusqu'au bord du lac — le peuple de Radiance se rassemblait pour bavarder, et acheter des babioles aux vendeurs ambulants.

Le Grand Prêtre, revêtu de sa robe dorée, attendait impatiemment que la séance de la haine finisse. Il pouvait entendre les beuglements de rage du roi à travers les portes closes. Sans s'en apercevoir, le Grand Prêtre retroussa ses lèvres et murmura :

— Absurdité dangereuse ! puis : Affreux ! Affreux !

Un cri à glacer le sang, derrière les portes, signala le point culminant de la séance. Les portes s'ouvrirent et le roi sortit en boitillant. Il était trop gros, et les articulations de ses genoux le faisaient souffrir. Mais il avait un visage rayonnant.

— Nous les verrons se tordre de douleur, dit-il en se frottant les mains. Nous leur réservons une surprise, hein Similin ?

— Oui, Radiance, dit le secrétaire, quelques pas derrière lui, le regard baissé.

— Il ne faut pas perdre de temps ! dit le roi.

— Ce ne sera plus long, à présent, Radiance, murmura le secrétaire.

Le roi inclina légèrement la tête devant chacune de ses épouses, qui toutes sourirent et se prosternèrent à son passage, puis il tendit les bras des deux côtés pour qu'on le revêtisse de ses habits de cérémonie. Le Grand Prêtre demanda à voix basse au secrétaire :

— De quelle surprise s'agit-il ?

— Je ne suis que l'humble serviteur du roi, répondit Soren Similin.

— J'imagine que cela a un rapport avec les Nomanas.

— Que Sa Sainteté me pardonne, mais le roi m'ordonne le silence.

Le tintement des clochettes d'argent retentit à nouveau tandis que les prêtres en robes cramoisies passaient, guidant le tribut du soir : un homme vêtu de blanc, le regard vide, la démarche incertaine. Les prêtres le tenaient par chaque bras, pour l'aider à avancer. Le Grand Prêtre les vit et hocha la tête, consterné. Le tribut avait encore été drogué. Qu'étaient donc devenus les jours glorieux où les tributs étaient des prisonniers de guerre, qui affrontaient la mort la tête haute, criant leur défi au monde ?

Quant au secrétaire du roi, et à son silence hypocrite, le Grand Prêtre se dit qu'il percerait le secret assez facilement. La seule surprise que le roi pouvait désirer avec autant d'impatience en cette période, c'était la nouvelle de la destruction des Nomanas. Restait à savoir comment ce jeune homme à face de grenouille pouvait donner au roi l'espoir d'y arriver. Détruire les Nomanas n'était pas chose aisée.

Le Gardien de la Cape présenta le lourd vêtement brodé d'or au Préposé à la Cape, qui la mit sur le dos du roi. Puis le Gardien de la Couronne donna le lourd objet au Préposé à la Couronne, qui le posa sur les épaules du roi. La structure rigide en forme d'éventail se dressait derrière la tête du souverain, formant un magnifique halo de tournesols fraîchement cueillis, étalant leurs pétales d'or et leurs graines couleur de miel.

Le Grand Prêtre vérifia que le tribut était à sa place, et fit signe au chœur du temple. Les choristes étaient alignés au fond de la grande terrasse, d'où le roi ferait une brève apparition pour saluer le peuple rassemblé en bas, sur l'esplanade. Les choristes commencèrent à chanter, le visage tourné en direction du soleil couchant qui s'abîmait vers les eaux du lac du Grand-Bassin :

Ô Radiance ! ô Radiance !
Notre seigneur, notre lumière, notre vie !
Reçois de nous ! Reçois de nous !
Notre tribut de la nuit !

Sur la place envahie par la foule, les gens interrompirent leurs bavardages et reportèrent leur attention sur le rocher du temple. Cet immense bloc de granit s'élevait à cent cinquante mètres au-dessus du lac, et penchait légèrement vers l'ouest, surplombant l'eau. Le temple immense avait été construit en terrasses sur toute la partie est du rocher, un étage après l'autre, jusqu'au plus haut niveau, juste en dessous du sommet du roc. Sur ce sommet se trouvaient à présent les trois prêtres en robe cramoisie, qui tenaient le tribut entre eux. Bientôt, lorsque le soleil déclinant toucherait l'eau, l'offrande serait faite. Ensuite, la nuit tomberait. Mais les habitants de Radiance ne devaient pas avoir peur : aussi longtemps qu'ils lui sacrifieraient une victime, le soleil se lèverait à nouveau. Le Pouvoir Radiant brillerait au-dessus d'eux, leur apportant richesse et victoires. N'en était-il pas ainsi depuis cent ans ? Radiance n'était-elle pas la plus grande puissance sur terre ?

La suite royale apparut sur la haute terrasse, acclamée par le peuple, tout en bas. Le roi salua la foule, et prit sa position rituelle : il se mit en face du soleil couchant, et écarta les bras. Ce faisant, sa cape dorée s'ouvrit comme les ailes d'un oiseau céleste, étincelant d'or et de pourpre dans la rivère de lumière que projetait le soleil à la surface du lac.

L'air radieux, le chœur chanta :
Ô Radiance ! ô Radiance !
Humblement cette vie nous t'offrons !
Reviens-nous ! Reviens-nous !
Car par toi seul nous vivons !

Le soleil toucha l'eau. Les prêtres, tout en haut du grand rocher, traînèrent le tribut plus près du bord. Le soir était chaud et paisible, sans un souffle de vent.

Le secrétaire du roi se tenait derrière la foule de prêtres et de personnages officiels, à côté du garde du corps du roi, un énorme hacheron revêtu d'une armure. Le garde du corps avait assisté à ce spectacle des centaines de fois et il bâillait ouvertement. Similin lui-même n'y prêtait guère attention. Son esprit était occupé à résoudre un problème particulièrement complexe.

Soren Similin aimait les problèmes. Il avait un cerveau subtil, puissant, et il était sûr de trouver une solution. Plus le problème était difficile, plus il avait de satisfaction à le résoudre, car cela l'élevait bien au-dessus des petites gens. Sans sa brillante intelligence, il en ferait toujours partie, lui aussi. Son père, et le père de son père avant lui, avaient été de pauvres tisserands dans un village. Lorsqu'il était enfant, Similin avait observé les marchands qui venaient acheter, et il avait vu la façon dont son père restait assis les yeux baissés, sans rien dire, tandis que les marchands se moquaient de lui. Il avait alors compris que son père faisait partie du petit peuple.

Puis, tout avait changé. Il avait été choisi.

Lorsque la voix avait retenti la première fois dans sa tête, il n'avait pas été surpris.

Tu es plus intelligent que les gens de ton entourage, avait dit la voix. *Tu mérites mieux. Aide-nous, et nous t'apporterons tout ce que tu peux désirer.*

Il ne sut jamais qui lui donnait des instructions. Il comprit seulement que c'étaient des êtres qui lui étaient supérieurs, et qui étaient supérieurs à tous ceux qu'il avait jamais rencontrés. Leur seule limite, semblait-il, était la faiblesse de leur corps.

Avec notre corps, nous ne pouvons pas faire grand-chose,

lui avait-il été dit. *Avec notre intelligence, nous pouvons beaucoup. Bientôt, tout cela changera, et nous deviendrons parfaits.*

Jusqu'à ce jour, ils s'efforçaient d'atteindre leur but grâce à des émissaires. Similin ignorait le nombre d'émissaires qui existaient à part lui, ainsi que le but dans lequel il travaillait. Tout ce qu'il savait, c'est qu'il obéissait et qu'il était récompensé : non seulement par la douce volupté qui l'envahissait, et dont il avait désormais un besoin vital, mais également par ses succès dans la société. Son invisible maîtresse avait guidé chacun de ses pas, écartant tous les obstacles de son chemin. Maintenant il était là, au cœur de la cour de Radiance, sur le point d'accomplir sa plus grande mission. Il résoudrait le seul problème qui restait, plairait ainsi à celle à laquelle il voulait plaire par-dessus tout, et elle le mettrait au pouvoir.

La foule qui se pressait sur la place, tout en bas, devint soudain silencieuse, et la voix d'un seul chanteur résonna par-dessus les toits dorés de la cité :

— Reçois notre tribu-u-ut !

Les prêtres en robe rouge conduisirent l'homme chancelant, vêtu de blanc, vers le côté du roc qui surplombait le lac. Là, ils relâchèrent leur étreinte autour de ses bras. Le tribut ne devait jamais être poussé. On devait voir qu'il allait vers la mort de sa propre volonté.

Tandis que le soleil s'abîmait dans le lac, le tribut tomba à genoux. Alors, dans cette position, lentement, irrésistiblement, il bascula par dessus bord et tomba dans le vide en tournoyant sur lui-même.

Le soliste chanta :

— Reviens-nous !

Le tribut tombait, tombait encore, noir contre le ciel rouge. Ses bras s'agitèrent, mais il ne poussa pas un seul cri. Les choses s'enchaînaient parfaitement. Au moment précis où le soleil couchant disparaissait à l'horizon, le tribut frappa l'eau avec un claquement sec. Puis vint le son d'un impact plus sourd, lorsqu'il s'écrasa contre les rochers juste sous la surface de l'eau. Un soupir étouffé, comme une légère brise, s'éleva de la foule. Un autre jour était fini. Un autre tribut livré. L'aube était assurée, le soleil se lèverait à nouveau. La vie continuerait.

Les gens commencèrent à partir.

Tandis que les enfants du roi s'en allaient, les uns derrière les autres avec leurs mères, l'un d'eux dit d'une voix plaintive :

— Je n'ai pas vu de sang ! Je ne vois jamais de sang !

Soren Similin, debout à côté du grand escalier à ciel ouvert qui desservait les différents niveaux, entendit la récrimination du jeune garçon et eut soudain une brillante idée. « Mais bien sûr ! » se dit-il. La solution à son problème était devant son nez.

Le roi appela le Préposé à la Couronne.

— Débarrassez-moi de ce maudit engin ! Ça me chatouille le cou.

Le Préposé à la Couronne, un riche marchand d'huile, fier d'assumer cette fonction honorifique, se précipita en avant, les mains tendues.

— J'arrive, Radiance !

Pendant qu'il le délivrait de sa couronne, il murmura à l'oreille du roi :

— Ce sera bientôt le jour de ma fête, Radiance. Et j'aurai l'honneur de fournir le tribut ce soir-là.

— J'espère qu'il sera mieux que la racaille de ces derniers temps, dit le roi. Si l'on s'imagine que je ne sais pas qu'ils sont drogués, on se trompe lourdement !

— Je pense que vous serez fier de mon offrande, dit le marchand d'huile.

— Espérons. J'en ai assez des tributs amorphes.

— Je me nomme Jovial Donneur, Radiance, ajouta le marchand, qui n'était pas sûr que le roi sache qui il était.

— Bien, bien.

Saluant vaguement d'un geste de la main derrière lui, le roi descendit un niveau et se rendit dans ses quartiers privés. Son secrétaire attendit qu'il soit parti, l'esprit entièrement occupé par l'idée qu'il venait d'avoir. C'était une solution simple et élégante, et donc profondément satisfaisante. Et si ça marchait, il pourrait bientôt porter le premier des coups formidables qui le porteraient jusqu'aux cimes de la gloire.

XII

L'arme secrète

Le grand temple de Radiance était construit sur six niveaux. Il s'élevait du sanctuaire public, tout en bas, jusqu'aux étages intermédiaires des bureaux, des appartements des prêtres et du roi, pour se terminer par une grande terrasse au sommet. Le temple était un monde entier à lui tout seul. Il comprenait des cuisines, des magasins remplis de provisions, des manufactures d'armes où des forgerons travaillaient devant des fournaises rougeoyantes, des lavoirs et des blanchisseries, des abattoirs pour la viande, des laiteries pour le lait et le fromage. Il y avait un tailleur, un barbier, et un modiste pour confectionner les chapeaux des épouses du roi. Tout en haut, dissimulée dans le fond, mais bien placée pour les offrandes du soir, se trouvait la prison. Là, des centaines de prisonniers étaient gardés dans des fosses aux parois de pierre, appelées réservoirs. Assassins, petits voleurs, et piquiers sans abri, étaient entassés les uns sur les autres sans distinction sous de lourdes grilles de fer, en attendant d'être drogués, puis conduits jusqu'au bord du rocher du temple. Là, on leur faisait payer leur crime, leur sottise, ou leur simple malchance, en les précipitant dans la mort, sous le regard indifférent du peuple de Radiance.

Lorsque Soren Similin quitta la terrasse royale, ce

soir-là, c'est vers les réservoirs qu'il dirigea ses pas. Au-delà de ces fosses, il y avait une morne cour aux murs de pierre, construite à l'origine pour que les prisonniers fassent de l'exercice. Ces créatures perdues n'éprouvaient ni le besoin ni l'envie de faire de l'exercice pendant leurs dernières semaines de vie. Aussi, lorsque cinq mois plus tôt, le secrétaire du roi avait demandé de pouvoir utiliser la cour, il n'avait pas rencontré trop de difficultés. Des équipes de charpentiers, de vitriers, de ferronniers l'avaient alors transformée en un laboratoire couvert d'un toit de verre, et des équipes scientifiques avaient construit à l'intérieur un dispositif remarquable. Tout cela dans le secret absolu.

Pour arriver jusqu'au laboratoire, il fallait traverser la longue salle qui contenait les réservoirs. C'était le seul accès possible, ce qui assurait le secret de l'opération, et dissuadait les curieux. Les gardiens de la prison savaient qu'ils n'avaient pas intérêt à poser de questions au secrétaire ni à son équipe, lorsqu'ils allaient et venaient. C'était l'affaire du roi, et à Radiance, la parole du roi faisait la loi.

Une passerelle en fer était aménagée au-dessus des grilles, à quelques mètres au-dessus des barreaux, pour empêcher les prisonniers d'attraper les passants par les chevilles. En réalité, il n'y avait pas de danger. Les détenus n'avaient aucun moyen de s'évader, et ils savaient qu'ils ne quitteraient les réservoirs que pour tomber dans la mort. Ayant perdu tout espoir, ils passaient leurs journées dans un demi-sommeil apathique.

Les gardiens de service saluèrent Similin, en le voyant passer, l'air pressé. Tout au bout de la passerelle se trouvait une porte verrouillée, dont le secrétaire possédait une clé. Derrière cette porte, il y en avait une deuxième, qui était fermée de l'intérieur, et munie d'un judas. Cette porte ne s'ouvrait qu'aux membres de l'équipe.

Quand Similin entra dans le laboratoire, il fut accueilli

par le professeur Evor Ortus, un petit homme chauve d'âge moyen, dont le visage fripé et mal rasé montrait qu'il avait fort peu dormi depuis une semaine.

— J'ai eu une idée! s'écria-t-il. Dites-moi ce que vous pensez de ça.

Le laboratoire était rempli d'appareils. Rangés tout autour des murs, dans des casiers empilés les uns sur les autres, on voyait des centaines de petits tubes de verre, placés de façon à recevoir la lumière du jour qui passait à travers le toit vitré. De fins tuyaux de cuivre partaient des tubes pour aboutir dans un haut cylindre également en cuivre d'où fusaient des jets de vapeur. Ce cylindre à son tour alimentait toute une série de récipients de plus en plus petits, dont le dernier ressemblait à une simple bouteille d'eau.

Le professeur emmena Soren Similin derrière la table, vers un comptoir dans un coin, autour duquel étaient rassemblés les autres membres de l'équipe. Là, sur un portemanteau, pendait un étrange vêtement en forme de sac, qui laissait tomber des gouttes d'humidité sur le sol. C'était un gilet sans manches, divisé en petits compartiments cousus les uns à côtés des autres, comme un édredon, et dont chaque compartiment s'affaissait sous le poids de son contenu.

— C'est une idée que j'ai eue cette nuit, dit le professeur. Bien entendu, ce n'est qu'un modèle expérimental. Le gilet final devra être entièrement imperméable.

Soren Similin examina le vêtement qui s'égouttait par terre. Il comprit aussitôt qu'il serait inutilisable. Mais il savait aussi qu'il devait se montrer prudent. Le professeur était un étranger, lui aussi, mais il provenait d'une couche sociale plus élevée que la sienne. Il s'était hautement distingué à l'académie de Radiance, dont il était à présent le savant le plus éminent. C'était aussi un homme orgueilleux qui se vexait facilement. Le professeur Ortus ne se considérait pas seulement comme le dirigeant de l'équipe, mais également comme le seul créateur de la remarquable machine qui avait pris forme dans l'ancienne cour d'exercice des prisonniers. Cela convenait très bien à Soren Similin. Il ne voulait pas s'attribuer le mérite de cette invention, et ne tenait pas aux honneurs scientifiques. Il préférait ne pas se faire remarquer, rester dans l'ombre.

— Fascinant ! s'exclama-t-il. Vous avez un esprit extraordinairement fécond, professeur !

— Le modèle expérimental est uniquement rempli d'eau, bien sûr. Il contient exactement quatre litres. C'est plus que suffisant pour notre usage.

— La quantité parfaite, dit Soren Similin. Et j'imagine que ce n'est pas plus lourd à porter qu'un épais manteau d'hiver. Est-ce que quelqu'un l'a essayé ?

Il avait posé sa question de façon anodine, comme par simple curiosité. Ortus fit signe à l'un de ses jeunes assistants.

— Mettez-le. Et placez-vous dans un endroit d'où l'on puisse bien vous voir.

L'assistant s'exposa à la lumière des plus grosses lampes, et le professeur examina le gilet de près, en fronçant les sourcils. Similin baissa les yeux. Il savait qu'il n'avait plus besoin d'intervenir. Non seulement le gilet bosselé, gonflé, attirait immédiatement l'attention, mais même l'observateur le plus distrait se demanderait ce qu'il pouvait bien contenir.

— Ah ! dit Ortus, sentant son excitation retomber.

— Vous pensez que ce vêtement pourrait attirer les soupçons ? demanda Similin de sa voix douce.

— En effet.

— Je crains que vous n'ayez raison. Tant pis. Il faut continuer à réfléchir.

— Réfléchir !

Le savant était tellement déçu qu'il laissa paraître sa contrariété.

— J'y ai réfléchi nuit et jour ! J'ai prié le Pouvoir Radiant de m'éclairer, mais je ne suis arrivé à rien. Je vous le dis, c'est impossible !

— Rien n'est impossible, rétorqua le sécrétaire, à un esprit aussi brillant que le vôtre.

— Où m'a donc mené cet esprit si brillant ?

— S'il vous plaît, professeur ! Je ne veux pas entendre ce genre de choses ! Qui a fait tout cela ? Qui a trouvé le moyen de capter le pouvoir radiant du soleil et de le conserver sous forme liquide ?

Il montra du doigt le dispositif qui les entourait, de la simple bouteille d'eau au-dessus des tuyaux et des tubes, jusqu'au toit vitré, à travers lequel brillait la lune, à présent.

— C'est vrai, dit Ortus, reprenant peu à peu ses esprits. Je dois admettre que c'est une découverte historique. Certains parleront d'une découverte scientifique capitale. Bien que pour le moment, personne ne soit au courant de son existence.

— Patience, professeur. Le monde apprendra votre invention historique lorsqu'elle sera entièrement au point. Il reste une dernière difficulté à surmonter.

— Une dernière impossibilité, oui ! s'écria le savant exaspéré.

Soren Similin pensait avoir la réponse au problème. Mais il avait intérêt à ce que le chercheur croie avoir trouvé la solution lui-même.

— Je n'ai qu'une intelligence moyenne, professeur, murmura-t-il. Je suis loin d'avoir un esprit aussi brillant et aussi original que le vôtre. Mais je peux écouter et répéter. Peut-être que si vous récapituliez tous les éléments du problème, votre finesse, votre pénétration l'éclaireraient d'un jour nouveau.

— Je l'ai tourné et retourné dans tous les sens, dit le savant en soupirant.

— Alors dans mon propre intérêt, peut-être, résumez-moi les différentes phases de l'opération. Pour que je sois sûr de bien les comprendre, avant de faire mon prochain rapport au roi.

— Au roi. Oui, bien sûr. Très bien, allons-y.

— Commençons par ce que vous avez réussi à accomplir.

Le secrétaire énuméra les différents points sur ses doigts :

— Vous avez trouvé, votre équipe et vous, le moyen de stocker l'énergie du soleil simplement dans de l'eau, que vous gardez dans des récipients hermétiquement fermés.

— C'est ce que j'ai appelé l'« eau chargée », dit Ortus avec une certaine fierté.

— Un nom tout à fait adapté, professeur. On peut faire en sorte que cette « eau chargée » libère son énergie sous forme d'explosion. En quantité suffisante, pensons-nous, nous pourrions utiliser cette eau pour atteindre notre objectif, c'est-à-dire la destruction de l'île d'Anacréa.

— Quatre litres ou plus.

— Exactement. Et c'est là que réside toute l'intelligence de votre découverte : aussi longtemps que l'« eau chargée » reste dans les récipients scellés, elle est inoffensive. L'explosion n'a lieu que lorsqu'elle est exposée à l'air. Ce qui signifie que l'arme peut être transportée en toute sécurité jusqu'à l'île, et déclenchée au moment choisi par celui qui la porte.

— Oui, oui, oui ! s'écria Ortus. Mais c'est là que tout s'écroule ! L'île est fermée aux étrangers. Elle est surveillée et défendue. Comment apporter cette arme sur l'île ? Cette nuit, comme je n'arrivais pas à dormir, j'ai eu l'idée de ce gilet rempli d'eau. Mais regardez-le ! C'est ridicule !

— Permettez-moi, professeur, dit Soren Similin de sa

voix la plus suave, permettez-moi, malgré ma lourdeur et ma maladresse, de dresser la liste des osbtacles qui restent sur notre chemin.

Il les compta de nouveau sur ses doigts.

— Ces soi-disant Nobles Guerriers possèdent un certain nombre de pouvoirs limités, qui leur ont permis de repousser des attaques directes, même de la part des hacherons impériaux. Notre nouvelle stratégie consiste donc à faire parvenir sur l'île une bombe de forte puissance. Anacréa est une île fermée, comme vous l'avez dit, sauf pour les gens qui y vivent, bien entendu. Une fois par an seulement, pendant un jour, elle s'ouvre aux pèlerins. Cependant, tous les pèlerins sont fouillés. Ils n'ont pas le droit d'emporter de bagages. Les lieux saints sont constamment surveillés par les Nomanas. Comment notre porteur peut-il convoyer notre bombe — quatre litres d'eau chargée dans un récipient scellé — au cœur du Nome ?

— C'est bien la question ! Nous connaissons tous la question. Mais qui peut donner une réponse ?

Le savant parcourut du regard les membres de son équipe, l'air complètement découragé. Similin posa à nouveau le problème en d'autres termes, comme pour les aider à le résoudre :

— Où un porteur pourrait-il cacher quatre litres d'eau chargée, de façon assez parfaite pour que les Nomanas ne puissent pas les trouver ?

— Où donc ? Il ne peut pas les boire. Un estomac ne contient pas quatre litres de liquide.

— Si seulement, murmura le secrétaire, le corps avait des passages creux capables de contenir du liquide dans toutes ses parties. Dans les bras, les jambes, les...

— Par le soleil ! s'écria Ortus ! J'ai trouvé !

— Trouvé quoi, professeur ?

— Le sang !

— Le sang, professeur ?

— Le sang ! Le sang ! cria le savant, de plus en plus excité. Comment n'y ai-je pas pensé avant ? Le corps est un récipient fermé à l'intérieur duquel coulent plus de quatre litres de liquide, sous la forme de... sang !

— Remarquable, dit le sécrétaire. Il faut être un génie pour voir quelque chose d'aussi simple.

— Il va falloir modifier la machine, bien sûr. — Ortus pensait à haute voix. — Un système pour que le sang passe à travers les récipients qui chargent le liquide. Le problème ne me paraît pas insurmontable.

— Ainsi, le sang serait chargé à son tour, comme vous avez chargé l'eau ?

— Oui, oui. Laissez-moi réfléchir. Oui, c'est possible ! Que le soleil soit loué ! Rien ne pourra jamais égaler le plaisir grisant de la pure découverte scientifique ! Méthode, persévérance, une pointe de génie, et voilà le succès ! Mais il faut d'abord que je fasse un essai, bien entendu.

— En résumé, vous proposez de fabriquer une bombe humaine.

— Une bombe humaine ? Oui, si vous voulez. Il faut d'abord faire un test. Nous allons avoir besoin d'un sujet d'expérience, bien sûr.

Soren Similin était satisfait. Il avait atteint son objectif. Maintenant, il pouvait s'effacer et rentrer dans l'ombre.

Le savant, ragaillardi par sa découverte, était impatient de se mettre au travail. Il aboya aussitôt des ordres à son équipe :

— Vous ! Trouvez-moi le moyen d'ajouter un système de refoulement du liquide au montage. Je veux un circuit à pompe. Vous ! Fabriquez-moi une chaise solide. Vous savez scier du bois, non ? Vous ! Occupez-vous de la question des arrivées et des sorties. Ce n'est pas si simple que ça. Rappelez-vous : pas de contact avec l'air. C'est un système fermé.

Soren Similin se dirigea vers la porte.

— Quand pensez-vous pouvoir procéder à l'essai, professeur ?

— Bientôt ! Très bientôt ! Demain. En fin de journée. Nous n'avons pas besoin de dormir, n'est-ce pas, les gars ?

Les membres de l'équipe firent signe que non, le sourire aux lèvres. Ils étaient tous gagnés par la même excitation.

— Apportez-nous simplement un cobaye, nous nous occupons du reste.

— Très bien, professeur.

— Oh, et amenez-nous quelqu'un de costaud.

Le professeur Ortus était redevenu maître de lui, et montrait au ton autoritaire de sa voix que pour lui, le secrétaire du roi n'était qu'un membre secondaire de son équipe.

— Il faut qu'il soit en pleine forme, sain et fort, pour endurer la pression à laquelle il va être soumis.

— Je ferai de mon mieux, dit Soren Similin.

XIII

Une réussite scientifique

A l'autre bout de la ville, un labyrinthe de ruelles s'étendait entre la halle aux viandes et le rivage du lac, avec des chambres à bas prix où dormir et des cafés bon marché où boire. C'est dans ce quartier que se trouvaient les travailleurs de passage sans qualification, les petits délinquants et les ivrognes. Là, l'élégance et l'opulence de la cité impériale disparaissaient, laissant la place à des logements malodorants, dont les occupants déféquaient ouvertement dans les caniveaux. Ce fut donc dans cette partie de la ville que se rendit Soren Similin, le lendemain, afin d'y chercher ce dont il avait besoin.

Il aurait pu demander qu'on lui remette l'un des prisonniers gardés dans les réservoirs : l'autorité dont il jouissait, grâce à ses rapports privilégiés avec le roi, le lui aurait certainement permis. Mais les pauvres diables détenus là étaient pour la plupart des piquiers qui avaient été pris alors qu'ils cherchaient du travail en ville sans permis, déjà à moitié morts de faim avant leur arrestation. Le secrétaire ne voulait pas non plus que les prêtres qui allaient chercher leur tribut quotidien dans les réservoirs commencent à rôder autour de lui, et lui posent des questions. Il avait donc décidé d'acheter ce qu'il lui fallait au marché noir.

Soren Similin s'était bien informé. Il savait qu'un trafic existait afin de fournir des tributs aux familles dirigeantes de Radiance, qui voulaient présenter une offrande le jour de leur fête. Dans le passé, tous les tributs étaient des prisonniers capturés vivants au cours des batailles, et le fait d'offrir un tribut était un signe de prouesse. Mais cette période de guerres était finie depuis longtemps. Radiance était trop riche et trop puissante pour demander à ses éminents citoyens de tenir une épée eux-mêmes. Aussi, lorsqu'un riche notable voulait impressionner le roi en offrant un tribut, il devait aller en acheter un.

Le secrétaire du roi se fraya un passage jusqu'à l'auberge mal famée *A l'Os de jambon.* Il s'assit à une table, sur la terrasse bondée, et commanda une bière. Lorsque le garçon lui apporta sa boisson, il lui prit la main et lui dit :

— Je suis ici pour affaires.

Le garçon hocha la tête, montrant qu'il avait compris, et repartit. Le secrétaire but sa bière en attendant patiemment. Au bout d'un moment, deux hommes au physique anodin se faufilèrent jusqu'à sa table, et s'assirent sur le banc, en face de lui.

— Il paraît que vous voulez faire des affaires, capitaine.

Similin acquiesça d'un hochement de tête.

— Et quels seraient vos désirs ?

Dans un endroit pareil, et en pareille compagnie, Soren Similin ne se donna pas la peine de prendre les manières humbles qu'il affectait habituellement. Il parla d'une voix brusque, allant droit au but :

— Homme. Fort. En excellente condition physique.

Les deux hommes se regardèrent, feignant la stupéfaction.

— Tu entends, Sol ?

— J'entends.

— C'est pas une coïncidence, ça ?

— On croirait que le capitaine a lu dans nos pensées.

— Nous en avons ramené un hier, qui est exactement ce qu'il vous faut. Homme, vous dites. Fort, vous dites. En excellente condition, vous dites. — Il se pencha au-dessus de la table et souffla son haleine chargée de cognac dans la figure de Similin. — Que pensez-vous d'un hacheron ?

— Un hacheron !

— A la retraite, bien sûr. Mais pas depuis longtemps. Un vrai taureau !

— Combien ?

— Pour un spécimen aussi parfait que celui-ci ? Cinq mille shillings.

Soren se leva, faisant mine de partir.

— Je vous en donnerai cinq cents.

Les deux trafiquants se levèrent ensemble de leur banc, soupirant et hochant la tête en signe de refus.

— Nous ne voudrions pas vous faire perdre de temps, capitaine.

Le secrétaire parla d'une voix doucement menaçante :

— Je ne vous demande pas si vous êtes d'accord. C'est comme ça, c'est tout.

Il sortit son médaillon royal. Les trafiquants pâlirent. Le pouvoir du roi était absolu, même dans ce quartier sordide.

— Vous auriez dû le dire, capitaine. Toujours heureux d'obliger un serviteur du roi.

— Où est cet homme ?

— Maintenant ? Maintenant, je dirais qu'il se repose de ses aventures. N'est-ce pas, Sol ?

— Profondément endormi, capitaine.

— Vous voulez dire qu'il est drogué.

— Vous auriez fait la même chose, capitaine. Il n'arrêtait pas de remuer et de grogner.

— J'enverrai une charrette pour le prendre. Débrouillez-vous pour qu'il soit prêt.

Il fallut le concours de trois jeunes assistants du professeur Ortus pour porter le hacheron drogué jusqu'au laboratoire. Ils n'arrêtèrent pas de se plaindre pendant le trajet.

— Ça suffit! les réprimanda Ortus. La vraie science demande un dur travail. Grand soleil! Il est magnifique!

Barban gisait sur un brancard, les poignets et les chevilles liés, la bouche bâillonnée. Il était éveillé, mais tellement drogué qu'il ne pouvait que rouler des yeux effarés. Tous les membres de l'équipe durent unir leurs efforts pour le soulever du brancard et le mettre dans le fauteuil. Lorsqu'il fut assis, ils coupèrent ses liens, et attachèrent étroitement ses jambes et ses bras au fauteuil, qui était lui-même solidement vissé dans le sol.

Soren Similin regarda l'ensemble, remarquant les modifications qui avaient été faites sur la machine. Pendant les vingt-quatre heures qui s'étaient écoulées depuis qu'il les avait quittés, les membres de l'équipe avaient accompli un travail impressionnant. Au-dessus du fauteuil, lui-même fabriqué la veille, était accroché un harnais en fer et en caoutchouc d'où pendaient de fins tuyaux élastiques, des sangles, des anneaux et des aiguilles.

— Je n'aurais jamais cru que c'était possible, dit-il. Vous êtes vraiment des travailleurs prodigieux.

Ortus ne répondit pas. Il examinait le colosse attaché à la chaise. Barban était assis, penché en avant, incapable de maîtriser sa position. Le savant passa la main plusieurs fois devant les yeux du hacheron, qui n'eut aucune réaction.

— Il est complètement drogué, dit-il.

— Est-ce un problème?

— Dans cet état, il est incapable d'obéir à la moindre instruction.

— Cela signifie-t-il que vous ne pouvez procéder à votre essai?

— Oh, pour l'essai, ce n'est pas un problème. L'homme reste entièrement sous notre contrôle. Mais quand il s'agira d'agir réellement, nous aurons besoin d'un porteur qui ait tous ses esprits.

— Eh bien, nous en trouverons un qui ait tous ses esprits, dit Soren Similin.

« Et pas seulement ça », pensa-t-il. Il avait compris dès le moment où il avait résolu le problème que le porteur devrait être un volontaire — et un volontaire bien particulier. Il n'en parla pas, cependant.

— Mais pour le moment, professeur, pouvez-vous faire votre expérience ?

— Certainement. J'ai hâte de savoir si mes théories résistent à la pratique.

— J'en suis persuadé, professeur, dit le secrétaire d'une voix doucereuse. Vous ne vous êtes encore jamais trompé.

Le harnais fut abaissé jusqu'aux épaules affaissées de Barban, mis en place et attaché. Les fines aiguilles furent enfoncées dans le cou et dans les bras du hacheron, puis reliées aux tuyaux en caoutchouc. Le professeur Ortus lui-même vérifia toutes les connexions, pour être sûr que le circuit était hermétiquement fermé. Puis il fit un brusque signe de tête et le processus de chargement commença.

La machine émit un doux ronronnement. Les tuyaux et les tubes se mirent à palpiter et à vibrer. Le hacheron drogué se raidit, mais n'opposa aucune résistance. Il ne semblait pas ressentir la moindre douleur.

Ortus l'observait attentivement.

— Le sang du sujet est en train de passer dans les récipients contenant les gaz chargés, expliqua-t-il.

L'un des jeunes assistants commença à se sentir mal à l'aise. Quelque chose le troublait dans cette expérience.

— Professeur, dit-il, je pense qu'il y a certaines choses que nous n'avons pas vérifiées.

Ortus fronça les sourcils. Ce n'était pas le moment de découvrir des erreurs dans le processus expérimental. Par ailleurs, il avait toujours répété à son équipe que la science était construite sur l'expérimentation, et que l'expérimentation était le produit d'une attention soutenue et incessante aux détails.

— Oui, oui. De quoi s'agit-il ?

L'assistant n'était pas sûr de lui. Il s'efforça maladroitement d'exprimer les doutes qui le travaillaient.

— Le sujet de l'expérience, murmura-t-il. Je veux dire, est-ce qu'il... pouvons-nous... est-il... ?

— Vous voulez savoir s'il est dans les meilleures conditions pour se soumettre à ce test ? aboya le professeur. Non, pas du tout. Mais nous pouvons en tenir compte.

— Ce que je voulais dire, professeur, c'est... heu... est-ce bien de faire ça ?

— Bien de faire quoi ?

— Je veux dire... de son point de vue à lui ?

— Son point de vue ? Mais ce n'est pas notre problème.

Il se tourna pour contrôler l'état du hacheron attaché à la chaise, et dit à Similin :

— Maintenant, vous voyez, le sang chargé rentre dans son corps.

Puis, pour calmer les doutes de son assistant inquiet, il ajouta :

— Si nous ne le faisons pas, d'autres le feront. Qu'est-ce que nous voulons ? Que cet immense pouvoir soit aux mains des autres ? Pensez à la destruction que cela pourrait entraîner ! Cela pourrait signifier la fin du monde tel que nous le connaissons ! Quoi que nous fassions, vous ou moi, la science va de l'avant. Nous avons le devoir de suivre la flamme de la connaissance, où qu'elle mène. Pour porter le flambeau — pour faire les sacrifices que cela demande — pour servir, protéger, éclairer...

Le hacheron émit un long grognement, accompagné d'un borborygme. Sa bouche s'ouvrit, puis se referma, et ses jambes se mirent à trembler. Les membres de l'équipe l'entourèrent.

— Il ne pourra pas en supporter davantage.

Barban se mit à tressaillir violemment. Ses yeux lui sortaient de la tête, sa langue pendait.

— Très bien. Ça suffira.

Les chercheurs fermèrent les pompes, puis débarrassèrent le hacheron du harnais. Ils portaient des gants souples et épais, et touchaient l'homme avec précaution.

— Combien de temps l'expérience a-t-elle duré ?

— Douze minutes, professeur.

— Pas aussi longtemps que je l'avais espéré.

— Est-ce que cela suffira, professeur ? demanda le secrétaire.

— Nous allons bientôt le savoir.

Le site expérimental se trouvait dans une carrière abandonnée, tout au bout des champs de tournesols. Là, entre de hautes falaises escarpées, s'étendait un vaste terrain hérissé de rochers, où Ortus et son équipe, munis de lanternes, amenèrent le hacheron tremblant. Un poteau en fer avait été planté dans le sol, au milieu de la carrière. Ils y ligotèrent le sujet de leur expérience, bien que celui-ci ne montrât aucune velléité de s'enfuir. Il s'écroula par terre et resta là, secoué de frissons. Une douzaine d'autres pieux, auxquels des vaches étaient attachées, étaient disséminés sur le terrain. Les vaches meuglèrent avec inquiétude en voyant les membres de l'équipe aller d'un poteau à l'autre pour allumer des torches fixées à leur sommet.

— Des vaches ? demanda Soren Similin.

— Elles font partie de l'expérience.

Lorsque tout fut en place, Ortus, le secrétaire, et les autres membres de l'équipe se replièrent dans une base située derrière un rempart de rochers. Le professeur se tourna alors vers le jeune assistant qui avait exprimé ses doutes au laboratoire.

— Vous, dit-il, en lui tendant un petit couteau affûté. Montrez-nous que vous êtes un vrai scientifique.

L'assistant prit le couteau.

— Oui, professeur, dit-il d'une voix trop forte, impatient qu'il était de montrer à quel point il s'impliquait dans son travail. J'y vais maintenant, professeur ?

— Maintenant.

Le jeune homme partit aussitôt, traversant la carrière jusqu'au hacheron attaché au poteau.

— Est-ce qu'il court un risque ? demanda Similin.

Ortus haussa les épaules.

— Nous ne savons pas au bout de combien de temps l'explosion se déclenchera, bien entendu. Une coupure superficielle, n'importe où dans le corps : juste assez pour que le sang coule. Le sang chargé réagit lorsqu'il est exposé à l'air, déclenchant des réactions en chaîne. L'énergie stockée se dégage en onde de choc. Mais à quelle vitesse ? Avec quelle puissance ? Nous n'en avons aucune idée.

— La flamme de la connaissance brûle parfois la main de celui qui la tient, dit Similin avec un sourire.

L'assistant au couteau pratiqua son incision, puis revint en courant se mettre à l'abri derrière les rochers. Il venait tout juste de se laisser tomber sur le sol, lorsque retentit un grondement sourd, suivi d'un souffle puissant, comme une ondulation déformée de l'air. Puis un vent hurlant s'éleva. L'onde de choc se propagea du centre vers l'extérieur, pulvérisant les fragments de roche à travers toute la carrière, et jusqu'aux falaises environnantes. Le bétail attaché aux poteaux fut carbonisé sur place. La déflagration frappa de plein fouet les falaises rocheuses, faisant trembler le sol sous les membres de l'équipe, blottis les uns contre les autres. Puis, comme le tonnerre au loin, le grondement de l'explosion roula à travers les champs et le lac, s'évanouissant lentement.

Avec précaution, les hommes sortirent de leur abri, et

éclairant de nouveau leurs lanternes, dont la flamme avait été soufflée par la déflagration, ils retournèrent dans la carrière. Le sol avait été entièrement balayé, comme par un gigantesque balai. Au milieu, le poteau de fer avait fondu, formant un tas de métal bouillonnant. Barban avait disparu. Il ne restait plus rien de lui.

— Prodigieux ! s'exclama Soren Similin.

— Et ce n'est qu'une toute petite partie de la puissance que nous pouvons dégager, dit Evor Ortus, gonflé d'orgueil.

— Quelle arme, professeur ! Je vous félicite !

Ortus ne put se contenir plus longtemps.

— Mes amis, ce à quoi nous venons d'assister est sans aucun doute une réussite scientifique majeure. Vous devriez tous en être très fiers. Quant à moi, je n'ai pas honte de dire que c'est le plus beau jour de ma vie. Ma découverte va changer le monde !

Les membres de l'équipe, aussi excités et ravis que leur maître, se serraient tous vigoureusement la main avec effusion. Le jeune assistant qui avait exprimé ses doutes, et qui avait failli être tué par l'explosion, poussa un cri de triomphe :

— La science est en marche !

Soren Similin les observait, satisfait. Une telle arme ne pourrait jamais être détectée par les Nomanas. N'était-elle pas invisible ? Le porteur pourrait aussi bien entrer nu dans le Nome, il n'aurait qu'à s'égratigner un doigt pour déclencher une explosion qui effacerait l'île sainte de la terre. Le roi reconnaissant nommerait Soren Similin à un poste important, d'où il pourrait exercer son pouvoir et mettre en œuvre la phase finale de son plan à long terme.

— Allons voir le roi, dit Ortus, impatient à présent d'entendre les louanges qui lui étaient dues. Il faut lui parler de notre réussite.

— Il le faut, en effet, répondit le secrétaire. Mais ne

croyez-vous pas qu'il serait plus sage d'attendre d'être prêts à agir ?

— Nous sommes prêts ! Cet essai est un triomphe !

— Il reste le problème du porteur.

— Peuh ! C'est facile. Il suffit de prendre un piquier dans la prison.

— Professeur, notre porteur doit se rendre sur l'île, seul et sans aucune aide. Si vous vous penchez un instant sur le problème, je pense que vous conviendrez avec moi qu'un piquier ne fera pas l'affaire. Nous avons besoin d'un porteur très spécial. Il nous faut un volontaire.

— Un volontaire ?

Le savant fronça les sourcils en réfléchissant.

— C'est vrai, un volontaire serait souhaitable.

— Et nous avons besoin, vous serez bien d'accord, d'une personne qui ait accès à l'île sainte. Quelqu'un qui y vive, peut-être. Ou un pèlerin.

— Oui, ce serait un avantage, j'en conviens.

— Quelqu'un d'assez courageux pour pénétrer dans le lieu saint, au cœur du Nome.

— Oui...

— Et quelqu'un qui haïsse les Nomanas au point d'être heureux de mourir pour détruire leur pouvoir.

Le visage du professeur s'affaissait de plus en plus à mesure qu'il écoutait les exigences formulées par le secrétaire. Toute son excitation était retombée, à présent.

— Mais comment trouver une telle personne ?

— Là où règne le pouvoir, règne la haine, dit Soren Similin.

— Cela me paraît impossible. Pourquoi un habitant d'Anacréa, ou un quelconque pèlerin, désirerait-il détruire l'île, et plus encore, le faire lui-même ?

— C'est l'humble tâche qui me revient. Trouver cette personne. La convaincre de sa mission. Vous avez du génie, professeur. Vous l'avez montré en fabriquant cette arme. Mes talents sont plus modestes. Mais je possède une certaine opiniâtreté lorsque je veux atteindre un but. Vous avez défini ce dont vous avez besoin. Je vais maintenant partir à la recherche de notre parfait porteur. Ainsi, à nous deux, nous remporterons la victoire finale.

Au moment où Soren Similin prononça ces mots, le savant se sentit en plein accord avec lui. Il se dit qu'avec l'aide de cet affreux jeune homme, la gloire était désormais à portée de main. Mais dès que Similin eut quitté le laboratoire, il commença à avoir des doutes. Plus il se disait qu'il était sur le point de récolter la juste récompense d'une vie de travail, moins il y croyait. Il continuait d'entendre dans sa tête la voix suave du secrétaire lui disant : « A nous deux, nous remporterons la victoire finale. » « A nous deux ? » L'affreux jeune homme n'avait rien fait. Mais Similin jouissait de la faveur du roi. Et à présent, il avait pris la responsabilité de la phase finale de l'opération, qui consistait à trouver un porteur.

Ainsi, Ortus à force de ressasser ces idées se sentit de plus en plus exaspéré et se persuada qu'il allait devenir la victime d'une grande injustice. Il aborda le sujet avec l'un de ses plus vieux amis, un savant, lui aussi. Son ami comprit aussitôt ses inquiétudes.

— Si j'étais toi, je ne le tolérerais pas.

— Mais qu'est-ce que je peux faire ?

— Je ne sais pas ce que ce type manigance pour te voler l'éclat de ta gloire, mais il faut le prendre de court, agir le premier.

— Moi ! Et comment ?

— Comment veux-tu que je le sache ? Tu gardes tout tellement secret que je n'ai pas la moindre idée du sujet de votre rivalité. Cette phase finale qui va rapporter tous les éloges, tu ne peux pas t'en occuper toi-même ?

Ortus devint alors très silencieux. Ses réflexions prirent un tour plus pratique. Il y avait peut-être un moyen. Peut-être que s'il passait le mot — discrètement, bien entendu, et faisait savoir ce qu'il cherchait — il pourrait réserver une suprise à l'affreux jeune homme.

Pendant ce temps, Soren Similin mettait son plan à exécution, sans se douter qu'il avait laissé derrière lui un partenaire furieux et soupçonneux. C'était une erreur inhabituelle de sa part. Il prenait généralement grand soin de flatter la vanité de ceux qu'il utilisait. Mais là, il s'était laissé emporter par l'enthousiasme. Dès qu'il avait vu de ses propres yeux que la bombe humaine était une réalité, son esprit fertile avait bondi en avant pour organiser la phase successive de son plan à long terme. Il savait que pour trouver un porteur qui corresponde exactement à ses projets, il devrait aller le chercher à Anacréa même. Il savait aussi que l'île serait ouverte aux pèlerins, pour un jour seulement, celui du solstice d'été. C'est-à-dire le surlendemain. Le voyage le long du fleuve lui prendrait une journée entière. Il n'y avait pas de temps à perdre.

Ce soir-là, il demanda au roi la permission de quitter Radiance, en faisant allusion au fait que la date fatidique pourrait bien approcher.

— Vous voulez vous rendre à Anacréa vous-même ?

— Oui, Radiance. Pour cette dernière phase, je dois voir le lieu saint de mes yeux, et élaborer mes plans en conséquence.

— Dernière phase ! Prions pour qu'il en soit ainsi ! J'implore chaque jour le Pouvoir Radiant de vous guider et de vous donner de la force.

— Vos prières sont entendues, Radiance. Je suis guidé. Je suis fort.

— Les Nomanas vont-ils être bientôt détruits ?

— Bientôt, Radiance.

Cette nuit-là, dès qu'il fut seul, l'émissaire tomba à genoux une fois de plus.

— Ai-je bien agi, maîtresse ? Ai-je bien mérité ?

Tu as bien mérité.

Alors vint la douceur, et son esprit infatigable s'apaisa. Les yeux fermés, il bougeait doucement la tête d'un côté à l'autre, comme quelqu'un qui tourne son visage vers la chaleur du soleil, submergé par un flot de félicité.

XIV

Les pèlerins

Dès que l'aube se fut levée le jour du solstice d'été, les pèlerins commencèrent à traverser la mer jusqu'à l'île sainte d'Anacréa. Certains avaient campé sur le rivage la nuit précédente, désirant rester le plus longtemps possible en présence du Tout et de l'Unique en ce jour le plus long de l'année. Puis, dès le matin, les barges des pèlerins commencèrent à arriver, chargées d'hommes, de femmes et d'enfants, tous simplement vêtus, tous dévoués au dieu des Nobles Guerriers.

Le Nome n'avait pas d'empire. Le Nome ne possédait pas de terres. Les Nomanas ne prêchaient jamais leur foi en public. Les centaines de personnes qui avaient choisi de suivre leur exemple le faisaient parce qu'elles avaient été touchées par la simplicité de la vie des Nomanas, ou impressionnées par l'action des Nobles Guerriers. Ainsi, les pèlerins venaient de loin et de partout, des montagnes de l'Est, des forêts de l'Ouest, et des grandes plaines fertiles qui s'étendaient au milieu. Certains d'entre eux venaient chaque année. Certains venaient pour la première fois, animés par la curiosité. D'autres enfin pénétraient dans l'île sainte avec l'espoir d'être eux-mêmes acceptés dans la communauté, et de ne plus devoir quitter Anacréa avec le reste des pèlerins, ce soir-là.

Étoile de l'Aube n'oublierait jamais sa première vision de l'île sacrée. Le fleuve s'était peu à peu élargi à mesure qu'il approchait de la mer, déroulant ses méandres entre les rives granitiques couvertes d'une épaisse forêt. C'était bien différent de la campagne d'où elle venait, avec ses collines herbeuses, et ses arbres regroupés dans les vallées abritées. Là, la terre était défoncée par d'immenses rochers escarpés qui surgissaient de cette interminable forêt comme les carcasses de quelque bête géante et pétrifiée. Elle ne vit pas beaucoup de signes de vie sur les rives du fleuve : la forêt était trop épaisse, les parois de granit trop raides.

Puis des mouettes commencèrent à se montrer dans le ciel, poussant leur cri mélancolique, et le vent prit une odeur de sel. Les barges, les unes derrière les autres, sortirent d'un méandre, et soudain un peu plus loin, dans le grand delta où le fleuve rencontre la mer, surgit la haute et massive silhouette d'Anacréa. Lorsque l'on arrivait par le nord, au milieu de l'après-midi du jour du solstice d'été, la lumière du soleil éclairait les formations rocheuses, les murailles, les tours du grand château-monastère, et tombait sur les tuiles argentées du dôme, tout en haut de l'île. C'était une vue magnifique, mais qui fit aussi sourire Étoile de l'Aube, car le château semblait assis au-dessus de la ville comme une mère poule sur ses poussins, rassemblant les maisons aux toits roses sous ses ailes d'un gris argenté. Les rues en terrasse descendaient abruptement les pentes escarpées de l'île, transformant ce qui avait dû être autrefois un rocher inhospitalier en une pyramide de foyers.

Sur la côte est, là où le fleuve retrouvait la mer, il y avait un petit port protégé par une digue. D'autres bateaux y étaient déjà amarrés, et d'autres pèlerins débarquaient. En haut d'un grand rocher qui donnait sur le port se tenait une silhouette seule, vêtue d'une robe : un garde noma.

— Regardez ! Il y en a un !

Autour d'Étoile de l'Aube, les pèlerins s'appelèrent les uns les autres, désignant du doigt la figure solitaire, tous impatients de poser les yeux sur les fameux Nomanas. Sur le quai, où les pèlerins qui venaient de débarquer étaient séparés en petits groupes, puis fouillés, il y avait d'autres Nomanas, faciles à découvrir en raison de l'espace qui se formait autour d'eux. Ils se tenaient immobiles, vigilants, prêts à frapper en cas de besoin, mais soulagés de ne pas bouger tant qu'il n'y avait pas de problème.

Étoile de l'Aube regardait elle aussi les Nobles Guerriers avec un respect mêlé de crainte. Elle aimait la simplicité avec laquelle ils s'habillaient, le simple bandane gris qui laissait leur visage dans l'ombre. Elle aimait leur comportement et leur silence. Elle aimait le doux scintillement blanc, couleur de la sérénité, qu'elle seule pouvait voir et qui formait un halo autour de leur tête. Elle approchait enfin du but.

Son voyage avait pris deux jours. Après la capture de son escorte, elle avait continué seule, sans protection et sans argent. Ni l'un ni l'autre ne s'étaient avérés nécessaires. D'autres voyageurs sur la route l'avaient laissée se joindre à eux, et avaient partagé leur nourriture avec elle. Et lorsqu'ils étaient enfin arrivés au Grand Fleuve, des pèlerins s'étaient volontiers cotisés pour payer son passage sur l'une des barges qui se dirigeaient vers l'île sainte. Il lui avait suffi de dire où elle allait pour se retrouver entre amis.

Lorsque les barges arrivèrent dans le port, les pèlerins débarquèrent en files ordonnées. Étoile de l'Aube mit pied à terre, et marcha sur le quai pavé, vibrante d'émotion, bouleversée d'être enfin dans l'île sainte et de vivre ce moment qu'elle avait attendu pendant des années. Elle leva les yeux vers les fenêtres du château-monastère, loin au-dessus d'elle, et se demanda si sa mère était là.

Les organisateurs chargés de l'accueil des pèlerins attendaient chaque bateau sur le quai. Ils fouillaient les nouveaux arrivants pour s'assurer qu'ils ne portaient pas d'armes et leur expliquaient comment se conduire. Étoile de l'Aube et le reste de son groupe, qui comptait plus d'une centaine de personnes, furent emmenés sous un abri ouvert sur le côté où des bancs étaient alignés à l'ombre. Là, l'un des organisateurs leur fit un discours, qui était de toute évidence le discours habituel :

— Au nom du Tout et de l'Unique, déclara-t-il, la communauté du Nome vous souhaite la bienvenue dans l'île sainte d'Anacréa. Vous êtes priés de respecter ce sol sacré. Nous vous demandons de suivre les chemins indiqués, qui sont réservés aux pèlerins, et de marcher pieds nus, comme nous-mêmes. Aucune arme n'est admise à Anacréa. Aucun alcool ne peut y être consommé. Aucun animal n'est abattu ni mangé sur cette île. Un simple repas gratuit vous sera fourni, après la Congrégation. Nous n'utilisons pas d'argent sur l'île sainte.

Ces paroles eurent beau être dites de la voix monotone de quelqu'un qui les répète de façon machinale, chacune d'entre elles réchauffa le cœur d'Étoile de l'Aube. Tout correspondait parfaitement à ce qu'elle attendait, tout était comme cela devait être. La vie qu'elle allait bientôt commencer serait entièrement différente de celle qu'elle avait menée jusqu'alors.

— On ne peut arriver au Nome qu'à pied, poursuivit l'organisateur. Il faut gravir quatre cent douze marches avant d'atteindre la porte du Pèlerin. S'il vous plaît, employez cette longue ascension à vider votre cœur de toute peur, amertume, colère, ou cupidité. Chaque fois que vous montez une marche, secouez la poussière de vos pieds, afin d'arriver en présence du Tout et de l'Unique, le cœur léger et aimant.

Suivit un bruit confus de frottements de pieds, tandis

que ceux qui avaient des sandales ou des chaussures les enlevaient. Puis, escortés par les organisateurs, et surveillés par les Nomanas silencieux, les pèlerins commencèrent à gravir les marches. Étoile de l'Aube suivit les autres dans un silence total, hormis le piétinement des pieds nus et le chant des mouettes au-dessus d'eux. Elle montait vers sa mère, depuis si longtemps perdue. Elle montait vers la Mère Aimante de Tous qui l'attendait dans le Jardin. Elle montait vers sa nouvelle vie.

Le bateau rapide qui transportait Soren Similin sur le fleuve approcha de la berge où le batelier avait l'habitude de faire une pause pendant le voyage.

— Que diriez-vous d'un petit rafraîchissement ? On pourrait s'arrêter un moment, proposa le batelier à son passager.

— Non, répondit Similin.

— Vous voudriez aller jusqu'à l'océan sans vous arrêter une seule fois ? demanda le batelier.

— Oui, répondit Similin.

— Nous en avons au moins pour quatre heures, noble seigneur. Et plus encore si le vent tombe.

— Alors, mettez toutes voiles dehors, et forcez l'allure !

Le batelier passa donc le long de la berge du fleuve, en saluant le vieux commerçant devant sa boutique pour lui faire part de ses regrets. Des regrets qui ne concernaient que lui.

Le vieux marchand rendit son salut au batelier, en agitant légèrement la main. Il sommeillait dans sa grande véranda, la visière de sa casquette militaire baissée sur ses yeux fatigués. Au-dessus de sa tête se balançait l'enseigne en bois indiquant BAZAR GÉNÉRAL, enseigne d'où lui-même tirait son surnom. Il y a bien des années, son père lui avait sans doute donné un autre nom, mais depuis que les gens le connaissaient, le vieil homme portait sa casquette militaire, saluait les bateaux qui passaient de sa véranda, et était connu comme général Bazar.

Si léger qu'ait été le geste de sa main pour saluer le batelier, il déclencha un mouvement dans son estomac, qui lui donna la sensation d'être barbouillé. Il savait qu'il devrait bientôt quitter le confort de son fauteuil pour vider ses intestins. Ces obligations étaient devenues trop fréquentes depuis quelques mois. Aucun remède connu n'avait eu d'effet. C'était devenu obsédant.

— Garçon ! cria-t-il. Emmène-moi sur le pot !

Son commis sortit du magasin. L'une de ses tâches principales consistait désormais à prendre son employeur vieillissant par la main et à le conduire le long du chemin longeant le fleuve jusqu'aux toilettes. Mais en sortant sur la véranda, il vit un bateau à voile rutilant descendre la branche est de la fourche du fleuve vers le débarcadère, et il pressentit aussitôt des ennuis.

Le général avait été immédiatement informé par ses propres sens des problèmes qui se préparaient. Exactement quels sens, il n'aurait su le dire. Il n'entendait plus très bien, sa vue était brouillée par l'âge, et il n'avait pas senti de nouvelle odeur depuis dix ans. Peut-être s'agissait-il d'un changement dans le mouvement de l'air, d'une agitation arrivant jusqu'à son poste d'observation sur la berge, produite par l'approche du bateau à voile.

— Général ! s'écria le commis. Des piquiers en vue !

Le vieil homme jura dans sa barbe et cracha par-dessus la rambarde dans l'eau marron, puis il se leva, faisant craquer ses jointures. Il regarda entre ses paupières gommeuses le bateau qui s'amarrait à l'appontement, et reconnut le *Lazy Lady*. Le patron du *Lazy Lady* était fou, on ne pouvait pas négocier avec lui.

— Hé, général ! Est-ce que tu m'aimes ?

— Non, je ne t'aime pas, espèce de piquier fou, grommela le général Bazar. Si tu es venu me trancher la gorge, fais-le tout de suite, tu es le bienvenu.

Il sentit ses intestins se tordre de façon inquiétante.

— Ouah ! Je ne tranche pas la gorge de mes amis.

— Alors, maintenant, je serais l'un de tes amis ? Tes amis, tu les voles et tu les laisses mourir de faim, c'est ça ?

Sauvage passa l'un de ses bras couverts de bracelets autour des épaules du vieil homme et l'étreignit affectueusement.

— A chacun sa part, mon brave ! Mes gars doivent manger, exactement comme les tiens.

Les membres de l'équipage de Sauvage étaient tous à terre, à présent. Ils se prélassaient dans les chaises en rotin du bazar, et se passaient des bouteilles de cognac, prises dans le magasin. Le commis, recroquevillé dans un coin, les observait, sans lever le petit doigt pour les arrêter. Le général Bazar regarda tout cela avec dégoût.

— Un jour, tu devras rendre des comptes à la justice, Sauvage. Et quand ils t'auront pendu, je te suivrai jusqu'au cimetière, pour pisser sur ta tombe.

— Tu ne m'oublieras pas, mon vieil ami, je le sais. Mais je ne suis pas ici pour faire des provisions.

Sauvage vit ses hommes qui se passaient des cigares, et pensa qu'ils ne les avaient probablement pas payés.

— Pas beaucoup, en tout cas. Juste un petit rafraîchissement pour mes gars et moi. Non, général, nous ne resterons pas longtemps, nous sommes simplement passés vous voir en descendant le fleuve jusqu'à la mer.

— Pourquoi veux-tu aller à la mer ?

Sauvage poussa une chaise à côté du vieil homme, car il savait que le général était sourd.

— Ce n'est pas la mer que je veux, général. Je veux les capuchons.

— Ah ! Les capuchons !

Le général grogna, amusé.

— Tu as déjà rencontré des capuchons, général ?

— Et comment ! La seule chose qui empêche ce monde corrompu de sombrer dans la fange dans laquelle il rampe, ce sont bien les capuchons.

— Tu sais donc qu'ils ont du pouvoir. C'est pour ça que je veux aller les voir.

Le vieil homme ricana de nouveau. C'était drôle, Sauvage à la recherche des capuchons ! Qu'il y aille donc. Peu lui importait, du moment que Sauvage et ses hommes arrêtent de se servir dans son magasin sans rien payer. Du moment qu'il laisse le général libre d'aller dans la cabane sur la rive.

Une barge glissait sur le fleuve, chargée de pèlerins. Le piquier avait bien choisi son jour pour aller chercher des capuchons. Le général salua, par habitude, et le batelier lui rendit son salut.

— Des pèlerins, dit-il. Ils vont voir les capuchons, eux aussi.

Sauvage suivit des yeux la barge des pèlerins jusqu'à ce qu'ils disparaissent de sa vue.

— J'ai entendu dire qu'ils avaient leur propre dieu, sur l'île.

— C'est ce qu'ils disent.

— Quel genre de dieu est-ce, général ?

— Il y a des dieux partout. Mais il y a ceux qui disent qu'il n'y en a qu'un seul. Celui qui a fait le monde, et qui règne sur les hommes, y compris les piquiers assassins, les égorgeurs.

— Ce ne serait peut-être pas plus mal d'aller lui rendre visite, à ce dieu, murmura Sauvage.

Il se leva, appela ses hommes pour qu'ils regagnent le bateau.

— Encore une question, général. Tout le monde cherche quelque chose. Ces capuchons, qu'est-ce qu'ils cherchent ?

— Demande-leur.

— C'est à toi que je le demande.

— Demander n'est pas obtenir.

Les yeux noirs de Sauvage brillèrent de colère. Il sortit sa lance et toucha de sa pointe effilée comme une aiguille les plis du menton du général.

— Pour moi c'est comme ça que ça marche, dit-il. Ce que je veux, je l'obtiens. Ou les gorges sont tranchées.

Le vieil homme soupira. Il avait parlé à un capuchon un jour, qui avait fait allusion à ses espoirs et à ses rêves, avec des mots qui n'avaient pas grand sens. Si ce piquier fou voulait savoir, eh bien qu'il sache, et grand bien lui fasse.

— Ils veulent vivre dans le Jardin, dit-il.

Il aimait le son de ces paroles, aussi les prononça-t-il une deuxième fois :

— Ils veulent vivre dans le Jardin.

Sauvage baissa sa lance. Doucement, il répéta les mots de l'inconnu aux cheveux blancs qu'il avait rencontré dans le village au bord du fleuve. Le son paisible de sa voix ne l'avait plus quitté depuis ce jour-là.

— Tu trouveras la paix, dit-il, lorsque tu vivras dans le Jardin.

— La paix ? grogna le vieil homme. Qu'est-ce que tu lui veux, à la paix ?

— Comment le saurais-je ? répondit Sauvage. Mais tu ne trouves pas que c'est une belle phrase ?

Puis il se retourna, salua le vieil homme, avec un grand sourire sur son beau visage, et bondit sur la rambarde de la véranda pour crier à ses hommes :

— Hé, les braves ! Une dernière danse avec Sauvage ! Tout au bout du fleuve !

Le général Bazar regarda le *Lazy Lady* s'éloigner sans encombre. Son estomac se souleva et protesta. Il leva une main.

— Garçon ! cria-t-il. Emmène-moi sur le pot !

Pendant ce temps, Étoile de l'Aube, était arrivée en haut des marches, puis avait suivi l'allée entre les vieux pins jusqu'à la grande place qui s'étendait devant les murailles du Nome. Là, les nombreux pèlerins qui l'avaient devancée s'installaient déjà. Des bancs en gradins avaient été disposés autour de trois côtés de la place, sous des toiles d'un vert fané qui les protégeaient du soleil, en face de la porte du Pèlerin qui occupait le quatrième côté. Étoile de l'Aube continua son chemin jusqu'à l'entrée du Nome même, rencontrant des pèlerins qui en sortaient. Le soleil déclinait dans le ciel, mais il ne se coucherait pas avant une bonne heure, au moment où débuterait la Congrégation. Elle n'était pas pressée. Elle voulait se pénétrer de chaque détail.

Elle resta devant la porte du Pèlerin, levant les yeux vers les hautes murailles de pierre du Nome. Maintenant qu'elle était tout près, elle pouvait voir quelle énorme construction c'était. Personne ne savait combien de Nomanas comptait la communauté, mais on disait qu'ils étaient plus d'un millier. Ce grand monastère, qui constituait tout leur monde pendant leurs années d'apprentissage et de noviciat, était une ville à lui tout seul. Mais à la différence des autres villes, en son centre, il y avait... son cœur battait vite, elle pouvait à peine formuler les mots dans sa tête tellement ils avaient de pouvoir, cette porte devant laquelle elle se tenait conduisait vraiment à l'endroit où...

Tout ce qu'elle pouvait faire, c'était prier. Ses lèvres bougeaient pendant qu'elle murmurait sa prière.

— Mère Aimante, faites que je sois digne de votre amour. Père Sage, apprenez-moi à vous connaître. Mon Tout et Unique, laissez-moi me perdre en vous.

La porte du Pèlerin était une arche haute et dépourvue d'ornement. Tout, à Anacréa, lui paraissait simple et beau.

Comme si la pensée qui se dégageait de ces lieux était que pour atteindre à la beauté, il suffit de bien faire les choses. Cette arche qui s'élevait en se courbant doucement soutenait parfaitement l'immense poids qui pesait sur elle, et donnait l'impression d'être ni trop grande ni trop petite, mais juste comme il fallait. Elle était majestueuse.

Partout, elle voyait des organisateurs vigilants qui surveillaient les pèlerins. Il y avait beaucoup de Nomanas, aussi. Ils restaient immobiles, leurs bandanes sur la tête, prêts à intervenir en cas de besoin.

Étoile de l'Aube franchit la porte avec un flot de pèlerins et entra dans la cour de l'Ombre. Elle comprit immédiatement la fonction de ce grand espace sombre. La lumière ne pénétrait que par l'arche, projetant son ombre loin devant elle, mais lorsqu'on avançait à l'intérieur, tout était plongé dans la pénombre. Son cœur battant ralentit, sa respiration se calma. Elle passa doucement sur le pavement en granit, sous la simple voûte de pierre, s'efforçant de se vider la tête des événements confus de la journée. Elle voulait faire ce qu'on lui avait dit, et arriver en présence de celui qui a créé toutes choses, avec un cœur léger et aimant.

Elle franchit les portes ouvertes qui donnaient dans la cour de la Nuit. Là, elle resta un moment dans l'obscurité, à regarder comment les taches de lumière tombaient du dôme percé de centaines de petits trous sur les organisateurs vigilants, sur les pèlerins, sur le sol et sur les murs, rendant les gens invisibles. Elle tendit le bras devant elle, et les rais de lumière sur sa main rejoignirent les rais de lumière provenant de l'autre côté, rendant la forme de sa main invisible. Elle savait que c'était tel que cela devait être. Personne ne lui en avait parlé, mais elle le savait. Ceux qui se présentaient devant le Tout et l'Unique devaient être débarrassés de leurs pensées, de leurs sentiments, avoir l'esprit vacant, et ne rien attendre. C'était impossible, bien sûr. Mais il fallait essayer de laisser derrière soi le plus de choses possible, dans cette obscurité trouée de minuscules points de lumière.

Elle franchit encore une porte, et pénétra dans la blancheur : elle se trouvait dans la forêt de colonnes miroitantes qu'était la cour du Cloître. Elle n'y était pas arrivée seule, et d'autres personnes y étaient entrées avant elle. Une foule de pèlerins était rassemblée là, mais ils bougeaient lentement, apparaissant et disparaissant entre les piliers, de sorte que chacun d'eux avait l'impression d'être presque seul. L'air brillant était empli de doux murmures, tandis que les pèlerins approchaient de la présence étincelante sur une vague de prières.

« C'est si beau, pensa Étoile de l'Aube. Si simple, et si beau ! » Les rangées de colonnes étaient elles-mêmes disposées comme des pèlerins avançant vers la lumière. Elle leva les yeux et vit le miroitement nacré du plafond en perlite, les veines laiteuses et les fissures de la pierre translucide ; puis elle regarda devant elle, entre les colonnes protectrices, et aperçut l'éblouissante clarté. Elle se sentit défaillir devant tant de splendeur.

— Mère Aimante, prenez-moi dans vos bras. Mère Aimante, bercez-moi dans vos bras. Mère Aimante, donnez-moi la paix.

Elle priait en marchant, ses pieds nus glissant silencieusement sur le marbre blanc et lisse, pour ne pas déranger le doux soupir que formaient les prières des pèlerins. Sa respiration était de plus en plus calme, tandis qu'une nouvelle force tranquille coulait dans ses veines. Elle entrevit devant elle une lumière aveuglante, comme un éclair d'argent. Elle approchait.

Elle s'aperçut que, de chaque côté de la salle qu'elle traversait, d'autres pèlerins étaient prosternés à terre. Bouleversés par la proximité de l'Un et de l'Unique, ils s'étaient arrêtés entre les colonnes blanches, pour se mortifier, demander miséricorde, pleurer et prier. Il émanait d'eux une pâle lueur bleue, couleur de la dévotion et de la prière. Étoile de l'Aube était aussi subjuguée qu'eux, mais elle n'éprouvait pas de crainte. Sa mère n'était-elle pas venue avant elle ? Étoile de l'Aube ne revenait-elle pas enfin à la maison ?

A présent, non loin devant elle, elle aperçut l'ombre et la lumière de l'écran d'argent ajouré. Elle n'était pas encore assez près pour voir l'espace sacré à travers les trous en forme d'étoile, mais elle savait que là, baigné par les derniers rayons du soleil couchant, se trouvait le Jardin.

Soudain, son cœur se mit à battre douloureusement. Elle s'arrêta, s'appuya contre l'une des colonnes, et ferma les yeux. Elle se sentait faible, si faible qu'elle ne put rester debout. Elle tomba doucement à genoux. Là, toujours agenouillée, elle ouvrit les yeux, regarda le doux miroitement de l'écran d'argent, et recommença à prier :

— Mère Aimante, je n'ai rien de spécial à vous donner. Je ne suis ni belle ni intelligente. Mais je peux travailler dur, j'ai de la volonté, et tout ce que j'ai vous appartient.

Puis, alors qu'elle regardait fixement l'écran, les formes et les couleurs se mirent à tanguer et à danser.

Les petits points de lumière argentée s'agrandirent, s'entourant d'ondulations violettes et déchiquetées, d'où éclataient des filaments d'un pourpre éblouissant, à partir desquels s'épanouissaient des pétales d'or. Ces couleurs, devenues incontrôlables, affluaient du Jardin et l'enveloppaient comme une clameur, fusant en grandes éclaboussures sans cesse renouvelées, comme de la peinture renversée. Effrayée, envahie par ces visions, elle tendit les mains en avant comme pour les repousser, mais soudain elle perdit complètement la notion du lieu où elle était, et se retrouva en train de nager, de tomber entre des étoiles filantes d'or et de pourpre. Pour la première fois de sa vie, ses couleurs étaient sorties de leurs limites, et toute la création n'était plus qu'une mer bariolée, dont chaque vague était le chagrin et la perte, le désir et la joie, dont chaque vague s'écrasait contre sa tête, la submergeant, jusqu'à ce qu'elle comprenne qu'elle allait se noyer.

Elle ferma les yeux, baissa le front, et peu à peu ce déluge vertigineux reflua. Après cette expérience, elle n'osa plus s'approcher davantage de l'écran d'argent. Elle se leva, et d'un pas chancelant, alla se réfugier dans la fraîcheur obscure de la cour de la Nuit, où elle respira longuement pour se calmer.

Le fait d'avoir perdu tout contrôle sur elle-même la perturbait profondément.

« *Suis-je réellement si faible ? Si désarmée ?* »

Malgré tout l'éclat de leurs couleurs, les visions qui l'avaient envahie n'avaient rien eu de glorieux. Étoile de l'Aube avait été précipitée dans le chaos, dans un monde informe, où plus rien n'avait de sens. Ni le bien, ni le mal, ni le haut, ni le bas : tout était fêlé, bouleversé, tout tournait et tombait. Une descente dans la folie.

« *Mais cette folie est-elle en moi, ou en dehors de moi ?* »

Peu à peu les battements de son cœur se calmèrent, et la sueur sécha sur son front. Elle se sentit assez forte pour retourner dans la cour de l'Ombre. Là, à travers la haute arche de la porte du Pèlerin, elle vit les bancs au-dessus desquels des toiles avaient été tendues se remplir de monde, car l'heure de l'ouverture de la Congrégation approchait. Elle aperçut les Nomanas silencieux qui montaient la garde, et se souvint que sa mère se trouvait près d'elle, à présent, et était peut-être même en train de la chercher. Sa mère devinerait certainement que sa fille viendrait ce jour-là, celui de ses seize ans, offrir sa vie aux Nomanas.

Cette pensée lui redonna des forces, et Étoile de l'Aube sortit sur la place, pour s'installer au milieu des pèlerins.

XV

L'exclusion

Pour Seeker, les jours qui précédèrent la Congrégation furent insupportables : deux journées chargées d'anxiété, de tension, et en même temps douloureusement vides. Chez lui, personne ne prononça plus un mot sur la honte qui allait s'abattre sur leur famille. Tous trois prenaient leurs repas en silence. Son père se retira de plus en plus dans ses occupations scolaires, sa mère dans ses livres. Ils attendaient que le coup tombe, rassemblant leurs forces pour supporter les regards et les murmures des voisins. Ils se préparaient aussi à la douleur de voir Flamb une dernière fois, avant qu'il ne quitte leur vie pour toujours. Une exclusion était très rare, et lorsqu'elle avait lieu devant la Congrégation rassemblée, elle apparaissait comme un avertissement pour tout le monde.

Seeker essayait de se tenir le plus possible à l'écart. Il se débattait entre des sentiments contradictoires et confus. Il tentait de se rappeler la voix qui lui avait parlé dans le Nome, mais plus les heures passaient, plus ses doutes augmentaient. D'où était venue cette voix? Certainement pas du dieu qui crée toutes choses. Ne l'aurait-il pas plutôt imaginée? Quant à sa certitude que Flamb n'aurait jamais rompu son serment, que savait-il des effets de ces trois dernières années sur lui? Que savait-il vraiment de son frère ? Il l'avait aimé et admiré, mais tous deux avaient trois ans de moins à l'époque. Il avait peut-être changé. Après tout, pourquoi le Nome mentirait-il délibérément ?

Tout cela n'avait aucun sens. Plus il tournait les choses dans sa tête, moins il se sentait sûr de quoi que ce soit. Aussi, à la fin, comme son père et sa mère, il baissa la tête et attendit en silence que ce cauchemar finisse.

Le bateau rapide qui transportait Soren Similin s'amarra dans le port de l'île une heure et demie avant le coucher du soleil. Similin congédia le batelier, et rejoignit les derniers pèlerins juste à temps pour entendre l'organisateur épuisé faire son discours de bienvenue pour la dernière fois. Pendant qu'il prononçait les paroles « Videz votre cœur de toute peur, amertume, colère, ou cupidité », le secrétaire donna à ses traits disgracieux une expression doucereuse, comme si son plus cher désir était de s'abandonner à ce dieu présomptueux. Lorsqu'il gravit les quatre cent douze marches jusqu'au Nome, il garda un silence respectueux, comme les autres. Et quand vint son tour de marcher entre les colonnes de marbre vers l'écran d'argent, il se prosterna lui aussi comme s'il priait avec vénération. Mais il ne priait pas. Il pensait à la facilité avec laquelle tout cet édifice de superstition dans lequel il se trouvait pourrait être anéanti, une fois qu'il aurait trouvé le porteur adéquat.

Au moment où le soleil couchant touchait la longue ligne de l'océan à l'horizon, et où la lourde cloche du Nome commençait à sonner, Soren Similin avait déjà pris place au milieu de la foule des pèlerins, à l'ombre des dais, en face de la porte du Pèlerin. Les visiteurs, les habitants de l'île et les serviables qui servaient le Nome étaient tous dans des secteurs distincts, le visage éclairé par des rangées de torches enflammées. Il y avait plus de cinq mille personnes, entassées sur les bancs. La Congrégation allait commencer.

La cloche cessa bientôt de résonner, et la foule en attente entendit un nouveau son : un chant très doux, sortant de l'intérieur du château-monastère. Les membres de la communauté arrivaient. Tout le monde se leva. Seeker, qui se tenait entre ses parents, chercha la main de sa mère et la serra dans la sienne. Étoile de l'Aube, plus loin entre les pèlerins, fixa du regard la haute porte voûtée, la bouche soudain desséchée par l'anxiété. Le chant devint plus fort : c'était le chant sans paroles, fait de profondes harmonies, qui ouvrait toujours la Congrégation annuelle. C'était *Le Chant des Nomanas.*

Ils apparurent sous l'arche, marchant lentement, leur bandane noué en capuchon sur leur tête, avançant deux par deux, en une longue file. Dans la lumière du soleil mourant, sous la lueur vacillante des flammes des torches, leur habit blanc de cérémonie prit des reflets rougeoyants. Les Nomanas sortirent du Nome en chantant, pour se présenter eux-mêmes au peuple qu'ils servaient.

Seeker chercha son frère des yeux, et trembla en pensant au déshonneur qui les attendait. Sous cette lumière, avec le bandane qui laissait leur visage dans l'ombre, il était impossible de les distinguer les uns des autres. Toujours plus nombreux, ils affluaient de la porte du Pèlerin, sages vénérables, combattants renommés, et les plus jeunes enfin, ayant simplement obtenu le droit de porter le bandane. Le chant s'amplifia encore et encore, Seeker serra fort la main de sa mère et respira profondément, se permettant, au moins jusqu'à ce que le chant s'arrête, de s'abandonner au sentiment de vénération qu'il éprouvait toujours devant la puissance de ceux qui se rassemblaient en ce moment devant lui. Ces hommes et ces femmes qui ne possédaient rien, qui étaient tous vêtus de la même façon au point de devenir anonymes, étaient les sauveurs du monde. Si la justice existait, c'était parce que les Nomanas l'administraient. Si la liberté existait, c'était parce que les Nomanas la faisaient respecter. Ces hommes et ces femmes qui ne portaient ni armes ni armures étaient les Nobles Guerriers de la juste voie, et personne ne pouvait se dresser contre eux.

A présent, la longue procession arrivait à sa fin, et les derniers Nomanas prenaient place. Ils chantaient en rangs, dix par dix, et remplissaient le quatrième côté de l'esplanade, sous les murs imposants du Nome.

Les rangs s'écartèrent pour laisser passer l'Aîné de la communauté, assis dans son fauteuil roulant, poussé par sa fidèle serviable. Le fauteuil fut amené dans l'espace découvert, au centre de la place, puis la serviable qui l'accompagnait lui retira son bandane pour que son visage profondément ridé soit vu de tous.

L'Aîné leva une main desséchée. Le chant se tut, et le silence enveloppa la grande assemblée. Alors, sortant des rangs des Nomanas, une jeune femme s'avança. Elle marcha doucement, les yeux baissés, et alla se placer à côté de l'Aîné, au milieu de l'espace découvert. Là, elle resta un instant immobile, puis elle leva les yeux et se mit à chanter, seule. Sa voix était forte et belle, chaque parole était pure et claire pour la foule qui l'écoutait sous le ciel éclairé par les torches.

Mère qui nous a créés
Père qui nous guide et nous a guidés
Enfant que nous devons protéger
Lumière de nos jours et paix de nos nuits
Notre raison et notre but
Nous nous éveillons dans votre ombre
Nous marchons dans vos pas
Nous dormons dans vos bras...
A jamais et partout
Aujourd'hui et toujours
Guidez-nous dans le Jardin
Pour reposer dans le Jardin
Pour vivre dans le Jardin
Avec vous...

Lorsque la dernière note s'éteignit, la chanteuse baissa à nouveau la tête, et regagna les rangs silencieux des Nomanas. L'Aîné s'éclaircit la voix avec un bruit sec et sonore.

— Au nom du Tout et de l'Unique, dit-il, nous, vos serviteurs, sommes prêts à vous rendre des comptes.

Sa voix grinçante disait les mots requis par la Règle, telle qu'elle avait été établie par les premiers Nomanas. Malgré tout leur pouvoir, les Nomanas ne représentaient pas la loi à eux tout seuls. Ceux qui avaient des griefs contre eux étaient autorisés à venir à la Congrégation pour les exprimer. Mais personne ne l'avait jamais fait. Il y avait quelqu'un, ce jour-là, qui aurait pu parler, si l'heure de le faire était venue. Mais Soren Similin garda le silence, sachant que ce n'était pas encore le moment, et que lorsque ce moment viendrait, son intervention ferait beaucoup plus de bruit qu'un discours.

L'Aîné attendit un temps raisonnable pour que ceux qui voulaient s'exprimer aient la possibilité de le faire. Les yeux de Seeker se posaient un peu partout, et il vit les gardes en haut des murailles du Nome. Il comprit que bien que la porte du Pèlerin fût fermée, toute la communaute restait en état d'alerte.

L'Aîné fit un signe de tête au Prieur. Le Prieur déplia un papier et, comme chaque année, il donna à haute voix le nombre de personnes inscrites dans la communauté. Au cours de la dernière année, trente-cinq membres avaient pris leur retraite. Douze novices avaient prononcé leurs vœux définitifs. Les nouveaux candidats étaient invités à se présenter au comité de sélection dans la soirée. Mais d'abord, annonça-t-il tristement, l'un des membres de la communauté allait la quitter.

Un murmure parcourut la foule attentive. Un Noma allait partir ? C'était inhabituel.

— J'en appelle à cette Congrégation, dit gravement le

Prieur, pour qu'elle respecte le jugement de la communauté, selon la Règle des Nomanas.

Un silence électrique accueillit ces mots. Une expulsion ! Seeker sentit la main de sa mère trembler dans la sienne. Un Noma, seul, sortit des rangs. Le cœur de Seeker s'arrêta de battre. Cette grande silhouette au pas nonchalant, ce visage ouvert ! En ce moment seulement, il ne souriait pas. Il avait le regard fixe et vide.

« Oh, mon frère ! Que t'ont-ils donc fait ? »

Soren Similin l'observa soudain avec une vive attention.

Seeker tourna la tête vers sa mère, et vit que ses yeux brillaient de larmes retenues. Il scruta le visage dur, impassible de son père, qui ne cillait pas.

— Flamb le Juste, dit le Prieur, vous avez été jugé coupable d'avoir transgressé la Règle de notre communauté.

Suivit une pause, au cours de laquelle toute l'assemblée sembla retenir son souffle. Flamb regardait fixement devant lui, l'air absent, comme s'il ne comprenait pas la gravité de la situation.

— Telle est la volonté de la Congrégation, qu'en punition de votre très grave transgression, vous soyez chassé de la communauté.

Un soupir s'éleva de la foule profondément choquée. Chassé ! Les regards des pèlerins et des habitants de l'île convergèrent tous vers le personnage infâme. L'absence d'expression sur son visage le montrait : il avait été nettoyé. C'est tout juste s'il se souvenait de son nom. Le Prieur tendit une main et dénoua le bandane de la tête de Flamb. Ce faisant, il récita les mots terribles du verdict :

— Tout ce que nous t'avons donné nous revient, à présent. N'emporte rien avec toi en partant.

Seeker vit les larmes couler sur les joues de sa mère. « Frère ! s'écria-t-il dans son cœur. Parle, dis-leur qu'ils se trompent ! »

— Tu es de nouveau innocent et donc pardonné.

Seeker sentit son père trembler, puis redevenir impassible. Flamb aussi restait immobile, l'air si jeune, si vulnérable sans son bandane ! Seeker l'observait, les yeux pleins de larmes.

« Flamb ! Que t'ont-ils donc fait ? Pourquoi ? Dis-moi qu'ils se trompent ! »

— Tu as été l'un de nos frères, et pour cela tu seras toujours le bienvenu ici. Mais le temps est venu pour toi de commencer une nouvelle vie ailleurs. Pars, maintenant, et fais que l'Un qui comprend toutes choses ait pitié de toi.

Silencieux jusqu'au bout, Flamb obéit. Il traversa la place pavée jusqu'aux marches, sans se retourner une seule fois pour dire adieu à sa famille. Seeker esquissa un mouvement pour courir derrière lui, mais la main de son père se referma sur son bras avec une telle force qu'il lui fit mal. Seeker leva les yeux vers le visage de son père, espérant y voir de la douleur, ou au moins de la pitié, mais il n'y découvrit qu'une implacable maîtrise de soi.

— Père ! C'est Flamb, ton fils !

— Je n'ai plus qu'un seul fils, désormais.

Lorsque son père prononça ces mots, Seeker sentit soudain sa vue se brouiller. Que devait-il à ce père qui pouvait chasser son propre fils ? La Noma lui avait dit le matin de son anniversaire : « Ta vie t'appartient. Si ce n'est pas la vie que tu désires, tu peux en changer. »

S'il devait changer de vie, c'était le jour ou jamais.

Ce n'est qu'en entrant dans le Nome qu'il pourrait comprendre le tort qui avait été fait à Flamb. Ce n'est qu'en devenant un Noble Guerrier, qu'il aurait le pouvoir de faire en sorte qu'on lui rende justice.

Son envie profonde explosa soudain en lui. Ce qui lui avait toujours été impossible lui parut soudain possible. Son désir prit vie avec une telle intensité que Seeker en perdit quasiment l'usage de la parole. C'était le mauvais moment, puisque c'était celui de la disgrâce de Flamb.

C'était un mauvais désir, puisqu'il ne correspondait en rien au projet que son père avait pour lui. Mais il était trop fort pour être passé sous silence.

— Père, balbutia Seeker. Père, je te demande la permission de rejoindre... de prendre la place de Flamb.

— Toi ?

Son père se tourna vers lui et le regarda, stupéfait.

— Je croyais que nous avions compris que c'était hors de question.

— Oui, père, je sais. Mais maintenant que... maintenant que...

Les mots lui manquaient. Être un guerrier du Tout et de l'Unique — ne rien demander et ne rien posséder, protéger l'Enfant Perdu et obéir au Père Sage, faire de son corps et de son esprit un instrument de la juste voie — voilà tout ce qu'il avait toujours voulu dans la vie. Et non pas être un professeur : ça, c'était le rêve de son père pour lui, et non son propre rêve. Que savait son père de son tempérament, lorsqu'il avait choisi son nom ? Comment aurait-il pu lire dans le cœur d'un nouveau-né ? De toute évidence, ce n'était pas dans le cœur du bébé qu'il avait lu, mais dans son cœur à lui.

— Laisse-moi essayer ! S'il te plaît !

— Les Nomanas ne t'accepteront jamais, dit son père, en lui serrant le bras encore plus fort. Tu dois suivre un chemin différent. Ne te tourmente pas en désirant ce qui ne pourra jamais être.

Son regard calme et insensible se détourna de son fils pour parcourir la place bondée et se poser une dernière fois sur Flamb qui disparaissait de sa vue.

Étoile de l'Aube aussi regardait le départ de l'exilé. Elle ne comprenait pas très bien ce qui se passait, mais elle voyait à ses couleurs — la lueur bleue et violette qui l'entourait — qu'il éprouvait une grande douleur. Elle s'attendait à ce que quelqu'un le rejoigne, ou l'appelle, lui dise un mot d'adieu qui brise ce silence cruel. Mais pas une voix ne s'éleva.

Après le départ de Flamb, tandis que les travaux de la Congrégation reprenaient, une deuxième silhouette s'éclipsa discrètement, et se dirigea vers les marches. Soren Similin en avait vu assez. Il était convaincu d'avoir trouvé son homme.

XVI

Sélection

— Sondez vos cœurs, dit le Maître des Novices. Demandez-vous pourquoi vous désirez rejoindre la communauté.

Son regard grave parcourut les rangées de filles et de garçons qui étaient en face de lui. La plupart d'entre eux avaient tout juste seize ans. Et, comme Étoile de l'Aube, ils s'étaient préparés à ce moment depuis toujours.

— Dans le secret de votre cœur, répondez à cette question en toute franchise.

Ses yeux passaient tranquillement de l'un à l'autre, s'arrêtant un instant sur chacun, pour exiger leur attention.

— Si vous cherchez la gloire, cette vie n'est pas pour vous.

Étoile de l'Aube scruta son cœur et se répondit honnêtement qu'elle ne cherchait pas la gloire.

— Si vous voulez dominer les autres, cette vie n'est pas pour vous.

« Non, pensa-t-elle, je ne veux pas dominer les autres. »

— Si vous voulez obtenir une faveur spéciale auprès du Tout et de l'Unique, cette vie n'est pas pour vous.

« N'est-ce pas ce que je cherche ? » Étoile de l'Aube frissonna, soudain prise de doutes. Elle voulait être près de la Mère Aimante. Était-ce mal ? Cela signifiait-il qu'elle était faible ? Serait-elle rejetée à cause de ce désir ? Son esprit se déroba devant une telle perspective. C'était impensable. Comment pourrait-elle reprendre son ancienne vie, et la mener comme avant, sans rien attendre ?

— Mais si, au lieu de chercher quelque avantage personnel, vous voulez consacrer votre vie au service des autres...

« Oui ! pensa-t-elle. C'est ce que je veux ! Servir. Être utile. Ne pas laisser ma jeunesse, mes possibilités s'écouler comme de l'eau qui se répand, ne pas les gâcher. »

— ... alors peut-être pourrez-vous suivre la voie des Nomanas. Mais c'est une voie difficile.

« Que ce soit difficile ! répondit joyeusement Étoile de l'Aube dans son cœur. Plus ce sera dur, mieux ce sera. »

— Une voie solitaire...

« N'ai-je pas été seule toute ma vie ? »

— ... qui n'offre aucune récompense matérielle.

« Je ne veux rien d'autre que servir la Mère Aimante. »

— Le jour où vous entrez dans le Nome comme novice, votre ancienne vie finit et une nouvelle vie commence. Demandez-vous sincèrement si c'est ce que vous désirez.

« Oui ! Oui ! Qu'une nouvelle vie commence pour moi ! »

— Que ceux d'entre vous qui en ont ainsi décidé s'avancent à présent dans un esprit d'humilité et d'acceptation.

Les candidats entendirent que l'on tirait les verrous de la porte du Pèlerin.

— Quoi qu'il arrive, c'est par la volonté du Tout et de l'Unique, et c'est pour le mieux.

Seeker ne se trouvait pas parmi ceux qui s'étaient avancés pour se soumettre à la sélection, mais il n'était pas loin, et il entendait chaque mot prononcé par le Maître des Novices. Son père lui avait lâché le bras, et se tenait raide et guindé à sa droite ; sa mère était à sa gauche. Seeker restait tranquille, obéissant à ce qu'on lui avait dit de faire. Il regarda la porte du Pèlerin s'ouvrir pour recevoir les postulants.

« Tu sais sûrement que là où est ton chemin, la porte est toujours ouverte. »

Ce n'était pas la voix, mais seulement son souvenir. Seeker regarda la porte du Pèlerin. « Le monde est plein de portes ouvertes, se dit-il. Pourquoi suis-je si sûr que celle-ci s'est ouverte pour moi ? »

Les candidats franchissaient l'arche en une lente ligne mouvante, guidée et accompagnée par des serviables. Étoile de l'Aube avançait avec les autres, tremblant de désir et de doute. Son moment de folie dans le Nome, un peu plus tôt, avait ébranlé sa confiance en elle. Peut-être y avait-il une faute en elle, une faiblesse qui la rendaient indigne d'entrer dans le monde des Nomanas. Si elle n'était pas acceptée, elle partirait — elle partirait quelque part — n'importe où, mais elle ne reviendrait pas chez elle. Il y avait trop longtemps qu'elle attendait cette nouvelle vie. Rentrer signifierait revenir à son enfance, et malgré tout l'amour qu'elle avait pour son père, elle ne pourrait jamais redevenir une enfant. Elle n'avait pas le choix. Elle devait aller de l'avant.

Mais serait-elle choisie ? Les autres candidats lui semblaient tous beaucoup plus sûrs d'eux. Elle savait qu'elle avait l'air d'une fille simple d'esprit. La plupart du temps, elle n'arrivait pas à trouver ses mots. Elle avait un visage dont personne ne se souvenait. Pourquoi la choisirait-on ? Ils ne pouvaient pas voir au plus profond d'elle-même. Ils n'avaient aucun moyen de savoir qui elle était vraiment. « Mais, je leur dirai que ma mère est l'un d'eux, pensa-t-elle. Je leur dirai que je peux voir les couleurs. Alors ils me considéreront autrement. Ils se diront : “ Il doit y avoir quelque chose de plus en elle que ce que l'œil perçoit. ” Ils verront derrière le masque. »

Le dernier candidat venait de franchir la porte du Pèlerin, lorsqu'elle entendit des pas courir derrière elle, et un garçon la heurta brutalement, la jetant presque à terre. Ses couleurs l'étonnèrent : elles fusaient autour de lui comme un feu d'artifice, des rouges vifs, des verts et du doré. Le rouge et le vert correspondaient simplement à une jeunesse turbulente, mais le doré était rare. Si rare qu'elle n'était même pas sûre de sa signification.

— Excuse-moi ! dit-il, le souffle court, en regardant craintivement derrière lui.

Avant qu'Étoile de l'Aube ait eu le temps de lui demander ce qu'il faisait, un homme apparut sous l'arche et, le doigt pointé sur le garçon en fuite, il lui cria d'une voix autoritaire :

— Reviens immédiatement !

Le garçon s'abrita derrière Étoile de l'Aube, comme s'il craignait que l'homme lui jette quelque chose à la figure.

— Non !

— Pauvre idiot ! Ils ne te prendront jamais !

L'homme regarda longtemps le garçon, l'air furieux. Le garçon ne bougea pas. Puis l'homme fit demi-tour et s'en alla d'un pas raide. Le garçon poussa un long soupir frémissant. Les couleurs qui brillaient autour de lui étaient si intenses qu'Étoile de l'Aube en fut presque effrayée. Il semblait plus jeune qu'elle, mais son visage était si vif, ses expressions si changeantes, que même sans l'aide des couleurs, elle saisit la colère qui l'habitait et comprit que cette colère était plus forte que sa peur. Les yeux noirs de Seeker rencontrèrent les siens une fraction de seconde et elle eut l'impression qu'il allait dire quelque chose, mais il y renonça. Il lui avait sans doute suffi de voir son visage fade comme un petit pain au lait, et son foulard de paysanne, pour se dire qu'elle ne pourrait pas comprendre. Elle était si déçue, si irritée, qu'elle trouva le courage de lui parler la première :

— Qui était cet homme ?

— Mon père.

Le garçon avançait d'un pas traînant à côté d'elle, les yeux baissés.

— On peut dire qu'il a confiance en toi ! C'est réconfortant !

Surpris, il leva les yeux vers elle.

— Mais il n'a pas confiance.

Piquée au vif par l'étonnement du garçon, elle devint méchante.

— Quoi qu'il arrive, c'est par la volonté du Tout et de l'Unique. Nous allons de l'avant dans un esprit d'humilité et d'acceptation.

Le garçon resta bouche bée. Il entendait bien son ton moqueur, mais de qui se moquait-elle ?

La file des candidats traversait à présent la cour de l'Ombre, se dirigeant vers une porte située à droite de la salle. Sur la porte, on pouvait lire l'inscription : RÉSERVÉ A LA COMMUNAUTÉ.

La salle dans laquelle ils entrèrent était haute, tout en longueur et éclairée par des lampes suspendues au milieu du plafond. Des bancs étaient alignés des deux côtés de la pièce. Une quarantaine de membres de la communauté siégeaient sur ces bancs, leur bandane dénoué sur leurs épaules, comme le voulait la coutume lorsqu'ils étaient à l'intérieur du Nome. Étoile de l'Aube scruta leur visage silencieux, cherchant sa mère. Il y avait beaucoup de femmes parmi les Nomanas, mais aucune d'elles ne regardait vers les candidats. Quel que soit l'endroit où se trouvait sa mère, elle devait sûrement chercher sa fille.

Tout au bout de la salle, deux sélectionneurs étaient assis à une table formant un angle droit avec les rangées de bancs. Un serviable novice, qui se tenait près de la porte, expliqua aux candidats qu'ils devaient attendre debout, jusqu'à ce qu'on les appelle. Ensuite, ils devraient avancer dans la salle, entre les deux rangs de Nomanas, et donner leur nom aux sélectionneurs. Le Maître des Novices, qui en faisait partie, les dirigerait alors d'un seul geste vers la gauche ou vers la droite. La porte de gauche menait au noviciat. Celle de droite à la cour de l'Ombre. Ils devraient suivre immédiatement et en silence la direction indiquée. Ils ne pouvaient pas contester la décision des sélectionneurs, qui était définitive et sans appel.

— Nous n'avons pas le droit de parler du tout?

— Vous pouvez poser une question, si vous le désirez. Mais une seule.

— Une question? Rien de plus?

Le serviable novice donna une petite tape sur le bras du premier candidat qui traversa la salle vers les sélectionneurs. Étoile de l'Aube, qui l'observait, vit comment les Nomanas l'étudiaient au passage, avant de tourner un par un leur visage vers les sélectionneurs. Elle comprit alors que c'était ce jugement sans paroles qui déterminait la sélection. Lorsque le candidat arrivait devant la table, la décision avait déjà été prise.

La conversation, étonnamment brève, qui se déroula devant les sélectionneurs était à voix trop basse pour que les autres l'entendent. Le Maître des Novices désigna la porte de droite : le candidat était refusé. En voyant cela, Étoile de l'Aube fut de nouveau parcourue d'un frisson de peur. Comment faire pour être acceptée? Comment tout son avenir pouvait-il dépendre des quelques pas qu'elle ferait sous les yeux d'inconnus?

Seeker, qui se tenait debout à côté d'elle, attendait également son tour avec une nervosité croissante. Le Maître des Novices connaissait bien son père. Il le reconnaîtrait certainement lorsque Seeker se présenterait devant lui. Saurait-il qu'il était là sans autorisation paternelle? Était-ce important? Il avait l'âge de prendre ses propres décisions. Par ailleurs, le Maître des Novices saurait qu'il était le frère de Flamb, l'homme déshonoré. Est-ce que cela jouerait contre son intérêt ?

Autour de lui, les autres candidats discutaient anxieusement à mi-voix de la meilleure question à poser. Seeker, comme Étoile de l'Aube, sentait que cela n'avait rien à voir avec l'élément déterminant de la sélection. Il ignorait en quoi consistait le véritable examen de passage, mais faisant instinctivement confiance aux idéaux des Nomanas, il était convaincu que leur choix serait le bon. Son rôle se limitait à se présenter devant les sélectionneurs et à se fier à la sagesse d'un processus qui dépassait sa compréhension. S'il était refusé... eh bien, il était prêt à croire que cette décision aussi serait un bien pour lui. Mais il redoutait un refus. Le refus signifierait qu'il devrait rentrer à la maison, chez son père.

Qui, parmi eux, serait accepté ? Il jeta un coup d'œil autour de lui, et vit Noise qui le regardait. Il leva les sourcils, surpris et amusé. Puis il détourna les yeux et croisa le regard de la fille qu'il avait bousculée, et qui avait dit des choses si étranges. Lorsque leurs regards se croisèrent, elle eut une drôle d'expression. C'était un sourire, mais qui signifiait : « C'est insupportable, non ? » Il secoua la tête, perplexe. Le sourire de la fille laissait entendre qu'elle le connaissait déjà, ce qui n'était pas vrai.

Soudain, un bruit sec éclata à l'arrière de la salle. La porte de derrière s'ouvrit brusquement. Une voix jeune et forte cria, rompant le silence :

— Hé ! Les capuchons ! Est-ce que vous m'ai-ai-mez ?

Toutes les têtes se retournèrent, stupéfaites. Un beau jeune homme vêtu d'habits colorés se tenait là, les bras couverts de bracelets d'argent. Seeker, qui regardait, aussi surpris que les autres, sut aussitôt qu'il n'avait jamais vu personne de semblable de toute sa vie. Pas seulement à cause des couleurs éclatantes de ses vêtements, de ses longs cheveux dorés, mais plutôt de l'assurance de sa démarche, de son sourire, de l'audace avec laquelle il venait d'interpeller l'assistance. Sauvage était tout ce que les Nomanas n'étaient pas.

Le serviable novice se précipita vers lui.

— Non, non, non ! dit-il.

— Si, si, si, répondit Sauvage, le balayant d'un geste de son bras bronzé.

Il traversa la salle à grands pas, hochant la tête et souriant aux Nomanas assis des deux côtés de la pièce.

— Hé, les capuchons ! les salua-t-il. Je veux être comme vous !

Lorsqu'il arriva à la table des sélectionneurs, il mit une main dans sa poche et en sortit une poignée de shillings d'or qu'il répandit sur les papiers qui étaient étalés devant eux.

— Je paye mon entrée, dit-il fièrement. Je veux votre pouvoir. Je veux votre paix.

Le Maître des Novices regarda l'or, puis leva les yeux vers le jeune homme souriant qui se tenait devant lui. Il lui parla gentiment :

— Comment t'appelles-tu ?

— On m'appelle Sauvage.

— Sauvage, ici, l'or n'a pas d'utilité.

Le deuxième sélectionneur, une femme mince et osseuse, se mit à ramasser les shillings d'or un par un, pour les lui rendre. Sauvage perdit le sourire.

— Vous ne voulez pas de mon cadeau ?

— Non.

— Capuchon, pisse de saindoux !

Il tendit sa main droite pour la refermer autour du cou du Maître des Novices. Sauvage avait une poigne puissante, et le Maître des Novices avait un cou mince. Sauvage avait tordu des cous plus épais que celui-ci. Mais, curieusement, il devait mal avoir évalué la distance, car ses doigts se refermèrent dans le vide.

Il fit une deuxième tentative, lançant sa main droite en avant, pous saisir le sélectionneur à la gorge. Le Maître des Novices, immobile, le fixa de ses yeux de chouette. Et cette fois encore, Sauvage s'aperçut qu'il n'était pas allé assez loin.

La sélectionneuse se pencha en avant et lui tendit ses shillings d'or. Sur le dos de sa main, les tendons mouvaient ses doigts comme des fils de fer. Cela frappa Sauvage.

— Le moment n'est pas encore venu pour toi, lui dit-elle.

Il reprit ses pièces. Elle leva alors la main qui les avait tenues et, la paume vers l'extérieur, elle la poussa légèrement vers lui. Sauvage trébucha en arrière, comme s'il avait été frappé par un coup léger mais implacable. Puis il sentit comme une secousse dans ses jambes. Incapable de s'arrêter, il se mit à marcher vers la porte qui donnait dans la cour de l'Ombre. Pied gauche, pied droit, ses pieds avançaient, et le reste de son corps était obligé de suivre, de quitter la pièce. C'était une situation ridicule. Humiliante. C'était exactement comme s'il avait été expulsé *manu militari*, sauf que c'était lui-même qui s'expulsait.

— Capuchons, pisse de saindoux ! cria-t-il en partant.

Et secouant ses shillings d'or, il ajouta :

— Vous me le paierez !

Le serviable placé près de la sortie ouvrit la porte, Sauvage disparut, et la paix revint dans la salle où l'on procédait à la sélection.

L'un après l'autre, les candidats en attente traversèrent la salle. La plupart d'entre eux furent refusés. Voyant cela, et ne sachant comment éviter le même sort, les candidats restants sentaient leur moral baisser considérablement. Lorsque vint enfin le tour de Seeker, il était si sûr d'être refusé, lui aussi, qu'il s'approcha de la table avec défi et orgueil.

— Je m'appelle Seeker, le Chercheur de Vérité.

Le Maître des Novices le regarda calmement, sans répondre. Seeker scruta ses grands yeux inexpressifs, et comprit que la décision avait déjà été prise. Il n'était pas accepté. Ce n'était même pas la peine de poser une question. Il avait eu la réponse.

— Ce n'est pas juste, protesta-t-il.

Il savait que ce n'était pas une chose à dire, mais il n'avait pu s'en empêcher. De toute façon, ils savaient ce qu'il ressentait. Seeker le voyait à leur regard. Alors pourquoi faire semblant ?

— De même que vous n'avez pas été justes avec Flamb, ajouta-t-il.

Le Maître des Novices inclina légèrement la tête, comme s'il reconnaissait peut-être une certaine injustice, puis il leva sa main droite et lui indiqua la porte. Seeker savait qu'il était sur le point de pleurer. Il ne discuta plus. Il ne lui restait que sa fierté. La tête haute, il traversa la pièce, puis franchit la porte que le serviable ouvrit pour le laisser passer, avant de la refermer derrière lui.

Dès qu'il fut sorti, des larmes brûlantes lui vinrent aux yeux. C'étaient des larmes de honte, des larmes d'amertume. Il se sentait renvoyé exactement comme Flamb l'avait été. Ils l'avaient rejeté *sans un mot* ! Il leur avait suffi de le regarder pour savoir qu'il n'était pas digne de rejoindre les Nomanas.

« Et pourtant j'en suis digne ! J'ai entendu la voix ! Pourquoi ne m'ont-ils même pas donné une chance ? Ce n'est pas juste ! »

C'était ça le pire. C'était une injustice cuisante. Son père dirait : « Je t'avais prévenu. Tu me crois, maintenant ? » Mais Seeker ne le croyait pas plus qu'il ne croyait le Maître des Novices. Il croyait en l'esprit lui-même, dans la voix qui lui avait parlé. Il savait qu'il était né pour être un Noma. Comment pouvaient-ils ne pas le voir ? Il leur prouverait qu'ils avaient tort. Il...

Que pourrait-il faire ? Où pourrait-il aller ? Pas chez lui. Il lui serait impossible de retourner dans sa salle de classe le lendemain. Il lui serait impossible de revenir chez son père et d'accepter la façon dont il avait planifié sa vie à lui, Seeker.

Soudain, la plus simple, la plus évidente, la plus impossible des voies à suivre s'imposa à lui. C'était de la folie, mais au moins, c'était un choix qui lui laissait de l'espoir.

Ignorant les larmes qui coulaient sur ses joues, tout comme les regards curieux ou compatissants que lui lançaient les pèlerins en partant, il se dirigea vers les marches, son nouveau but scintillant devant lui comme une lumière au loin qui le guiderait.

— Je m'appelle Étoile de l'Aube.

Les deux sélectionneurs levèrent les yeux vers elle en silence. Elle avait les joues brûlantes. Était-ce le moment de poser sa question ? Devait-elle attendre qu'ils parlent les premiers ?

Puis le Maître des Novices baissa les yeux. Elle vit que sa main commençait à bouger. Était-ce fini ? La décision était-elle déjà prise ? Cette main n'allait quand même pas tourner vers la droite ?

— S'il vous plaît, dit-elle. J'ai quelque chose à vous demander.

La main du Maître des Novices s'immobilisa. Il leva de nouveau les yeux vers elle. Étoile de l'Aube avait préparé plusieurs questions. Celle qu'elle posa vraiment n'en faisait pas partie.

— Où est ma mère ?

Elle vit une lueur de surprise passer dans les yeux globuleux du Maître des Novices. Bien sûr, sa question toute seule n'avait aucun sens. Et pourtant, elle avait cru qu'ils sauraient lui répondre.

— Ma mère a rejoint les Nomanas il y a douze ans.

— Ta mère est un membre de la communauté ?

— Oui.

— Quel est son nom ?

— Grâce.

Le Maître des Novices prit un livre, en face de lui. Il demanda à sa collègue :

— Est-ce que tu connais ce nom ?

La sélectionneuse répondit négativement d'un hochement de tête.

— Nous n'avons personne de ce nom dans la communauté.

Le Maître des Novices ouvrit le livre et parcourut une liste des yeux.

— Non, dit-il. Ta mère ne fait pas partie de notre communauté.

Étoile de l'Aube, déjà très énervée par la sélection, s'aperçut qu'elle était totalement incapable de comprendre ce qu'on lui disait.

— Mais si ! répliqua-t-elle. C'est pour ça qu'elle nous a quittés ! Pour servir le Tout et l'Unique !

— C'est peut-être ce qu'elle avait l'intention de faire, dit le Maître des Novices. Mais il semble qu'elle n'ait pas été acceptée.

Étoile de l'Aube vit à leurs couleurs que tous deux lui disaient la vérité. Mais alors quoi ?

— C'est impossible ! Elle doit être ici ! Si elle n'y est pas, où est-elle ?

— Je suis désolé. Je ne sais pas.

Le sélectionneur leva la main et la tourna vers la droite. Hébétée, Étoile de l'Aube se dirigea vers la cour de l'Ombre.

Le choc qu'elle avait reçu en apprenant que sa mère n'était pas une Noma fut plus fort, sur le moment, que celui d'avoir été refusée. Elle resta immobile dans la cour obscure et sonore. Par les portes ouvertes de la grande arche, elle regarda les derniers pèlerins quitter leurs places et prendre le chemin du retour. La Congrégation était finie. Elle devait partir, elle aussi.

Pendant tant d'années, elle avait cru que sa mère était l'un de ces êtres supérieurs qu'on appelait Nomanas ! C'était dans ce but que sa mère avait quitté son mari et sa fille. C'était la seule raison qui avait un sens. Ils avaient été fiers d'elle à cause de ça. Étoile de l'Aube avait grandi en voulant suivre la même voie qu'elle. Et maintenant, elle apprenait qu'elle n'était pas là. Quel chemin avait-elle suivi ? Pourquoi n'était-elle pas rentrée à la maison ?

Cette pensée s'empara d'elle, l'emplissant d'horreur. Elle avait mal au cœur, sentait le sol se dérober sous ses pieds. C'était exactement ce que Filka lui avait dit. Sa mère n'était pas revenue à la maison parce qu'elle ne l'aimait pas. Que croire d'autre ? Qu'elle était morte ?

Oui ! Autant qu'elle soit morte ! Ainsi, Étoile de l'Aube pourrait continuer à croire en son amour. Il valait mieux qu'elle soit morte que vivante et indifférente à sa fille au point de n'avoir même pas cherché à la retrouver !

L'un des serviables toussota discrètement derrière elle et lui montra qu'elle devait descendre les marches, avec les derniers pèlerins. Étoile de l'Aube n'avait plus aucune résistance. Elle obéit, ne se préoccupant même plus de l'endroit où elle allait.

« Je suis méchante, se dit-elle. Je souhaite la mort de ma propre mère. Ce n'est pas étonnant que les Nomanas n'aient pas voulu de moi. Comment ai-je pu penser que j'étais digne d'un tel honneur ? Je suis laide, ennuyeuse, mauvaise. Même ma mère n'a pas eu envie de revenir vers moi. »

Une vague de tristesse la balaya, si forte qu'elle ne put la contenir. Secouée de terribles sanglots, elle eut honte de son chagrin, et s'écarta des marches, prit l'une des rues en terrasse de l'île pour se réfugier dans un coin sombre près d'un mur, où l'on ne pourrait pas la voir. Là, elle s'accroupit, passa ses bras autour de ses genoux, et pleura, pleura encore jusqu'à ce qu'elle n'ait plus de larmes. Elle fouilla dans son sac, en sortit la natte de laine que son père lui avait donnée, et l'appuya contre sa joue mouillée.

— Oh, papa, murmura-t-elle. Comment pourrai-je jamais te dire la vérité ?

Elle parlait doucement, mais à haute voix. Ses mots furent entendus.

— Qui est là ? demanda une voix.

Il y avait quelqu'un de l'autre côté du mur. Ce n'était pas une grande paroi, mais un muret qui séparait deux propriétés. Elle se redressa et se retourna pour voir. Là, se relevant d'une position aussi prostrée que la sienne, apparut le garçon qui l'avait bousculée un peu plus tôt. Ses couleurs étaient devenues bleues et violettes, mais la petite étincelle d'or qu'elle avait déjà perçue était toujours là. La lumière lointaine d'un réverbère éclaira le visage du garçon, et elle vit qu'il était baigné de larmes. Elle se rappela alors qu'il avait été rejeté, lui aussi.

Il la regardait, l'air perdu, et son expression correspondait entièrement au sentiment de perte qu'elle-même éprouvait. Elle avait l'impression de se regarder dans un miroir. Instinctivement, comme pour toucher son propre reflet, elle leva la main. Il fit la même chose. Leurs mains se rencontrèrent, une paume contre l'autre. La lueur dorée qui émanait de lui brilla plus fort. Elle était fascinée par cette étincelle. C'était comme... comme quoi ? Il n'y avait pas de nom pour ça. C'était comme de la poussière de soleil. Elle bougea la main, pour sentir l'air près de la joue du garçon, sans toucher sa peau, mais les couleurs qui l'entouraient. Il recula d'un bond, comme s'il craignait qu'elle lui fasse mal.

Ils entendirent alors un mugissement lugubre venant du quai. Le dernier bateau allait partir.

— Tu pleures, dit-il.

— Je croyais que ma mère était là. Mais ils l'ont renvoyée.

— Comme mon frère.

— Ton frère ?

— Celui qui a été expulsé.

— C'était ton frère ?

— Oui.

— Pourquoi est-ce que tu n'es pas allé vers lui ? Tu ne lui as même pas dit au revoir.

— Non.

— Qu'avait-il fait de si impardonnable ?

— Je ne sais pas.

Elle vit à ses couleurs qu'il avait honte, mais elle ne put s'empêcher de dire ce qu'elle pensait :

— Si j'avais été là, lorsqu'ils ont renvoyé ma mère, je l'aurais suivie.

— J'aurais bien voulu ! — Le garçon avait les yeux pleins de larmes. — J'aurais voulu lui dire que je ne croyais pas qu'il était coupable. J'aurais voulu lui dire au revoir.

— Il n'est pas trop tard. Il ne peut pas être allé bien loin.

— J'ai quelque chose d'autre à faire. Quelque chose de plus important.

— Tu n'as pourtant pas l'air très occupé.

Il la regarda sans rien dire, mais elle vit que les couleurs changeaient autour de lui, aussi clairement que s'il lui avait parlé à haute voix. Le bleu tourna au violet, puis au rouge. Il fouilla dans sa poche, en sortit un crayon et un papier. Il écrivit quelques mots.

— Attends-moi là, dit-il.

Il courut dans la rue. Elle le vit pousser son billet sous la porte close d'une maison. Puis il revint.

— Allons-y !

Ils descendirent les marches ensemble, le plus vite possible. Mais bien avant d'arriver en bas, ils virent la dernière barge s'éloigner sur le fleuve. Ils continuèrent de descendre, mais sans plus se presser. Un vent du soir s'était levé, apportant de grosses gouttes de pluie qui crépitèrent sur le sol.

Le billet que Seeker avait laissé à ses parents, pour qu'ils le lisent le lendemain matin, était sur le tapis, juste derrière la porte. Il portait l'inscription : « Parti à la recherche de Flamb. Ne vous inquiétez pas pour moi. Seeker. »

Il ne disait rien sur la suite de son plan. Seeker savait qu'ils ne pourraient pas comprendre.

XVII

Le pacte

La dernière barge était partie, et tous les autres bateaux du petit port étaient solidement amarrés pour la nuit. Tous sauf un. Lorsque Seeker et Étoile de l'Aube arrivèrent en bas des marches, ils virent un élégant voilier sur le point de partir. L'équipage venait de larguer les amarres et la proue mettait le cap sur le large. C'était une chance, la seule chance qu'ils avaient de quitter l'île cette nuit-là. La pluie tombait de plus en plus fort à chaque minute qui passait. Ils n'avaient guère envie, ni l'un ni l'autre, de rester sur les lieux de leur humiliation. Aussi, sans même se consulter, ils se mirent tous deux à courir sur les pavés, puis sautèrent par-dessus l'espace grandissant qui séparait la poupe du bateau du quai.

Les membres de l'équipage étaient réunis sur le pont avant, au bout de la cabine. Ils formaient un groupe si bruyant que l'arrivée des deux passagers supplémentaires passa inaperçue. Des voix rageuses s'élevaient, et le bateau était laissé à la dérive. Les hommes semblaient en proie à une grande agitation. Seeker et Étoile de l'Aube se blottirent contre la cabine pour s'abriter de la pluie, et à travers les stores à lamelles des hublots, ils assistèrent à ce qui semblait être une mutinerie.

— Regarde ! dit Étoile de l'Aube. C'est lui !

Au milieu de l'équipage vociférant, ils virent le beau jeune homme qui avait fait irruption dans la salle des sélectionneurs, et qui avait été renvoyé, comme eux. Là, sur le pont de son propre bateau, un couteau à la main et une lance dans l'autre, insouciant de la pluie, il menait à nouveau une bataille à sa manière.

— Vous ne m'aimez plus ? criait-il, ivre de colère, agitant son couteau devant ses hommes, et les forçant à reculer jusqu'aux rambardes. Vous ne m'aimez plus ?

— Patron ! Écoute !

— Je vous ai écoutés ! Je ne vous ai que trop écoutés ! Maintenant je vais trancher vos cous de poulets !

— On voulait simplement te dire de ne pas te mêler aux capuchons...

— C'est à vous de ne pas vous mêler de mes affaires, poules mouillées ! Vous voulez en voir une, de mêlée ?

Sa lame frappa et trancha, provoquant un cri de douleur.

— Tu ne m'aimes pas ! Fiche le camp ! Saute !

Il agita de nouveau sa lame.

— Et toi aussi, saute ! Et toi ! Je ne veux plus vous voir !

Il était plus fou que jamais, hurlant comme un ivrogne, mais il n'était pas soûl, son regard était aussi aiguisé que sa lance, et il voulait du sang.

— J'ai dit : sautez !

Celui qu'il avait blessé fut le premier à se jeter à l'eau, les yeux écarquillés de terreur, le sang et la pluie ruisselant sur son bras gauche. Ensuite, ils sautèrent tous, fuyant la lame dansante et les coups de lance. Les uns après les autres, ils s'écrasèrent dans l'eau sombre et bouillonnante, essayant de rejoindre la rive lointaine.

Il n'y avait personne à la barre, et Sauvage ne s'en préoccupait pas. Il laissait le bateau dériver au gré des courants. Ses hommes avaient déjà regagné les berges du fleuve, où ils tentaient de se hisser péniblement, s'attendant à ce que Sauvage fasse demi-tour pour venir les prendre. Mais le *Lazy Lady* piqua de l'avant, vers la pleine mer.

— Je n'ai pas besoin de vous ! criait Sauvage, seul sur le pont avant luisant sous la pluie.

Il se sentait de nouveau fort. Il s'était renouvelé. Il s'était débarrassé des hommes qui avaient assisté à son humiliation.

Puis, avec la brutalité d'un coup de poing, le vent d'orage souffla violemment de l'est, précipitant la pluie devant lui. Le bateau se cabra et fila à toute allure.

Seeker se leva, s'agrippant au toit de la cabine.

— Nous allons être emportés vers le large !

Sauvage se retourna, surpris.

— Fiche le camp de mon bateau !

— Tu as besoin d'aide pour le manœuvrer, cria Seeker, ou tu seras balayé par la mer.

Les rafales de vent firent claquer la grand-voile et dévièrent le *Lazy Lady* de sa trajectoire, le rabattant brusquement dans la baie. Ce garçon avait raison. Le vent soufflait fort, et il venait de la terre.

— Tu sais réduire la voilure ?

— Non.

— Alors, prends la barre !

Sauvage attrapa les drisses et prit un ris dans la grand-voile. Le *Lazy Lady* se mit à filer, poussé par le vent, à travers des torrents de pluie. Il fallait border le foc. Puis soudain, Sauvage vit une fille inconnue devant lui. Pas le temps de poser de questions.

— Prends ça ! lui cria-t-il en lui lançant une écoute. Tire !

Seeker tenait la barre.

— Vire de bord ! lui cria Sauvage. De toutes tes forces, mais lentement !

Seeker pesa de tout son poids sur la barre, et poussa, ne

sachant dans quel sens aller. La grand-voile avait été réduite, et la vitesse du bateau diminua. Sauvage vit que le foc n'était pas assez tendu et cria à Étoile de l'Aube :

— Tire plus fort !

Ils avaient besoin de la vitesse restante pour manœuvrer le foc. Maintenant qu'il avait réduit la surface de la grand-voile, Sauvage revint prendre la barre.

— Aide la fille à s'occuper du foc !

A eux deux, Seeker et Étoile de l'Aube réussirent à border le foc, tandis que Sauvage tenait la barre, tirant de larges bords contre le vent et la pluie, et ramenant le voilier vers le rivage. Lentement, habilement, il conduisit le *Lazy Lady* dans un bras du fleuve bordé d'arbres où, à l'abri du vent, le bateau cessa enfin de tanguer, se redressa et glissa tranquillement sur des eaux peu profondes.

L'averse crépitait toujours, c'était la lourde pluie battante des orages d'été. Sauvage laissa le fond du voilier s'enfoncer dans le sable du lit du fleuve. Ils seraient en sécurité jusqu'au lendemain matin. Puis il se tourna vers les deux inconnus.

— Vous pouvez partir, maintenant.

— Aller où ? demanda Seeker.

— Ce n'est pas mon affaire.

— Merci, dit Étoile de l'Aube. Nous allons nous abriter dans ta cabine avec joie.

— Je n'ai jamais dit...

— Tu es très gentil. Tu dois avoir beaucoup d'amis.

Sauvage la regarda, interloqué, sous la pluie. Étoile de l'Aube se dirigeait déjà vers l'échelle qui descendait dans la cabine. Seeker la suivit.

— Espèce d'idiote ! s'exclama Sauvage, en fouettant l'air de sa lance.

Dans la cabine, Étoile de l'Aube essora ses vêtements trempés, et chercha quelque chose à manger.

— Je ne sais pas si c'est pareil pour toi, dit-elle à Seeker, mais moi, j'ai faim.

— Je suis affamé, répondit Seeker.

Sauvage descendit dans la cabine.

— Fichez le camp de mon bateau, dit-il.

Étoile de l'Aube avait trouvé les provisions.

— Du fromage, dit-elle, en le posant sur la table. Et une galette.

— Vous allez partir ? insista Sauvage. Ou vous voulez que je vous coupe le cou ?

— Je ne pars pas, répondit Étoile de l'Aube. Alors, si tu veux vraiment me trancher la gorge, tu ferais bien d'en finir.

Sauvage la regarda, déconcerté. Étoile de l'Aube et Seeker avaient commencé à manger, sans faire attention à lui. Leur attitude rendit Sauvage perplexe. Il serait tout à fait capable de les tuer tous les deux s'il était suffisamment en colère, mais il n'était pas suffisamment en colère. Ils lui désobéissaient, mais sans le narguer ni le provoquer. Il ne voyait pas comment il pourrait se pencher au-dessus de la table et leur trancher la gorge pendant qu'ils étaient assis là, en train de manger sa galette.

— C'est ma galette !

— Je parie que tu l'as volée à quelqu'un, dit Étoile de l'Aube.

— C'est vrai, et c'est pour ça qu'elle est à moi, maintenant.

— Prends-en un peu. C'est bon.

C'était une bonne galette. Sauvage s'aperçut qu'il avait faim, lui aussi.

— Je ne dis pas que je ne vous couperai pas le cou, tout à l'heure, dit-il.

— On a compris.

Il s'assit donc à table, lui aussi, et se mit à manger avec eux. Tout le monde sait à quel point la faim rend irritable, et comme on change rapidement d'humeur dès qu'elle est apaisée. C'est ce qui arriva aux deux garçons et à la fille qui avaient fui l'île sous l'orage. Ils mangèrent toute la galette et le fromage, puis se sentirent bien disposés les uns envers les autres.

La pluie martelait toujours le toit de la cabine.

— Vous pouvez rester jusqu'à la fin de l'orage, dit Sauvage. Vous m'aiderez à sortir le bateau du lit du fleuve.

— Est-ce que tu peux le manœuvrer tout seul ? demanda Seeker, en sachant que c'était impossible.

— Ça n'a pas beaucoup d'importance — Sauvage haussa les épaules. — ce n'est pas comme si j'allais quelque part.

— Tu voulais rejoindre les Nomanas, n'est-ce pas ?

Sauvage devint écarlate. Étoile de l'Aube n'eut pas besoin de lire ses couleurs pour savoir qu'il était furieux d'avoir été humilié.

— Qui te l'a dit ?

— Nous t'avons vu. Nous aussi, nous avons essayé de les rejoindre. Nous avons été refusés tous les deux.

— Refusés ?

— Alors tu vois, dit Étoile de l'Aube, nous sommes tous dans le même cas, ce n'est pas la peine de nous trancher la gorge.

— Refusés ! répéta Sauvage, avec une sombre amertume. Qu'est-ce qui ne va pas chez moi ? Pourquoi ne veulent-ils pas de moi ?

— Rien ne va chez toi, dit Étoile de l'Aube. Tu es violent, cruel, égoïste et ignorant.

— Je ne suis pas ignorant !

— Si. Qu'est-ce que tu sais des Nomanas ?

— Je sais qu'ils ont du pouvoir ! Et je sais ce qu'ils possèdent dans leur Jardin.

— Qu'est-ce qu'ils possèdent dans leur Jardin ?

— La paix.

— Quel genre de paix ?

— Comment veux-tu que je le sache ?

— Tu ne sais pas grand-chose, alors.

— On peut toujours parler ! dit Seeker, ils nous ont refusés, nous aussi.

— C'est vrai !

Sauvage lança un regard noir à Étoile de l'Aube.

— Espèce d'idiote !

— Tu as raison, je suis une idiote, dit Étoile de l'Aube, sentant la tristesse l'accabler à nouveau. Je voulais tellement entrer dans la communauté !

— Moi aussi, dit Seeker. Je n'ai jamais rien désiré d'autre.

— Ils ne veulent pas de moi, de même qu'ils n'ont pas voulu de ma mère.

— Ni de mon frère, ajouta Seeker.

Sauvage ne savait plus très bien de quoi il s'agissait.

— Quelle mère ? Quel frère ?

Seeker lui parla de Flamb et de la façon dont il avait été expulsé de la communauté. Sauvage fut davantage impressionné par le fait que Flamb avait d'abord été accepté.

— Ton frère ? Un capuchon ?

— Il l'a été.

— Ils lui ont appris à maîtriser les pouvoirs ?

— Oui.

— Alors il peut m'apprendre, à moi aussi !

— Je ne crois pas. Plus maintenant.

Mais Sauvage était prodigieusement indifférent aux besoins des autres. Il ne lui passa pas par la tête que Seeker pouvait souffrir du malheur de son frère. Étoile de l'Aube s'en aperçut, et s'étonna. C'était une sorte de monstre humain : une personne sans cœur ni conscience.

— Comme la vie doit te paraître simple, dit-elle.

— Simple ? Qu'est-ce qui est simple ?

— Tu vois quelque chose qui te plaît. Tu l'exiges.

Sauvage était déconcerté.

— Quel mal y a-t-il à ça ?

— Laisse tomber. C'est une longue histoire.

— Je n'ai pas besoin de toi, fillette. Descends de mon bateau. — Il se tourna vers Seeker. — Peut-être que ton capuchon de frère pourra me dire ce que je dois faire pour être accepté dans la communauté.

— Je ne sais pas où il est allé, répondit Seeker, et de toute façon, il ne pourrait plus rien t'apprendre. Il a été « nettoyé ».

Au souvenir du visage sans expression de Flamb, il fronça les sourcils et détourna les yeux. Il ne voulait pas pleurer devant ce bandit.

— Mais tu vas aller le chercher, intervint Étoile de l'Aube. C'est ce que tu as dit.

— Qu'est-ce que tu entends par « nettoyé » ? demanda Sauvage.

— Ils lui ont enlevé ses pouvoirs. Et sa mémoire, aussi.

— Ouah ! s'exclama Sauvage, impressionné. Sacrés capuchons !

— Tu vas partir à sa recherche, n'est-ce pas ? répéta Étoile de l'Aube en observant attentivement Seeker.

Elle voyait à ses couleurs que quelque chose d'étrange se passait en lui. Tout autour de lui la douce couleur lavande qui indiquait le rêve et les désirs brillait, se mêlant à ces curieuses étincelles d'or qu'elle avait déjà remarquées.

— Oui, répondit lentement Seeker. Mais j'ai quelque chose à faire avant.

Étoile de l'Aube lut dans ses pensées. Ce n'était pas difficile. Elle voyait à ses couleurs qu'il était empli de désir, or elle savait de la bouche de Seeker lui-même que son plus grand souhait était d'être accepté par la communauté.

— Tu connais un autre moyen de devenir Noma.

Il leva les yeux, stupéfait.

— Comment le sais-tu ?

— Je le sais, c'est tout.

— Un autre moyen d'être capuchon? s'écria Sauvage. Quel moyen?

— Je ne peux pas te le dire.

— Tu vas me le dire, mon brave, ou je te coupe le cou.

— Est-ce que tu tranches toujours la gorge des gens qui ne font pas tes quatre volontés? lui demanda Étoile de l'Aube.

— Pas toujours. Quelques fois.

— Et quand tu leur as tranché la gorge, est-ce qu'ils font ce que tu veux?

— Elle parle toujours comme ça?

— Je ne sais pas, répondit Seeker. Je viens de la rencontrer.

— Parle-nous de cet autre moyen, insista Étoile de l'Aube. Nous pouvons peut-être t'aider.

— Toi? ricana Sauvage. A qui une idiote pareille pourrait-elle bien être utile?

— Plus utile qu'un imbécile de piquier, en tout cas, rétorqua Étoile de l'Aube.

— Tu as peut-être raison, dit Seeker.

Il avait profité de l'échange d'amabilités des deux autres pour réfléchir, et en était venu à la conclusion que son plan avait plus de chances de réussir si on l'aidait. Il se rendit compte aussi qu'il désirait avoir de la compagnie.

Il se décida donc à leur expliquer son projet :

— Tous les Nomanas n'entrent pas dans la communauté comme nous avons essayé de le faire, en étant candidats, puis choisis. Quelques-uns d'entre eux sont invités à en faire partie.

— Invités !

— Certains des Nomanas les plus célèbres ont été sollicités, parce qu'ils avaient accompli quelque chose de particulièrement remarquable, ou de grand intérêt pour la communauté. Quelque chose dont les Nomanas eux-mêmes ne pouvaient s'acquitter.

— Quelque chose dont les Nomanas ne pouvaient s'acquitter ?

Étoile de l'Aube était désemparée.

— Nous n'avons pas leurs pouvoirs. Comment pourrait-il y avoir quelque chose que nous puissions faire et pas eux ?

Seeker s'était déjà posé la question, et il pensait avoir une idée. Mais pour le moment, il préférait la garder pour lui. Dans l'immédiat, il lui suffisait de leur révéler son objectif.

— Il existe une arme secrète, expliqua-t-il. Une arme qui va détruire toute l'île d'Anacréa.

— Ouah ! s'exclama Sauvage, impressionné.

— Elle est quelque part dans la cité de Radiance. Mais personne ne sait exactement ce que c'est, ni où elle se trouve.

— Radiance !

Étoile de l'Aube prononça ce nom avec un frisson.

— C'est un sale endroit.

Pour une fois, Sauvage fut d'accord avec elle.

— Ne vous frottez pas à Radiance, dit-il. Ils sont fous, là-bas. Ils jettent les gens du haut d'immenses rochers.

Seeker ne l'écoutait guère.

— Si nous pouvions trouver cette arme, poursuivit-il, et la détruire avant qu'elle ne détruise Anacréa, alors je pense que les Nomanas pourraient nous donner tout ce que nous voulons.

— Les pouvoirs des capuchons ? La paix qu'ils ont dans leur jardin ?

— Tout.

— Hé !

Les yeux de Sauvage brillèrent d'excitation.

— Comment pourrions-nous y arriver ? demanda Étoile de l'Aube. Nous sommes des moins que rien.

— Justement ! dit Seeker. C'est peut-être ce qui va nous

permettre d'accomplir ce que les Nomanas ne peuvent pas entreprendre. Nous sommes des gens ordinaires. Nous n'attirons donc pas l'attention. Nous pourrions nous rendre à Radiance sans que personne ne nous pose de questions. Et une fois arrivés, nous commencerons à regarder un peu partout.

— Hé ! s'écria de nouveau Sauvage. On trouve cette arme, et heya ! ha ! — Il fouetta l'air de sa lance. — C'est là que tu seras content d'avoir Sauvage à tes côtés !

— C'est sûr, dit Seeker.

— Mais nous n'avons pas besoin de la fillette. Elle ne sert à rien.

— Tu as tort, répliqua Seeker. Elle sait des choses.

— Elle ne sait rien qui vaille la peine d'être su.

— Je sais ce que tu penses, dit Étoile de l'Aube.

— Ah bon, et qu'est-ce que je pense ?

Elle étudia attentivement les couleurs de Sauvage. Comme elle s'y attendait, la teinte jaune vif de l'égocentrisme chatoyait autour de lui, éclipsant toutes les autres. Les gens qui émettaient cette lueur jaune ne pouvaient tout simplement pas penser à autre chose qu'à eux-mêmes. Mais il y avait aussi des traces de couleurs différentes : des touches de rouge, prêtes à s'enflammer comme la colère, des touches de violet indiquant un chagrin. Et entourant l'ensemble, une frange inattendue de ce doux bleu lavande qu'elle avait vu chez Seeker : la couleur du désir et de l'espoir. Elle interpréta le tout instinctivement, ne voulant pas se lancer dans une analyse approfondie.

— Tu penses que tout le monde est contre toi. Et tu en as vraiment assez. Tu penses que tu t'es fourré dans plus d'ennuis à cause des capuchons que ça n'en valait la peine. Mais quand tu penses à eux, tu ne peux pas te débarrasser d'une sorte d'envie de les rejoindre.

Sauvage bondit, comme si elle l'avait attaqué.

— Ouah ! s'écria-t-il. Comment tu le sais ?

— Je le sais, c'est tout.

— Sors de ma tête ! Personne n'a le droit de se mêler de mes affaires !

— Tu vois ? dit Seeker. Elle sait des choses.

— Et je vais t'expliquer encore un truc, dit Étoile de l'Aube. Les capuchons n'utilisent pas leurs pouvoirs pour eux-mêmes. Ils les mettent au service des autres.

— Pourquoi ?

— C'est le vœu qu'ils prononcent. C'est pour ça que les gens veulent se joindre à eux. Pour aider les autres, pour qu'il y ait moins de souffrance sur la terre, pour changer les choses et les améliorer.

— Jusqu'à présent, ils n'y sont pas vraiment arrivés, on dirait, répliqua Sauvage. Je n'ai pas l'impression que les choses aillent mieux.

— Ils n'ont peut-être pas beaucoup d'influence, mais au moins ils font quelque chose.

Seeker cita les paroles de la légende :

— Le peu que nous puissions faire, nous devons l'accomplir, afin que d'autres sachent que les hommes bons peuvent aussi être forts.

— Tant que tu ne comprendras pas ça, ajouta Étoile de l'Aube, tu ne pourras jamais être l'un d'eux.

— Eh bien, je m'en fiche complètement.

Il parlait d'un ton de défi, mais Étoile de l'Aube observait ses couleurs et elle vit apparaître et s'étendre une teinte verte. Le vert était la couleur de l'incertitude. S'il commençait à comprendre qu'il ne savait pas, alors il y avait de l'espoir pour lui.

Sauvage se tourna vers Seeker.

— Toi et moi, dit-il. Dehors.

Il ne pleuvait presque plus. Seeker suivit Sauvage sur le pont luisant de pluie.

— Il y a des choses qu'on ne peut pas dire devant une fille, commença-t-il.

— Elle n'a pas la langue dans sa poche.

— Ça, je m'en fiche un peu. Mais les filles, c'est pas comme nous. Un jour, elles sont gentilles, le lendemain, désagréables. Elles rient, et la minute d'après elles pleurent. J'aime que les gens soient toujours pareils. Quand un homme est en face de toi, il est là, et pas ailleurs. Tu me suis ?

— Je crois, oui.

— Alors, voilà ce que je voudrais savoir. Si on arrive au bout de notre plan, qu'on trouve l'arme, qu'on sauve les capuchons, qu'est-ce qui se passera s'ils te prennent toi, et pas moi ?

Sa voix semblait soudain plus incertaine. Seeker comprit ce que redoutait Sauvage. Le bandit savait très bien qu'il ne comprenait pas les Nomanas. Il avait peur d'être refusé une deuxième fois.

— Je ne peux rien te promettre à leur place, répondit Seeker. Mais je peux te dire ce que je ferai moi, et te le promettre.

— Qu'est-ce que tu feras ?

— Si tu viens avec nous, et si nous réalisons notre plan ensemble, alors je leur dirai qu'ils doivent nous prendre tous les trois, ou aucun d'entre nous.

— Tu dirais ça ?

Ses yeux scrutèrent le visage de Seeker, voulant s'assurer qu'il n'était pas en train de se moquer de lui.

— Oui, je le dirais. Je dirai ça.

— Tu ne vas pas me lâcher ?

— Et pour quelle raison voudrais-tu que je te lâche ?

— Parce que c'est ce que font les autres.

— Eh bien, pas moi.

Sauvage continuait quand même à le regarder, partagé entre le doute et l'envie de le croire.

— Dans ma vie, je n'ai jamais fait confiance à personne. C'est ce qui m'a permis d'être vivant aujourd'hui.

Alors, si je viens avec toi, qu'on fait ce truc, et que tu te fous de moi, je te tue.

Seeker le voyait clairement à présent : Sauvage lui proposait un pacte de confiance. Il avait beau être jeune, il était conscient de la gravité de cet engagement. Malgré la dureté de la vie de Sauvage et ses paroles provocantes, Seeker sentit à quel point, et avec quel sentiment douloureux, Sauvage désirait se fier à quelqu'un d'autre qu'à lui-même. Sortant de la solitude de toute une vie, il avait choisi Seeker, et lui tendait les bras. Littéralement même, car Sauvage lui tendait la main.

Seeker ne savait presque rien de lui, mais il lui répondit instinctivement, et sans hésiter. Il serra la main de Sauvage et sentit sa force indomptée. Sauvage lui parla, en le regardant de ses yeux noirs et brûlants :

— Dis : « Je suis avec toi. »

— Je suis avec toi.

— A partir d'aujourd'hui jusqu'à la fin du monde.

— A partir d'aujourd'hui jusqu'à la fin du monde.

Sauvage relâcha sa poignée de main.

— Pas la peine de le dire à la fillette, conclut-il.

TROISIÊME PARTIE

RADIANCE

Mes frères :
Nous avons placé toute notre confiance dans un jeune cœur.
Veillez sur lui. Il affronte des dangers trop redoutables pour son âge. Il pourrait être contraint au sacrifice suprême.
Que le Tout et l'Unique lui donne du courage et éclaire sa voie de Lumière Limpide.

XVIII

Jovial Donneur

Jovial Donneur avait été fou de rage pendant toute la journée. Ce qui le rendait deux fois plus furieux, c'est qu'il avait prévenu sa femme, il l'avait implorée, il l'avait menacée, mais elle ne l'avait pas écouté une seule fois. Il aurait aussi bien pu parler à une flaque d'eau. Il lui avait répété sur tous les tons de laisser le tribut tranquille, de ne pas s'asseoir à côté de lui pour lui parler, mais elle avait fait l'un et l'autre, avait passé des heures avec lui, trouvant toujours le temps de se glisser dans sa chambre pour lui murmurer quelques mots d'encouragement. L'inévitable s'était produit. Elle avait oublié de verrouiller la porte derrière elle, et maintenant, le tribut s'était enfui.

— Je suis sûre d'avoir refermé la porte, disait sa femme d'une voix plaintive. Je la ferme toujours. Mais si j'ai oublié et qu'il est parti, alors on peut dire que c'est un ingrat. Après tout ce que j'ai fait pour lui !

C'était le genre de remarque qui rendait fou Jovial Donneur.

— Un ingrat ! Mais c'était un piquier ! Un vagabond, un mendiant, un ignorant ! Comment veux-tu que ces miséreux soient reconnaissants ?

— Si c'était un moins que rien, pourquoi l'as-tu acheté mille shillings ?

— Parce que je dois offrir un tribut le jour de ma fête ! Grand soleil ! As-tu perdu l'esprit ? Tu veux que notre famille tombe en disgrâce ?

Sa femme se mit à pleurer, comme d'habitude. Elle s'appelait Bénédiction. A des moments pareils, il aurait bien voulu qu'elle aille bénir quelqu'un d'autre.

— Je ne comprends pas pourquoi tu es si méchant avec moi, pleurnicha-t-elle. J'ai fait de mon mieux. Tout le monde admire les tributs volontaires, tu le sais. Et j'ai pensé que j'avais une bonne influence sur lui. Il commençait vraiment à apprécier le grand honneur que lui valait le fait d'être un tribut. Et maintenant, tu n'arrêtes pas de crier contre moi.

Que pouvait faire Jovial Donneur ? Il n'avait pas le choix. L'après-midi même, il avait fait discrètement savoir qu'il était en quête d'un autre tribut de haute qualité. Il fallait qu'il trouve l'argent. En attendant, le soir tombait, et il devait remplir ses devoirs.

La journée d'été avait été très chaude. Le soleil sombra enfin dans les eaux immobiles du lac, l'air se rafraîchit, et la température devint supportable. Des quatre coins de la ville, les gens se dirigeaient vers la place du temple pour assister à l'offrande du soir. Bénédiction, qui avait une jolie voix de contralto, devait déjà être au temple, en train de prendre place dans le chœur.

Jovial Donneur, conduisant ses deux jeunes fils devant lui, prit une rue qui reliait la cité aux jardins flottants. Les garçons aimaient courir sur les passerelles des jardins flottants. Ils sautaient sur les planches en bois pour qu'elles se balancent. A cette heure de la journée, les travailleurs immigrés s'étaient retirés dans leurs camps, au bord du lac, où on les apercevait, rassemblés en petits groupes, l'air épuisé, surveillés par les agents de la patrouille urbaine.

Le lac paraissait calme dans la lumière du soir. La chaîne

de montagnes, à l'est, resplendissait sous les rayons dorés du soleil couchant. « Je vis vraiment dans une belle ville », se dit Jovial Donneur, en sentant les frustrations du jour s'effacer. Il aimait prendre la rue qui allait jusqu'au temple pour une simple raison : un homme d'affaires occupé et prospère comme lui avait beaucoup de choses en tête, mais en fin de journée, cette promenade lui permettait de se détendre un peu.

Soudain, il vit Petit Rêve, qui l'attendait au coin de la rue. Petit Rêve était un marchand, comme lui. Jovial Donneur était intimement convaincu que c'était un lèche-bottes et un faux jeton, prêt à tout pour s'attirer les faveurs du roi. Le jour de sa fête, il avait offert une belle et jeune vierge comme tribut, dont il fut dit qu'elle n'était ni belle, ni jeune ni vierge. D'après la rumeur, il l'avait payée deux mille shillings.

— Il paraît que tu as perdu ton tribut, dit Petit Rêve avec un odieux sourire, faussement compatissant. C'est dommage.

— L'un d'eux, répondit Jovial Donneur, en étouffant un bâillement. J'ai l'impression que cette journée a été de loin la plus chaude de l'année.

— Tu as plusieurs tributs ?

— Bien sûr. Pas toi ?

— Combien ?

— Nous en avons deux. Heureusement, c'est le vieil homme qui est parti. Nous avons toujours la vierge.

C'était un mensonge, et Petit Rêve le savait, mais Jovial Donneur le débitait avec une telle assurance que Petit Rêve ne put que hocher la tête.

— Je te souhaite bonne chance pour ton affaire, alors, dit-il.

C'était sa façon de faire clairement comprendre qu'il savait que Jovial Donneur allait devoir mettre la main à la poche.

— Avec des prix pareils, c'est difficile pour tout le monde.

— Les garçons ! cria brusquement Jovial Donneur à ses fils. Ça suffit, maintenant !

Les garçons montaient et descendaient à toute vitesse les allées des jardins flottants, chassant des chats errants. Jovial Donneur les regarda courir, tandis que la lumière du soleil couchant projetait des ombres allongées sur les rangées de courges et de tomates mûrissantes. Il pensa amèrement que Petit Rêve devait être bien riche pour se permettre de laisser entendre qu'il était pauvre.

— Les enfants ! Vous m'avez entendu ?

— Oh, papa ! On en a trouvé un dans un coin !

— Juste un, alors. Sinon, on va arriver en retard.

Au plus haut niveau du temple, le roi était en plein milieu d'une séance d'entraînement à la haine. On pouvait entendre le battement des tambours et ses hurlements de rage rythmés à travers les portes fermées, tandis que les dignitaires de la cour se rassemblaient pour l'offrande du soir. Le Grand Prêtre lui-même n'était pas encore arrivé. Il était retenu à l'un des niveaux inférieurs par un visiteur qui lui avait apporté une information d'un intérêt considérable.

— Vous dites que le roi ne sait rien de cette affaire ?

— Il est au courant de façon générale, Votre Sainteté. Mais il ne connaît pas les détails.

Assis sur une chaise basse dans le bureau privé du Grand Prêtre, se tortillant de nervosité et de ressentiment, se tenait le petit, mais éminent professeur Ortus.

— Ainsi, notre déplaisant secrétaire espère se présenter au roi avec l'arme d'une victoire surprise ?

— Dont il s'attribuera tout le mérite, Votre Sainteté. Le mérite qui revient légitimement au céleste Pouvoir Radiant, et qui me revient à moi.

— Mais naturellement. Ce soi-disant secrétaire n'est pas un scientifique, quoi qu'il soit ou ne soit pas, par ailleurs. Comment pourrait-il avoir l'audace de prétendre avoir créé cette arme ?

— C'est un jeune homme adroit, Votre Sainteté.

— Mais ce n'est pas le seul, n'est-ce pas, professeur ? Je crois que nous avons quelques idées en tête, vous et moi.

— Votre Sainteté accepterait donc de m'aider ?

— Pour la plus grande gloire du Pouvoir Radiant que nous avons tous deux l'honneur de servir, professeur, oui, je vous aiderai. Vous dites que vous avez besoin d'un volontaire. Expliquez-moi quel genre de volontaire vous cherchez.

— Quelqu'un qui puisse pénétrer à l'intérieur d'Anacréa sans éveiller de soupçons. Et quelqu'un qui haïsse passionnément les Nomanas.

Le Grand Prêtre prit l'air grave.

— Pas facile.

— Cet ignoble jeune homme affirme que là où règne le pouvoir, règne la haine.

— Et vous dites qu'il est parti lui-même à la recherche d'une telle personne ?

— Oui, Votre Sainteté. Il peut revenir d'un moment à l'autre.

Le prélat entendit des clochettes tinter au niveau supérieur : les prêtres allaient chercher le tribut du jour. Il se leva.

— Nous allons voir ce que nous pouvons faire.

Le professeur Ortus se leva à son tour.

— Ne dites rien de tout cela à personne, professeur. Ainsi, nous aurons peut-être le privilège de surprendre nous-mêmes le roi par cette victoire.

Jovial Donneur pressa ses enfants d'avancer à travers la place bondée du temple, craignant, en plus du reste, d'arriver en retard pour remplir ses devoirs. Les garçons s'arrêtaient sans cesse pour guetter l'apparition du tribut tout en haut du rocher.

— Est-ce que ce sera un hurleur, papa ?

— Aucune idée. Venez. Dépêchez-vous.

— Est-ce que je peux avoir une pomme d'amour, papa ?

— Non.

Des vendeurs de pommes caramélisées parcouraient la place, ainsi que des vendeurs de noix décortiquées, de beignets et de baguettes de pain. Sous les arcades qui bordaient les trois côtés de la place se regroupaient des étals où l'on vendait du vin et du cognac à la sauvette, en faisant payer un penny la gorgée, des cuisses de poulet rôties, du poisson cuit dans le sel, et les chansons les plus récentes. Tout ce qui pouvait être acheté et vendu pour de l'argent comptant était bon pour l'offrande du soir.

Les garçons coururent taper contre les panneaux de bois qui entouraient le chenil. Il y avait de grands trous d'aération dans les portes, par lesquels on voyait le nez et le museau des chiens du temple, qui flairaient, bavaient, et se fourraient dans les trous. Les garçons donnaient des coups de pied dans les portes et asticotaient les chiens, chacun incitant l'autre à taper sur la truffe humide des animaux. Les chiens émettaient des grognements sourds, et lorsqu'ils étaient frappés, des jappements aigus. C'étaient de grands chiens-loups, constamment sous-alimentés, et donc extrêmement dangereux. Les maîtres-chiens, des hommes à la large poitrine et aux bras musclés, revêtus de cuir, s'appuyèrent contre les portes du chenil et regardèrent les garçons jouer, d'un air las.

— Ne faites pas de mal aux chiens, les enfants ! cria Jovial Donneur qui s'apprêtait à monter l'escalier. Attendez-moi là.

— Ils leur font du mal, dit le chef des maîtres-chiens, et si ça continue, les chiens vont en faire de la chair à saucisse.

Jovial Donneur gravit rapidement les larges marches jusqu'à la terrasse royale, et arriva haletant, pour s'apercevoir que le roi n'avait pas encore fini sa séance d'entraînement à la haine. Sa couronne l'attendait, et à côté d'elle, son gardien arrangeait ses pétales.

Le Grand Prêtre, qui entra presque en même temps que Jovial Donneur, tourna son visage rebondi vers lui, en levant ses sourcils bien taillés. Jovial Donneur murmura les salutations d'usage :

— Guidez-moi vers la sagesse, Votre Sainteté. Que vos pouvoirs me protègent.

— Je suis désolé d'apprendre que vous avez perdu votre tribut.

— Ce n'était qu'un vieux piquier, Votre Sainteté. Nous avons un autre tribut, de bien meilleure qualité, à présenter le jour de ma fête.

Il maudit en silence sa femme et sa négligence imbécile, mais il ne voulait pas que le Grand Prêtre sache qu'il n'avait toujours pas résolu le problème.

Le roi lui-même les rejoignit enfin, juste au moment où les prêtres passaient avec le tribut du jour. C'était un vieillard affaibli, qui soufflait bruyamment, et dont la robe blanche masquait difficilement le triste aspect. Le roi, revigoré par sa séance de haine, fronça les sourcils, mécontent.

— On pourrait sûrement faire mieux, se plaignit-il auprès des dignitaires de la cour. Est-ce ainsi que nous honorons le céleste Pouvoir Radiant ? Avec des mendiants qui peuvent à peine ramper ?

Le Grand Prêtre, qui était le responsable en chef de l'approvisionnement en tributs, s'avança en hâte.

— Je m'y emploierai, Radiance.

— Regardez-le ! C'est vraiment trop dommage. Et ne croyez pas que j'ignore ce qui se passe !

— Oui, Radiance.

Le roi faisait allusion à la rumeur qui courait, selon laquelle les prêtres vendaient les meilleurs sujets des réservoirs, et empochaient l'argent. Le Grand Prêtre savait comment prendre le roi dans ce genre de situation. Ne pas discuter, et attendre que sa colère passe. Le souverain n'avait pas beaucoup de mémoire.

Cependant, au désespoir du Grand Prêtre, Jovial Donneur avait également entendu le roi, et il revint sur le sujet, tout en parant le roi de sa couronne.

— Ma fête aura lieu dans quatre jours, Radiance. Et je peux vous promettre un beau tribut pour l'occasion.

— Très bien, très bien, dit le roi. Le soleil décline. Finissons-en.

Jovial Donneur se retira, ayant accompli son devoir rituel. Il était plus décidé que jamais à ne pas regarder à la dépense. Il achèterait le meilleur tribut qui soit, et le jour de sa fête resterait comme un modèle que tous les autres rêveraient d'imiter.

Le Grand Prêtre parcourut des yeux la foule des dignitaires pour y chercher l'affreux petit secrétaire, avant de se rappeler qu'il avait quitté la ville pour une mission secrète. Il fronça les sourcils, puis hocha la tête. Il avait eu raison de ne pas se fier à cet étranger. Il l'avait démasqué juste à temps.

Le soleil disparut à l'horizon. Le tribut tomba en silence. L'offrande avait eu lieu, et le soleil se lèverait le lendemain.

L'entourage du roi se dispersa. Lorsque Jovial Donneur rejoignit ses fils sur la place, il s'aperçut qu'ils n'avaient pas été impressionnés par le tribut du soir.

— Ça ne valait rien, papa.

— Quand est-ce qu'on verra un autre hurleur, papa ? Les hurleurs, c'est ce qu'il y a de mieux.

— Non, c'est pas vrai. C'est les gros que je préfère ! Ceux qui sont vraiment, vraiment gros, et qui rebondissent !

— J'ai faim, papa.

Jovial Donneur passa un bras autour des épaules de chacun de ses fils, et ils prirent le chemin du retour. « Ils sont bien, ces garçons, pensa-t-il. Grands pour leur âge, et beaux, aussi. »

— Attendez de voir le jour de ma fête, les enfants. Vous n'avez pas fini d'être fiers de votre vieux père.

XIX

Flamb

Soren Similin quitta l'île dans la même barge que Flamb. Dans l'obscurité du pont du bateau où les pèlerins se serraient les uns contre les autres, il était sûr de ne pas se faire remarquer, et de pouvoir surveiller Flamb sans attirer l'attention. Lorsque la pluie se mit à tomber, et que tout le monde s'abrita sous des bâches hâtivement dressées, Flamb resta à découvert, seul. Il semblait ne rien sentir, ne rien voir. Instinctivement, les autres pèlerins l'évitaient. Cela convenait très bien au secrétaire. Il serait l'ami de ce jeune homme sans amis. Il apprendrait à ce pauvre esprit nettoyé à haïr la communauté qu'il avait autrefois servie, et qui l'avait expulsé.

En l'observant, Similin vit que Flamb levait une main vers son visage et la tenait en coupelle devant sa bouche. Était-ce pour réchauffer sa main en soufflant dessus ? Puis Flamb se tourna légèrement du côté où le bercement de la barge était le plus sensible, et Similin comprit pourquoi : Flamb suçait son pouce.

Lorsque l'orage nocturne balaya le fleuve, les bateliers amarrèrent la barge à la rive, et les pèlerins se pressèrent sous les bâches pour essayer de dormir. Le temps que le vent tombe et que la pluie s'arrête, la lumière se levait déjà à l'est. Alors, le bateau repartit, remontant le fleuve au point du jour.

Le soleil venait d'apparaître au-dessus de l'horizon, quand ils atteignirent le *Bazar Général* situé sur la berge du fleuve. Les bateliers avaient conclu un arrangement avec le général qui tenait ce magasin. Ils arrêtaient leurs passagers devant le bazar pendant une heure ou deux, et en échange, ils recevaient un repas gratuit. Ce matin-là, cependant, le vieil homme n'eut pas l'air très intéressé.

— Qu'est-ce que vous m'amenez là ? Encore des pèlerins infestés de vermine ! Les pèlerins n'ont jamais un sou ! Amenez-moi des voyageurs qui aient de l'argent !

— Tais-toi, vieux filou. Fais-nous frire des œufs !

— Toute cette tribu ne vaut pas le prix d'un seul œuf !

Les pèlerins débarquèrent. Flamb suivit les autres dans le bazar. La véranda au bord de l'eau, où le général passait la plus grande partie de la journée à se balancer dans son rocking-chair, n'était guère plus vaste que la terrasse d'une maisonnette mais, derrière, le magasin s'étendait en longueur. Il était formé de trois ailes interminables, couvertes d'étagères, bourrées de toutes sortes de marchandises. Ces bâtiments s'étendaient encore et encore, s'enfonçant dans une profonde pénombre. La lumière y pénétrait par des lucarnes obliques, pratiquées dans le toit, et sur lesquelles s'étaient incrustées depuis des années des couches de poussière, de saletés, de feuilles mortes, si bien que l'éclairage qui filtrait à travers était faible et intermittent. Quand on était à l'intérieur de ce hangar tout en longueur, on avait l'impression de voir en pointillé : des rayons de lumière faisaient ressortir au hasard certains articles — quelques bougies collées les unes aux autres par la chaleur, un chapeau imperméable, brillant et jamais porté — alors que le reste des marchandises sommeillait dans la douceur de la pénombre. Clous et marteaux, bouilloires en fer noir, poudre à récurer, épices, aiguisoirs à couteaux, protège-chaussures en caoutchouc, jarretelles et fixe-chaussettes, fruits confits, cartes du fleuve, crayons, brillantine parfumée : rien ne manquait dans le magasin du vieil homme.

Les longues étagères centrales étaient ouvertes des deux côtés, de façon que dans les allées, les clients puissent apercevoir, entre des piles d'assiettes en fer-blanc ou le scintillement rubis de colliers en perles de verre, les clients de l'allée voisine. C'est ainsi que Soren Similin suivit Flamb, sans le perdre des yeux, et sans se faire voir lui-même.

Flamb avait été dépouillé de son bandane, mais il portait toujours la simple tunique grise des Nomanas. Il se tenait devant des vêtements de travail accrochés à des cintres, et en l'observant, Similin comprit ce qui se passait dans sa tête aussi nettement que s'il lui avait parlé. Flamb voulait se débarrasser de ce qui restait de son passé. Mais il n'avait pas d'argent pour s'acheter de nouveaux habits. Similin décida que le moment était venu d'entrer en relation avec lui.

— Pardonnez-moi, dit-il, en s'approchant de Flamb. J'étais à la Congrégation hier soir. J'ai vu ce qui vous est arrivé.

Flamb tourna son large visage au regard vide vers l'inconnu qui s'adressait à lui.

— Je ne vous connais pas.

— La communauté n'a pas expliqué sa décision. Je ne peux pas condamner un homme pour un crime que je ne connais pas.

— Quel crime ?

Flamb avait parlé d'un ton neutre. Il n'était pas vexé, il n'attendait pas de réponse non plus. Soren Similin insista, sachant que chaque mot qu'il prononcerait se graverait facilement dans cet esprit frais comme celui d'un nouveau-né, et ferait partie de sa nouvelle personnalité.

— Vous avez été injustement traité, dit-il, en parlant avec douceur et prudence. J'aimerais vous aider.

— M'aider ?

Similin lui tendit quelques pièces.

— Voilà, dit-il. C'est pour vous.

Flamb prit l'argent sans un mot de remerciement. Similin se retira. Quand, un peu plus tard, Flamb sortit du magasin, il n'était plus vêtu de la robe grise des Nomanas. Il portait les bleus de travail délavés des ouvriers agricoles. Avec le reste de l'argent, il s'offrait un petit déjeuner. Similin remarqua en souriant en lui-même que Flamb avait commandé du bacon. Or, les Nomanas ne mangeaient jamais de viande.

Les pèlerins de la barge n'étaient pas seuls dans le magasin. Il y avait aussi plusieurs jeunes piquiers, pieds nus, vêus de haillons attachés par des ficelles. Ils traînaient dans la véranda, au bord du fleuve, sans un sou, et lorsqu'ils ne mendiaient pas ouvertement, ils regardaient fixement les saucisses et les pommes de terre qui grésillaient sur le feu, avec des yeux affamés.

Les bateliers revinrent enfin à leur barge, et tapèrent sur un tuyau de fer branlant, le faisant résonner comme une cloche. Les pèlerins se rassemblèrent aussitôt pour monter à bord. Flamb s'arrêta à côté du fauteuil du vieux général, qui grognait et marmonait, la respiration sifflante, dans un état quasi permanent de somnolence.

— Je cherche du travail, dit Flamb.

— Du travail ? demanda le général. Tu es un piquier ?

— Un piquier ? Qu'est-ce que c'est ?

— Les piquiers sont des fainéants et de sacrés voleurs !

Il regarda Flamb du coin de l'œil, sous ses paupières gommeuses.

— Tu ne ressembles pas à un piquier. Quel travail cherches-tu ?

— N'importe quoi.

N'importe quoi pour de l'argent, hein ? Pour trouver de l'argent, il faut remonter le fleuve jusqu'aux villes du lac. Mais ils sont mauvais, là-bas. Trop de prêtres. Tu pourrais essayer les plantations. Il y a toujours du travail dans les plantations. La récolte du maïs vient de commencer.

— Où sont les plantations ?

— Suis la route. Ne perds pas ton temps en allant dans les maisons des planteurs. Les patrons et les patronnes, avec leur beau linge et leurs jolies manières, n'ont rien à voir avec les travailleurs des champs. Il faut aller voir les chefs d'équipe. C'est eux qui s'occupent de tout.

— Où est-ce qu'on les trouve ?

Le vieil homme sortit une carte tout usée de la région, et lui montra l'endroit où deux routes se croisaient, quelques kilomètres plus loin. C'était là que les chefs d'équipe venaient chaque matin embaucher des gens pour travailler dans les plantations.

Flamb le remercia de sa voix blanche.

— Oh, ne me remercie pas. C'est du travail, c'est sûr, et tu seras payé, c'est sûr, mais ce n'est pas une vie. Ces chefs d'équipe savent à un grain de maïs près combien ils doivent te donner pour que tu continues à travailler, mais ils ne donnent pas une miette de plus. Enfin, c'est du travail, si c'est ce que tu veux.

Flamb partit à pied sur le chemin. Soren Similin l'observa, sans se faire voir, puis fit signe à trois piquiers. Ils le rejoignirent derrière les arbres, là où personne ne pourrait les entendre. Similin leur montra alors de l'argent, et leur fit une proposition. Similin prenait un risque : les piquiers pouvaient décider de l'attaquer sur-le-champ, et ne pas se donner la peine de suivre son plan. Mais ils étaient stupides, et une fois que l'idée de gagner facilement de l'argent eut germé dans leur tête, elle prit toute la place, balayant toute autre pensée.

Il envoya alors les piquiers à travers bois, pendant que lui-même prenait le même chemin que Flamb. La matinée était désormais bien avancée, et le soleil était chaud, mais le jeune homme marcha le plus vite possible. Il vit bientôt Flamb devant lui, qui cheminait plus lentement. Et quelques minutes plus tard, il le dépassa.

Il le salua d'un signe en passant, et Flamb lui répondit d'un hochement de tête, mais Similin n'essaya pas d'engager la conversation avec lui. Il accéléra plutôt le pas et passa le virage du chemin. Là, comme convenu, les piquiers l'attendaient.

Ils jouèrent leur rôle avec plus d'énergie qu'il n'était nécessaire. L'un saisit Similin par-derrière, immobilisa son bras derrière son cou, et le tira en arrière. Un autre le frappa plusieurs fois à l'estomac. Le troisième s'empara de sa bourse.

— Au secours ! Aux voleurs ! cria Similin.

Flamb sortit du virage, à une cinquantaine de pas du tumulte, et vit que l'homme qui l'avait aidé se faisait dépouiller. Il écarquilla les yeux de surprise. On aurait dit que c'était la première fois de sa vie qu'il voyait un homme se faire attaquer.

— Qu'est-ce que vous faites ? s'écria-t-il.

Les piquiers, suivant les instructions que Similin leur avait données, reculèrent en emportant la bourse avec eux. Flamb se dirigea vers eux.

— Qu'est-ce que vous faites ? répéta-t-il.

Il n'eut aucun geste menaçant. Mais les piquiers avaient fait ce qu'on leur avait demandé, ils avaient gagné leur récompense, et ils disparurent derrière les arbres. Soren Similen se releva en titubant.

— Êtes-vous blessé ? lui demanda Flamb.

— Non, tout va bien. Je ne pourrai jamais vous remercier assez pour ce que vous avez fait.

— Me remercier ? De quoi ?

Vous m'avez sauvé la vie.

— Vraiment ?

— Si vous n'étiez pas venu à mon secours, ils m'auraient tranché la gorge et laissé pour mort. Vous êtes un homme courageux. Permettez-moi de vous serrer la main.

Flamb accepta de lui serrer la main, tout en ayant l'air de se demander ce qu'il avait bien pu faire.

— Puis-je marcher avec vous, puisque nous suivons la même route ?

— Oui. Bien sûr.

Ils avancèrent ensemble, en devisant en chemin. Soren Similin se montrait habile et patient, comme un pêcheur qui joue avec un poisson au bout de sa ligne. Il aurait besoin de temps pour atteindre son but. Pour l'instant, il lui fallait se faire accepter de Flamb comme son seul ami et compagnon de voyage.

— Pourrais-je connaître le nom de l'homme courageux qui m'a sauvé la vie ?

— De qui parlez-vous ?

— De vous.

— Moi ?

— J'aimerais connaître votre nom.

— Mon nom ? Ah oui.

Flamb fronça les sourcils comme s'il était déconcerté par cette question. Après un moment de recherche, il trouva l'information demandée.

— Flamb, dit-il. Flamb le Juste.

— Flamb le Juste ! Vous vous montrez digne de votre nom.

— Vraiment ?

— Votre courage était un acte de justice. Je vois que vous êtes un homme qui veut réparer les torts de ce monde.

— Vous croyez ?

— Mais certainement. Voyez-vous, je ne serais pas étonné de découvrir que vous êtes le genre d'homme qui a voué sa vie à une juste cause...

— Vouer ma vie...

Flamb sembla trouver ces mots intéressants. Il les répéta, comme s'il essayait de soupeser l'idée dans sa tête :

— Vouer ma vie...

— Mais pour le moment, vous cherchez du travail.

— Oui. Comme vous le voyez, je n'ai rien.

— Moi aussi, je cherche du travail.

Un sourire réjoui éclaira lentement le visage inexpressif de Flamb.

— Eh bien, dit-il, pourquoi ne pas chercher ensemble ?

— Excellente idée, répondit Soren Similin, en lui rendant son sourire.

XX

Piqueville

Juste au sud de l'empire de Radiance, le long des berges du grand fleuve, s'étendait une zone de taudis et d'abris de fortune, connue sous le nom de Piqueville. Le crépuscule tombait sur le fleuve, lorsque le *Lazy Lady* vira lentement de bord pour aller mouiller dans les roseaux. C'était cet endroit que Sauvage considérait comme chez lui. Une foule d'enfants en haillons se rassembla pour voir le voilier s'amarrer, tandis que la plainte mélodieuse d'un accordéon et des chants d'hommes avinés s'échappaient d'un café voisin. Des réverbères répandaient leur lumière tout le long d'étroites ruelles tortueuses, et la fumée qui s'élevait de centaines de braseros, emportée par le vent, flottait dans le ciel crépusculaire.

Seeker et Étoile de l'Aube n'avaient jamais entendu parler de Piqueville, et ils furent étonnés par sa taille.

— Je ne savais pas qu'il y avait autant de piquiers.

— Il y en a plus que vous n'en trouverez à Piqueville, dit Sauvage. Les piquiers sont partout dans le monde. Chaque fois que les gens sont obligés de quitter leur maison, il y a de nouveaux piquiers sur les routes.

— Les piquiers ne sont rien d'autre que des gens sans maison ?

— Pas de maison. Pas de terre. Pas de lois. Absolument rien.

— Je croyais que les piquiers étaient des voleurs et des bandits.

— Tu serais un voleur et un bandit si tu avais assez faim.

Sauvage proposa à ses nouveaux compagnons de rester dans le bateau pendant qu'il irait à terre chercher des provisions pour leur repas du soir. Il dit que c'était pour leur sécurité, mais en réalité, il avait honte qu'on le voie avec eux. Il était connu à Piqueville, et savait qu'il lui serait difficile d'expliquer ce qu'il était advenu de ses hommes d'équipage, et pourquoi au lieu de voyager avec eux, il était accompagné de cette fille et de ce garçon beaucoup plus jeunes que lui.

Les étals du marché étaient fermés pour la plupart, mais il en trouva un, où de grosses tranches de pudding moelleux n'avaient pas encore été enlevées. Il en acheta trois bonnes parts, ainsi qu'un cervelas. Puis il s'arrêta au café d'un gros bonhomme pour y boire un verre de son ardent vin de gingembre. Le vent faisait battre les stores, et vaciller la flamme des bougies dans leurs coupelles. Trois robustes mineurs venus des collines chantaient une chanson mélancolique.

Tout là-bas, tout là-bas, elle s'en va,
Bulle de savon, bulle de savon, bulle de savon,
L'amour n'apporte rien d'autre que des tracas,
Des tracas, et encore des tracas.

Sauvage but son verre en trois gorgées, reprit ses provisions et se retourna pour partir. Juste à l'extérieur du café, dans l'étroite ruelle bordée de taudis, se tenait une jeune femme merveilleusement belle. Les mains sur les hanches, elle l'attendait.

— Regardez qui débarque ! s'écria-t-elle.

— Hé, Caressa, dit Sauvage.

— Tu allais venir me voir, n'est-ce pas ?

— Pas aujourd'hui, princesse.

La jeune femme renversa en arrière ses cheveux noirs, tandis que ses lèvres pleines et rouges esquissaient un sourire rageur. Elle avait dix-huit ans, était la fille de l'un des seigneurs de la pègre de Piqueville, et avait l'habitude d'obtenir tout ce qu'elle voulait.

— Ne laisse pas les choses traîner trop longtemps, mon garçon. Shab est venu me voir l'autre jour. Pour me demander ma main.

— C'est bien pour toi.

— Non, ce n'est pas bien pour moi. Il a pris une gifle dans la figure.

— Écoute, princesse...

— Non, c'est à toi d'écouter. Tu sais que tu finiras par m'avoir, alors prends-moi maintenant, ou tu t'en repentiras.

— Et comment je m'en repentirai ?

— Je demanderai aux hommes de mon père de te clouer à une porte.

— Ouah ! C'est pas gentil, ça, princesse.

— Qui a dit que j'étais gentille ?

— Alors, soit je t'épouse, soit je suis cloué à une porte ?

— C'est comme ça.

Sauvage sembla réfléchir profondément à la question, puis il demanda :

— A quelle porte, exactement ?

— Espèce de charogne ! — Elle lui donna une claque. — Rat de fumier !

Elle le frappa une deuxième fois.

— Ça suffit, la môme !

Elle le frappa encore.

— Je fais ce que je veux, le môme !

Il la frappa donc à son tour, une claque en pleine figure de sa main ouverte. Elle se jeta alors sur lui, lui tira les cheveux, le pétrit de coups de poing en appuyant son genou sur l'aine de Sauvage, et lança son sac de provisions en l'air. Il la repoussa, et la maintint au sol, mais elle se releva d'un bond, et referma ses bras autour de lui, immobilisant ceux de Sauvage.

— Tu n'es qu'une giclée de pus ! cria-t-elle, haletante. Tu m'auras, que tu le veuilles ou pas !

— Je ne veux pas.

— Tu ne peux pas trouver mieux. Tout le monde me désire. Et tu le sais bien.

— Je ne veux personne, dit-il. Pas avant un bon moment.

Il se dégagea enfin. La fille resta là. Ses beaux yeux lui lançaient des regards noirs.

— Tu es à moi ou à personne, dit-elle. Si tu vas avec une autre fille, je vous tuerai tous les deux.

— Tu n'auras pas à le faire, princesse, je m'en vais.

— Tu reviendras.

— Peut-être pas avant plusieurs années.

— J'irai te chercher.

— Non. Tu m'oublieras complètement. Un jour, je reviendrai, et tu ne sauras même plus qui je suis.

— Comment ça ? demanda-t-elle. Tu as l'intention de te transformer en quelqu'un d'autre ?

— Peut-être, répondit-il.

— Tu es très bien tel que tu es.

— Avant, je le pensais, moi aussi. Mais plus maintenant.

Elle sentit soudain quelque chose dans sa voix, qui la calma.

— Qu'est-ce que tu cherches, Sauvage ?

— C'est ce qu'il faut que je trouve.

— Une autre fille ?

— Non. Pas une fille.

— Si c'était une fille, est-ce que ce serait moi ?

— Oui, dit-il. Si c'était une fille, ce serait toi.

Elle ne pouvait pas lui en demander plus, elle le savait.

— Très bien, alors, dit-elle. Je t'attendrai.

— Tu risques de m'attendre toujours.

— Oh, non, répliqua-t-elle avec dédain. Les garçons finissent toujours par vouloir les filles. Ça leur prend simplement un certain temps avant de s'en apercevoir.

Elle le laissa là, et il ramassa son sac, avant de retourner vers le bateau.

Là, il retrouva Seeker et Étoile de l'Aube. Il sortit le cervelas, le pudding, et tous trois mangèrent leur dîner, en élaborant un plan.

— A quelle distance de Radiance sommes-nous ?

— Deux jours de marche.

— Tu y es déjà allé, Sauvage ?

— Pas moi, non.

Leur plan consistait à entrer dans la ville comme s'ils étaient des travailleurs immigrés, puis à commencer leurs recherches pour repérer l'arme secrète.

— Ce sera très facile, dit Étoile de l'Aube, étant donné que nous ne savons rien du tout.

— Nous pourrions demander à la Prophétesse du Fleuve, dit Sauvage.

— Qu'est-ce que c'est que ça ?

— C'est comme une diseuse de bonne aventure. Mais elle sait vraiment des choses. Et tout ce qu'on peut apprendre nous sera utile.

— Est-ce que c'est une piquière, elle aussi ?

— Oh, oui. Il y a toute sorte de piquiers dans cette ville.

Lorsqu'ils eurent mangé, ils s'enroulèrent dans des couvertures pour dormir par terre dans la cabine.

Étoile de l'Aube s'aperçut qu'elle s'interrogeait sur le passé de Sauvage.

— D'où viens-tu, Sauvage ? Qui étais-tu avant de devenir piquier ?

— J'ai toujours été piquier.

— Tu dois avoir des parents.

— Pas que je sache.

— Alors qui s'est occupé de toi quand tu étais petit ?

— Nous étions tout un groupe, on s'occupait les uns des autres. Il y avait un garçon qui s'appelait Sinueux. Il était gentil. Il faisait attention à moi. Ce sont mes plus vieux souvenirs : je me couchais là où je pouvais voir Sinueux et je me disais : « Je suis en sécurité pour cette nuit. »

— Tu avais quel âge ?

— Quatre, cinq ans.

— Et Sinueux ?

— Huit ou neuf.

Étoile de l'Aube se tut, songeant à son père qui était resté près d'elle chaque soir de sa vie. Elle avait toujours considéré que c'était naturel, sans s'apercevoir de toute l'attention qu'il lui portait, mais à présent, en écoutant Sauvage, elle trouva une raison supplémentaire d'aimer son père. Elle se demanda comment ça se passait pour lui, maintenant qu'il était seul dans sa petite maison, et elle sentit à quel point cela devait être dur. Elle sortit alors de sa poche sa petite natte de laine d'agneau et la pressa contre sa joue en disant mentalement : « Je t'aime, papa. »

— A ton avis, Sauvage, qu'est-ce qui est arrivé à tes parents ? demanda Seeker.

— Jamais su, répondit Sauvage. Jamais essayé de savoir.

— Ils sont peut-être morts.

— Ou simplement partis.

Il parlait d'un air insouciant, comme si ce sujet lui était indifférent. Mais Étoile de l'Aube vit une faible lueur violette briller autour de sa tête et elle comprit qu'il en souffrait plus qu'il ne voulait bien le dire.

Ceux qui cherchaient des informations à Piqueville, ceux qui cherchaient des conseils, et tous ceux qui voulaient simplement qu'on leur prédise l'avenir, prenaient le chemin du fleuve pour aller consulter la vieille dame qui s'était elle-même attribué le titre de Prophétesse du Fleuve. Par souci de commodité, elle habitait et travaillait au même endroit, son logement se trouvant au-dessus de son cabinet de travail, sur une péniche à fond plat, amarrée dans un méandre du cours d'eau, aux abords de la ville. La partie la plus basse de l'édifice était un temple miniature, construit en bois et peint en blanc. Ce temple était orné sur le devant d'un joli portique à quatre colonnes, forcément rapprochées à cause du manque d'espace, qui soutenaient un fronton triangulaire. Sous le portique s'ouvraient deux portes en bois de couleur blanche, qui permettaient d'accéder à l'intérieur du temple. Celui-ci était tout juste assez grand pour contenir le trône de la Prophétesse du Fleuve, ainsi qu'un espace devant ce trône, pour que les solliciteurs s'agenouillent aux pieds de la dame.

Au sommet du temple, comme un chapeau broussailleux aux bords rabattus, se dressait un cottage au toit de chaume. Cette drôle de disposition faisait que cette embarcation était plus haute que longue, et totalement impropre à la navigation. Mais la Prophétesse du Fleuve n'avait aucune intention de naviguer. C'était là qu'elle menait ses affaires, et cela lui convenait très bien.

Une cloche était suspendue à l'une des colonnes blanches, à côté de laquelle un écriteau annonçait : « POUR LA PROPHÉTESSE SONNEZ LA CLOCHE. » Sauvage, Seeker et Étoile de l'Aube arrivèrent devant le portique le lendemain matin de bonne heure. Un deuxième écriteau à côté de la cloche indiquait : « LA PROPHÉTESSE EST ABSENTE. »

— Elle ne sort jamais, dit Sauvage, en fronçant les sourcils.

Il sonna la cloche longtemps et vigoureusement.

— Allez-vous-en ! cria une voix perçante, venant de la pièce du haut. C'est mon jour de congé.

— Nous avons des nouvelles fraîches, cria Sauvage. Sur les capuchons.

Un silence suivit.

— Vous allez voir, murmura Sauvage aux deux autres. Elle ne peut pas résister aux nouvelles fraîches.

Il avait raison. Les volets de la pièce du haut s'ouvrirent, et la prophétesse elle-même se pencha par la fenêtre. Elle avait un visage tout rond et ridé, encadré par une masse de cheveux blancs frisés.

— Ah, c'est toi, dit-elle. Eh bien, qu'est-ce que tu as appris ?

— Je te donne des nouvelles fraîches, et toi tu réponds à nos questions, proposa Sauvage.

— Les réponses coûtent de l'argent, dit la vieille femme. Je ne peux pas me nourrir de nouvelles, n'est-ce pas ? Et il y a toutes les chances pour que je les connaisse déjà.

— Ce que j'ai à t'apprendre s'est passé avant-hier. A la réunion des capuchons.

— Des capuchons ? — La prophétesse se radoucit. — Continue.

— Tu répondras à nos questions ?

— Si vous payez.

Sauvage lui raconta donc l'exclusion de Flamb. La prophétesse écouta, puis hocha la tête pour montrer qu'elle était satisfaite.

— Je descends.

Quelques instants plus tard, les portes du temple s'ouvrirent, découvrant une petite fille de neuf ans environ, aux boucles roux carotte, et au visage couvert de taches de rousseur.

— Agenouillez-vous devant la Prophétesse du Fleuve, dit-elle d'une voix chantante.

Puis, gâchant son effet, elle ajouta :

— D'habitude, les fidèles m'apportent des bonbons.

La prophétesse arrivait déjà d'un pas traînant, se dirigeant vers son trône doré.

— A genoux, à genoux, dit-elle. Si vous ne me montrez pas de respect, c'est que pour vous, je suis une personne quelconque qui n'a rien de spécial, et si je n'ai rien de spécial, je ne peux pas vous aider. Vous feriez bien d'y réfléchir.

Ils s'agenouillèrent.

— Pourquoi vous n'avez pas apporté de bonbons ? demanda la fillette aux cheveux roux carotte.

— Arrête avec tes histoires de bonbons, lui ordonna la prophétesse. Alors, dites-moi, pourquoi est-ce que ce Noma a été renvoyé ?

— Nous l'ignorons.

— Est-ce qu'ils l'ont nettoyé ?

— Oui, répondit Seeker en refoulant soudain ses larmes. C'était mon frère.

— Tu viens d'Anacréa ?

— Oui.

— Est-ce que ton frère est mort ?

— Non.

— Alors, je suppose qu'il est toujours ton frère.

Seeker se mordit les lèvres. Il parlait déjà de Flamb comme s'il appartenait au passé.

— Parle-moi de ton frère.

La Prophétesse du Fleuve était à elle seule un véritable système de canalisations d'informations. Chaque petit détail, comme une goutte d'eau qui tombe tous les jours d'une gouttière, finissait dans le grand réservoir de sa mémoire. Pendant que la petite fille aux taches de rousseur pleurnichait pour attirer l'attention, Seeker raconta ce qu'il pouvait sur Flamb : qu'il avait toujours été le fils préféré de son père, qu'il était bon, honnête et fort, qu'il n'avait jamais rien désiré d'autre dans la vie que d'être un Noma, et de servir le Tout et l'Unique.

— Tu n'as donc aucune idée de ce que ton frère aurait pu faire pour être renvoyé ?

— Absolument aucune.

— Hum.

La prophétesse fronça les sourcils, perplexe.

— Très bizarre.

— J'ai envie de faire pipi, dit la fillette.

— Nous vous avons donné des nouvelles fraîches, dit Sauvage. Maintenant, à vous de répondre à nos questions.

La prophétesse lança un coup d'œil perçant à Sauvage.

— Les réponses coûtent de l'argent.

Sauvage sortit un shilling d'or.

— Allons-y, alors. Même si aujourd'hui, c'est mon jour de congé.

— Nous avons entendu parler d'une arme secrète, qui serait fabriquée à Radiance. Nous voulons savoir ce que c'est, et où on pourrait la trouver.

— Une arme secrète, hein ?

— J'ai envie de faire pipi !

— Tais-toi !

La prophétesse ferma les yeux.

— Laissez-moi, dit-elle. Je vous rappellerai quand je serai prête.

Pendant tout ce temps, les visiteurs étaient restés à genoux. Ils se levèrent, retournèrent vers le portique. Les portes se refermèrent derrière eux.

— Il y a quelque chose qui cloche chez elle, dit Étoile de l'Aube.

— Attends de voir, lui répondit Sauvage.

Au bout de cinq minutes, les portes se rouvrirent. La Prophétesse du Fleuve était assise, le dos voûté, sur son trône. La petite fille rousse, blottie à ses pieds, suçait le bout de sa large manche, d'un air maussade. Les visiteurs oublièrent de s'agenouiller.

— Eh bien ? dit la prophétesse. Vous n'avez donc aucun respect ?

Ils s'agenouillèrent.

— En fait, je n'ai pas beaucoup de réponses à vous donner. Cette arme secrète doit être très secrète. Je ne sais pas où elle se trouve. Je peux simplement vous dire que c'est une arme explosive, qu'elle a été testée, et qu'elle est très puissante.

— Qui l'a testée ? demanda Sauvage.

— Je ne sais pas.

Étoile de l'Aube regarda la prophétesse. Plus elle l'observait, plus elle se sentait perplexe. Sa perplexité venait de ses couleurs, ou plutôt de son absence de couleurs. Elle ne parvenait à déceler qu'une faible teinte verte, qui n'était pas du tout la couleur qui correspondait à quelqu'un de sage ou de savant. Lorsqu'elle leur parlait, des lueurs orange s'allumaient autour de ses cheveux blancs.

— Fais-les partir, geignit la petite fille. Je suis fatiguée.

Étoile de l'Aube reporta son attention sur l'enfant. Seeker posa une deuxième question :

— Pouvez-vous me dire où est allé mon frère Flamb ?

— Non, plus de questions, maintenant. Vous avez eu votre part. Vous ne m'avez pas donné beaucoup de nouvelles fraîches, et c'est mon jour de repos. Partez, et laissez-moi tranquille.

— C'est la petite fille ! s'écria Étoile de l'Aube.

Tout autour d'elle brillait une lumière bleu foncé, un bleu si dense qu'il était presque indigo. Étoile de l'Aube n'avait que très rarement vu cette couleur auparavant, et toujours chez des gens d'un grand âge. C'était la couleur de la connaissance. Les réponses venaient de la fillette !

— Absurde ! répliqua la prophétesse.

— Elle ne sait rien, insista Étoile de l'Aube. C'est la petite fille qui possède la connaissance !

— C'est un mensonge ! s'écria la prophétesse.

— Comment elle a compris ? demanda l'enfant.

La prophétesse prit la petite fille dans ses bras et la berça d'un air protecteur.

— Vous ne l'aurez pas, dit-elle, d'une voix brisée par l'émotion. Allez-vous-en ! Laissez-nous tranquilles ! Je ne vous permettrai pas de la prendre ! Il faudra me tuer d'abord !

— Nous ne voulons pas vous la prendre, riposta Seeker, la regardant, surpris.

— Vous avez amené ce tueur ici ! Vous voulez me tuer et emmener ma petite fille !

Elle était dans tous ses états. La petite fille, elle, semblait parfaitement calme.

— Sauvage, dis-lui qu'on ne lui enlèvera pas l'enfant.

— Ce n'est pas elle que nous voulons. Nous voulons la connaissance.

Peu à peu, ils parvinrent à calmer la vieille femme. Alors, honteuse, elle baissa sa tête chenue.

— Ce n'est qu'une façon de gagner ma vie, dit-elle tristement. N'en veuillez pas à une vieille femme de vouloir vivre.

— Vous ne possédez donc aucune connaissance ?

— Pas moi, non. Pas une once. Mais ma fillette, elle, sait tout. Racontez-lui ce que vous voudrez, elle n'oublie jamais, n'est-ce pas, ma petite fleur ? On a dit que c'était une drôle de fille, mais ce n'est pas une drôle de fille. Elle est simplement différente. N'est-ce pas, ma petite fleur ?

— Quand est-ce qu'ils vont partir ? lui demanda l'enfant, en montrant les trois visiteurs du doigt.

— Bientôt, mon trésor, bientôt.

La fillette semblait curieusement coupée de la réalité. Alors que sa protectrice, presque en larmes, confessait sa supercherie, l'enfant semblait ne pas s'en apercevoir.

— Elle donne donc des réponses vraies ?

— Oh, oui. On ne peut plus vraies. Les gens viennent nous voir de partout, ils nous racontent ce qu'ils savent, et ma petite fleur se souvient de tout. Alors, quand quelqu'un pose une question, comme vous l'avez fait, elle jette la question comme un hameçon dans sa mémoire, et en ressort tout ce que l'hameçon attrape.

— C'est donc elle qui a dit que l'arme avait été testée ?

— Bien sûr.

Ils regardèrent l'enfant, qui mâchonnait de nouveau le bout de sa manche, sans faire attention à eux. Cela paraissait impossible.

— Comment le sait-elle ?

— Elle a entendu parler d'un troupeau brûlé vif dans les champs près de Radiance. Et puis, il y a eu l'histoire d'une vague bizarre sur le lac, qui a coulé un bateau de pêche. Elle met toutes ces petites pièces ensemble, sans même savoir qu'elle le fait, ni ce que ça donnera.

La fillette, allongée, suçait sa manche, les ignorant tous.

— C'est votre petite-fille ?

— Pas exactement.

— Qui est-ce, alors ?

— Eh bien, on pourrait dire que je l'ai trouvée. Mais nous sommes très heureuses ensemble, n'est-ce pas ma petite fleur ?

— J'aime bien quand tu me donnes des bonbons, répondit-elle.

La vieille femme les regarda d'un air suppliant.

— Elle ne pourrait pas s'en sortir sans moi. C'est la prophétie qui nous fait vivre. S'il vous plaît, n'en parlez à personne.

— Nous ne dirons rien si vous répondez à nos questions, proposa Seeker. Ou plutôt, si elle répond à nos questions.

— Qu'est-ce que vous voulez savoir d'autre ?

— Où est allé mon frère?

— Le Noma qui a été expulsé? C'est trop récent. Elle ne peut pas le savoir.

Alors, Étoile de l'Aube prit la parole. Sa voix tremblait un peu.

— Demandez-lui où est ma mère. Elle est partie il y a douze ans.

La prophétesse fronça les sourcils.

— Il faut lui donner davantage de détails.

— Ma mère s'appelle Grâce. Elle nous a quittés il y a douze ans pour rejoindre la communauté d'Anacréa. Ils l'ont rejetée. Elle n'est jamais revenue à la maison.

— Rien d'autre sur elle?

— J'étais toute petite. Je n'ai pas beaucoup de souvenirs d'elle. Mon père disait toujours qu'elle était très belle. Et que l'été de son départ était pluvieux. L'été le plus pluvieux depuis des années.

— Bien, on peut essayer.

— Est-ce que je dois le dire à la fille?

— Tu le lui as déjà dit. Elle entend tout et n'oublie rien, répondit la vieille dame.

Elle caressa la tête de la fillette.

— Essaie un peu, ma petite fleur.

L'étrange enfant fit une grimace, pour montrer qu'elle n'avait pas envie de faire d'effort.

— Devant eux?

— Oui, ma chérie.

Elle s'assit donc par terre, les jambes croisées, et ferma les yeux. Elle se mit à murmurer et à marmotter, puis son marmonnement se transforma en bribes de mots et de phrases incohérentes :

— Anacréa... Jolie dame... Pluie! Tant de pluie... Mort dans la famille... Pleurs, pleurs, pleurs... La route vers la mère ourse... Quelqu'un a besoin de s'occuper de... Avez-vous vu la nouvelle gouvernante?... Méchants enfants!

Faites ce que je vous dis!... Pas mieux qu'une domestique... Rideaux blancs flottant au vent... Certains ont tellement de chance! Sans s'en rendre compte... Et la jolie petite gouvernante qui pleure derrière les portes closes... bien, bien, bien...

Le murmure s'affaiblit, puis s'évanouit dans le silence. Étoile de l'Aube regarda la vieille femme, les yeux brillants de larmes, bien qu'elle ne sût exactement pourquoi.

— Est-ce que ça veut dire quelque chose?

— Oui, dans une certaine mesure, répondit-elle. Je pense que ta mère travaille comme gouvernante dans une famille riche. Elle a été très malheureuse.

— Oh, maman! dit Étoile de l'Aube, ne pouvant réprimer un sanglot. Où est-ce que je pourrais la trouver?

— La route vers la mère ourse. Des rideaux blancs flottant au vent.

— Je ne comprends pas.

— Je suis désolée. Moi non plus.

XXI

Le plan de Seeker

En reprenant le chemin du fleuve, Seeker et Sauvage parlèrent du voyage qu'ils allaient faire, mais Étoile de l'Aube resta silencieuse. Elle était toujours bouleversée par les nouvelles de sa mère. Elle en avait appris assez pour que cela ravive ses souffrances, mais pas assez pour que cela l'aide en quoi que ce soit.

Au bout d'un moment, Sauvage remarqua son silence.

— Qu'est-ce qu'elle a ?

— Elle veut retrouver sa mère.

— On n'est pas là pour chercher nos mères, dit Sauvage. On va chercher cette arme, et on va rejoindre les Nomanas, pour avoir tous leurs pouvoirs. On n'a pas besoin de mères !

— Je me demande si tu es idiot, dit Seeker, ou simplement méchant.

Sauvage s'immobilisa.

— Personne ne me parle comme ça.

— Tu ne vois pas qu'elle est triste ?

— Tu m'as traité d'idiot ?

— Idiot. Aveugle. Et sourd.

Sauvage tendit son bras doré et saisit Seeker à la gorge.

— Tu ne m'aimes plus ? demanda-t-il d'une voix sifflante, les yeux étincelants.

Seeker étouffait et ne pouvait répondre.

Étoile de l'Aube gifla Sauvage de toutes ses forces. Il recula, relâchant son étreinte autour du cou de Seeker.

— Tu es idiot, méchant, aveugle et sourd ! lui cria-elle. Et on ne t'aime pas !

Puis elle se tourna vers Seeker, qui massait sa gorge.

— Il t'a fait mal ?

— Pas trop.

— Et moi ! s'écria Sauvage. Tu m'as fait mal !

— Tant mieux.

— Vous voulez que je vous tranche la gorge ?

— Vas-y donc !

Elle lui lança un regard farouche.

— Allez, piquier ! Bandit ! Homme sauvage ! Montre-le-nous ce fameux égorgement ! Commence par moi !

Elle tendit le cou, l'incitant à l'attaquer.

— Non, dit-il, d'un ton maussade. Tranche-toi la gorge toi-même.

— Très bien. Alors, tu viens avec nous, ou tu veux continuer seul ?

Sauvage haussa les épaules.

— Ça m'est égal, dit-il.

Étoile de l'Aube se tourna vers Seeker.

— Est-ce qu'on veut toujours de lui ?

— Oui.

— Pourquoi ? Il ne vaut pas mieux qu'un animal stupide.

Seeker se frotta le cou et réfléchit.

— C'est vrai, dit-il, mais je l'aime bien quand même.

Ils parlaient de lui comme s'il n'était pas là. Sauvage ne savait qu'en penser. Il aurait dû se sentir humilié d'entendre qu'il était « aimé quand même », mais c'était une sensation nouvelle, et pas déplaisante.

— Tu peux venir avec nous si tu veux, dit Étoile de l'Aube, mais il faut que tu arrêtes d'être stupide et méchant.

— Je fais ce que je veux, répondit Sauvage, de nouveau piqué au vif. Si j'ai envie d'être stupide et méchant, je le serai.

Aucun des deux autres ne put lui répondre, car une véritable boule de rage jaillit des buissons. Étoile de l'Aube eut juste le temps de voir des cheveux au vent, un regard farouche, une aura rouge feu, avant d'être sauvagement agressée.

— Sale vache ! Tête gluante ! Laisse-le tranquille !

C'était Caressa, qui frappait, pleurait, donnait des coups de pied, crachant sa fureur. Sauvage l'attrapa par un bras et l'écarta d'Étoile de l'Aube.

— Je vais la tuer !

Il la secoua violemment.

— Ouah ! dit-il. Ouah ! Erreur, princesse !

— Je vais la tuer !

— Non. Ça suffit, maintenant. Personne ne va tuer qui que ce soit.

La fille lança un regard noir à Étoile de l'Aube.

— Ce n'est qu'un bébé, dit-elle.

— Alors, fiche-lui la paix.

— Qui est-ce ?

— Une amie à moi.

Il la lâcha. Caressa lissa ses cheveux, rajusta ses vêtements, regardant à présent Étoile de l'Aube avec un mépris évident.

— Comment peux-tu t'intéresser à un visage aussi mou ?

— Je ne m'y intéresse pas. C'est une amie.

— C'est une fille, non ? Les garçons n'ont pas de filles pour amies.

— Chacun aide l'autre.

— Comment peut-elle aider quelqu'un ? On dirait du pudding bouilli.

Étoile de l'Aube, qui s'était remise du choc de l'agression, n'appréciait pas du tout ce qu'elle entendait.

— Hé, Chou à la Crème, lui lança-t-elle, continue à être aussi gentille avec moi et je sens que je vais te remercier.

— Quoi ?

Caressa n'était pas sûre d'avoir bien compris. Elle était plus âgée et plus grande qu'Étoile de l'Aube, et était stupéfaite que cette fille plus jeune qu'elle ose lui faire face.

— Je n'étais pas gentille avec toi. Et ne m'appelle pas Chou à la Crème !

— Mais tu as des lèvres si douces, répliqua Étoile de l'Aube. Et de si grands yeux. Et des cheveux si abondants !

— Ferme-la ! Sauvage, si elle n'arrête pas, je lui flanque une gifle dans sa face molle !

— Rentre chez toi, princesse. Nous quittons la ville.

— Avec elle ?

— Comme je te l'ai dit, nous nous aidons les uns les autres.

La fille se tourna vers Étoile de l'Aube et lui lança d'une voix sifflante :

— Tu le touches, tu es morte.

— Vraiment ? dit Étoile de l'Aube, et elle posa sa main gauche sur l'épaule de Sauvage.

Caressa bondit sur elle, mais cette fois Étoile de l'Aube s'y attendait. D'une main assurée elle frappa l'autre fille en travers du visage, l'envoyant rouler dans la poussière.

— Ouah ! s'exclama Sauvage. Tu donnes de sacrées gifles !

— Ça suffit, dit Seeker. Viens !

Il prit Étoile de l'Aube par le bras, et la tirant à moitié, il l'emmena plus loin sur le chemin.

— Ce n'est pas toi qui es en cause, expliqua-t-il.

— Je n'aime pas qu'on me dise ce que je dois faire.

— Ça se voit.

Sauvage resta près de Caressa, toujours assise dans la poussière, et lui parla à voix trop basse pour que les deux autres puissent l'entendre. Au bout d'un moment, elle se releva, passa ses bras autour du cou du garçon, et ils continuèrent à parler encore un peu. Puis elle se retourna et repartit vers la ville. Sauvage rejoignit les deux autres sur le chemin.

— Comment as-tu réussi à la faire partir ?

— Je lui ai dit que tu m'avais giflé, moi aussi. Nous sommes tombés d'accord sur le fait que tu es une méchante petite sorcière.

— Merci.

— J'ai ajouté que tu étais quelconque, et sans poitrine.

— Ça suffit ! lui intima Étoile de l'Aube.

— Je l'ai dit uniquement pour qu'elle s'en aille, expliqua Sauvage.

Puis il éclata de rire.

— Ouah ! Tu donnes de sacrées gifles !

Ils arrivèrent devant une passerelle qui traversait le fleuve. C'était un assemblage de pièces de bois attachées à une corde, comme une sorte de radeau, qui s'étendait entre les deux rives.

— C'est là-bas, de l'autre côté du fleuve, que commence l'empire, expliqua Sauvage. Mais il faut encore deux jours de marche pour arriver à Radiance.

— Est-ce que c'est dangereux ? demanda Seeker.

— Non, tant qu'on ne viole pas leurs lois.

— Et les bandits ?

— Il y en a. Mais je suis un bandit, moi aussi.

Il fit tournoyer sa lance pointue en l'air, et la rattrapa au vol, avec un grand sourire.

— Alors, allons-y !

— Et qu'est-ce qu'on fera quand on arrivera à Radiance ? demanda Étoile de l'Aube.

— Nous chercherons l'arme, répondit Seeker.

— Et après ? Tu avais dit que tu avais une idée.

— C'est juste une idée. Elle n'est pas forcément bonne.

— Tu peux toujours nous en parler.

Seeker hésita.

— Nous poursuivons le même but, non ? Nous sommes ensemble, dit-elle.

— Peut-être pas pour cette partie du programme.

— Tu veux dire que tu n'as pas besoin de nous ?

— Si, mais...

Étoile de l'Aube voyait à ses couleurs que Seeker était à la fois excité et effrayé.

— Tu vas accomplir quelque chose de dangereux.

— Comment le sais-tu ? demanda Seeker, surpris.

— Je le sais, c'est tout. Alors tu pourrais aussi bien nous le dire.

Seeker soupira, et leur fit part de son idée :

— Imaginez, dit-il, que vous ayez construit une arme qui puisse détruire le Nome. Votre problème serait de la transporter jusqu'à Anacréa. Tout le monde sait que les Nomanas montent la garde jour et nuit. Vous auriez donc besoin de quelqu'un qui puisse aller et venir dans l'île, quelqu'un qui y habite, et qui apporte l'arme à votre place. C'est pourquoi j'ai pensé — il eut un sourire d'excuse, sachant qu'il disait quelque chose d'insensé — que ça pourrait être moi.

Étoile de l'Aube le regarda, muette de saisissement.

Sauvage n'avait pas très bien suivi le plan.

— Pourquoi ? demanda-t-il. Tu ne veux pas détruire le Nome !

— Non, bien sûr, répondit Seeker. Mais je pourrais le leur faire croire. Je pourrais me promener dans Radiance en déclarant à qui veut bien l'entendre que je déteste les Nomanas, et que je veux anéantir Anacréa.

— Comment pourraient-ils croire que tu veux détruire l'endroit même où tu vis ?

— A cause de ce qu'ils ont fait à mon frère.

— Ouah !

Sauvage comprenait, à présent. Il fut impressionné.

— Hé, Seeker !

— C'est un peu vrai, non ? demanda Étoile de l'Aube. Tu leur en veux d'avoir expulsé ton frère.

Elle le voyait à ses couleurs.

— Il y a eu une erreur, dit Seeker. Flamb ne ferait jamais rien d'assez horrible pour mériter d'être renvoyé.

— Alors, pourquoi n'a-t-il rien dit à la Congrégation ?

— Parce qu'il a été nettoyé. Il ne se souvient de rien. Il ne sait même plus qui il est.

L'idée de Seeker apparut alors à Étoile de l'Aube dans son ensemble. Une idée simple, qui demandait beaucoup de courage.

— C'est un bon plan.

— Merci.

— C'est un plan formidable ! s'exclama Sauvage, en le comprenant de mieux en mieux au fur et à mesure qu'il y pensait. Tu fais savoir un peu partout que tu hais les Nomanas. Ceux qui ont conçu l'arme t'emmènent jusqu'à elle. Tu la détruis. C'est génial !

— Et très dangereux, dit Étoile de l'Aube. Est-ce que tu te rends compte de ce que Seeker veut faire ?

— Quoi ? demanda Sauvage en la regardant d'un air soupçonneux.

— Il risque sa vie.

— Il risque sa vie, et alors ? C'est rien ! J'ai risqué ma vie pour une croûte de pain. J'ai risqué ma vie uniquement pour le plaisir de le raconter plus tard et d'en rire.

— Il n'est pas comme toi.

Sauvage passa son bras autour des épaules de Seeker, comme un frère aîné, plus fort et plus grand. Comme le frère que Seeker avait eu autrefois.

— Hé, le brave, tu as peur ?

— Oui.

— N'aie pas peur. Le premier qui t'ennuie aura affaire à moi. Je fais équipe avec toi.

— Jusqu'à la fin du monde.

— Et moi ? demanda Étoile de l'Aube.

— Toi aussi, dit Seeker. D'accord, Sauvage ? Nous faisons équipe tous les trois.

— S'il le faut, dit Sauvage, sans enthousiasme. Elle m'a giflé et traité d'animal stupide. Je ne vois pas ce qu'elle me veut.

— Tu donnes de la couleur, lui répondit Étoile de l'Aube.

XXII

Les heureux travailleurs

Flamb et son nouveau compagnon de voyage, Soren Similin, arrivèrent au carrefour en fin d'après-midi, et passèrent la nuit dans l'une des cabanes qui faisaient office d'auberge au bord de la route. Là, on pouvait obtenir une couchette, un bol de ragoût pour trois sous chacun, et en prime, l'odeur fétide d'une foule d'autres voyageurs affamés et mal lavés, qui cherchaient tous du travail. Le chef d'équipe, disait-on, embauchait de la nouvelle main-d'œuvre tous les matins.

Soren Similin dormit mal sur les planches dures, et se réveilla bien avant l'aube. Il était impossible de se laver, de manger un petit déjeuner, et il était tout endolori. Pourtant, il se sentait satisfait. Le fait de vivre dans des conditions aussi rudes avec Flamb renforçait leurs liens. Et en même temps, il était en train de gagner sa future récompense. Allongé dans l'obscurité puante, il se racontait dans sa tête l'histoire de ces journées avec une sorte de fierté. « Moi aussi, j'ai dormi tout habillé, se disait-il. Moi aussi, j'ai eu faim, et j'ai su ce que c'était que d'être tout en bas de l'échelle. »

Lorsque les autres commencèrent à se lever, à enfiler leurs bottes et à faire claquer les portes, il secoua Flamb.

— C'est l'heure de se lever. Le chef d'équipe va bientôt venir.

Flamb se réveilla, l'esprit confus, ne sachant plus où il était.

— Qui êtes-vous ?

— Je suis votre ami. Nous cherchons du travail ensemble.

Le char à bœufs du chef d'équipe arriva enfin, et trois hommes en descendirent prestement, de courtes cordes noueuses à la main. Ils portaient des débardeurs collants, qui montraient les contours de leur poitrine puissante. Ils installèrent une table sur des tréteaux devant l'auberge, tandis que de la meilleure chambre sortait un homme trapu. Il avait les cheveux coupés ras, et ses petits yeux louchaient. Il tenait un livre de comptes à la main, qu'il ouvrit avant de le poser sur la table, sous la lumière vacillante d'une lampe. Similin conduisit Flamb dans la queue qui se formait en face du chef d'équipe. Celui-ci marqua leur nom, un par un, dans son livre. Il ne se donnait jamais la peine de lever les yeux, mais parlait fort d'une voix grave et ronronnante, qui donnait l'impression qu'il s'adressait à lui-même :

— Travail du lever du jour au coucher du soleil, déjeuner fourni à un prix convenu, application des règles de la compagnie. Écrivez votre nom ici, paye à la fin de la semaine, deux shillings par personne par semaine moins les repas. En cas de non-respect des règles de la compagnie, licenciement immédiat. Ceux qui sont renvoyés perdent une semaine de salaire. Travail du lever du jour au coucher du soleil, déjeuner fourni au prix convenu, application des règles de la compagnie...

Il répétait les mêmes choses à chacun. Similin et Flamb signèrent le livre à leur tour, puis se dirigèrent vers le char à bœufs. En très peu de temps, la charrette fut pleine. Les trois hommes musclés montèrent les derniers, en bâillant encore. Enfin, le chef d'équipe prit place lui-même, sur le seul siège, à l'avant du véhicule.

— Les gars! déclara-t-il, d'une voix forte et claire. Soyez reconnaissants! Vous avez du travail.

Les hommes, tous debout, se pressèrent les uns contre les autres sans rien dire. Le chef d'équipe n'avait pas posé de question. Personne n'était censé répondre.

— J'ai dit : Soyez reconnaissants! Adjoints! Montrez-leur!

Il s'adressait aux trois hommes musclés. Sans l'ombre d'un sourire, ils répondirent à l'unisson :

— Merci, Pélican!

— C'est mon nom, Pélican! Alors, qu'est-ce qu'on dit?

Les hommes hésitèrent, le regard incertain. Certains murmurèrent faiblement :

— Merci.

— Adjoints!

Les trois malabars frappèrent le côté du char de leurs cordes noueuses, faisant sursauter les hommes.

— Merci, Pélican! crièrent-ils en chœur.

Les bœufs se mirent en route, tirant d'un pas régulier le char cahotant.

— Vous avez tous beaucoup de chance! cria Pélican. Travailler signifie être payé! Soyez donc heureux! Le propriétaire de la plantation aime avoir des travailleurs heureux. Vous serez donc de joyeux travailleurs. Vous avez compris?

— Oui, Pélican, répondirent les hommes.

— Comment peuvent-ils savoir que vous êtes des travailleurs heureux? En vous entendant chanter dans les champs. Les travailleurs heureux chantent. Mes adjoints vont vous chanter l'hymne des joyeux travailleurs. Écoutez-les et apprenez ce chant.

Les trois adjoints levèrent alors la tête, et sans l'ombre d'un sourire, ils braillèrent en chœur :

Partons à la moisson ! Ooh ! Ooh !
Le ciel est bleu, le maïs est haut,
Le soleil brille, les heures défilent,
Qui autant que moi
Connaît la joie ?
Partons à la moisson ! Ooh !

Tandis que les bœufs tiraient la lourde charrette le long de la route blanche, à présent bordée de grands arbres, l'aube se leva enfin. Similin, Flamb et les autres recrues chantaient l'hymne du mieux qu'ils le pouvaient. Le chef d'équipe ne sembla guère satisfait.

— Écoutez-moi, maintenant ! Tout ce que je vous demande, c'est d'avoir l'air heureux. Vous n'avez pas besoin de l'être. Je veux de joyeux travailleurs qui chantent dans de joyeux champs. Comme ça, le propriétaire sera content. Si le propriétaire est content, je suis content. Si je suis content, vous êtes contents. Mais si quelqu'un gâche l'ensemble en n'ayant pas l'air heureux, alors il est renvoyé. Immédiatement. Allons, faites-moi entendre cette chanson encore une fois.

Ils recommencèrent à chanter. Le chef d'équipe était toujours aussi mécontent.

— Qu'est-ce que vous avez donc ? Ce n'est pas le chant de travailleurs heureux ! C'est le chant d'une bande de misérables qui préféreraient n'être jamais nés. Si c'est ce que vous ressentez, rentrez chez vous. Je ne veux pas de votre présence ici.

— S'il vous plaît, monsieur. Nous n'avons pas eu de petit déjeuner.

— Les travailleurs heureux n'ont pas besoin de petit déjeuner. Vous mangerez à midi.

Le chemin menait vers un portail flanqué de deux gros piliers, surmontés chacun d'une statue en pierre représentant un ours accroupi. Le char à bœufs franchit le portail et suivit un long sentier tortueux. Des deux côtés, les champs étaient couverts de maïs mûr, dont les feuilles grises et poussiéreuses bruissaient dans la brise matinale.

— Bienvenue à la plantation de la Mère Ourse, dit le chef d'équipe.

Le char à bœufs s'arrêta enfin à côté d'une longue grange, qui était déjà en partie remplie de céréales. Des charrettes à bras étaient rangées le long du mur de la grange. Le soleil se levait au-dessus des montagnes, projetant des flots de lumière étincelante sur le maïs en pied.

— Tout le monde descend.

Similin, Flamb, et les autres se mirent en file. Le chef d'équipe marcha de long en large devant eux d'un pas raide, criant ses instructions d'une voix retentissante :

— Quatre règles simples. Ne ramassez que les épis mûrs. Ne vous arrêtez pas. Ne parlez pas. Soyez heureux.

Similin réalisa soudain qu'il devrait endurer les rigueurs d'une dure journée de labeur. Il se consola en pensant que le travail partagé le rapprocherait encore du Noma rejeté. En outre, pendant les heures de repos, il aurait le temps de manipuler Flamb, et d'en faire l'instrument idéal de son plan.

Au début, la journée fut agréablement fraîche, et le travail physique ne fut pas au-dessus de ses forces. Mais assez rapidement, ses bras commencèrent à lui faire mal et il sentit une douleur cuisante aux mains. Le travail suivait toujours la même cadence. Aller jusqu'à la plante suivante, tendre le bras, prendre l'épi enroulé dans sa feuille rêche, l'arracher d'une torsion de la main vers le bas, le jeter dans la charrette, tendre de nouveau le bras. Une simple série de mouvements. Mais à la fin de la première heure, il transpirait, et avait les mains en sang. Qui aurait pu penser que les épis de maïs étaient si rugueux sur la peau ? Il regarda autour de lui. Flamb, l'air impassible, travaillait régulièrement dans sa rangée. Les autres hommes transpiraient, mais ne saignaient pas. Similin savait pourquoi : ses mains étaient plus douces que les leurs, il n'était pas un paysan comme eux. Il leur était donc supérieur, mais pour le moment, cela le faisait surtout souffrir davantage.

Il leva les yeux vers le soleil levant et se demanda s'il parviendrait à tenir toute la journée. Lorsque sa charrette à bras était pleine, il fallait la pousser jusqu'à la grange : c'était le seul répit qu'il pouvait accorder à ses mains abîmées. Ramener la charrette vide ne demandait heureusement aucun effort. Mais ensuite, il fallait reprendre la cueillette. Au bout de la deuxième heure, il commença à craindre de ne pas résister jusqu'au déjeuner. La chaleur était déjà insupportable.

Trois rangées plus loin, un travailleur chancela et tomba, affaibli par la chaleur et le manque de nourriture. Les adjoints se précipitèrent sur lui, et le sortirent du champ. Il se remit et répéta qu'il était tout à fait capable de reprendre son travail, mais le chef d'équipe ne voulut rien entendre.

— Vous ne respectez pas les règles, vous êtes renvoyé. Pas d'exception.

— Et le travail que j'ai fait ?

— Il vous sera payé à la fin de la semaine.

— Mais je ne serai plus là, à la fin de la semaine.

— Ce sont les règles de la compagnie.

L'homme n'avait guère le choix. Il repartit sur le long chemin qui menait à la grand-route, sans rien avoir obtenu en échange de ses efforts. Soren Similin regarda autour de lui, et vit que Flamb observait le triste départ du pauvre homme. Mais comme tous les autres, tout en l'observant, il continuait à cueillir le maïs.

Une troisième heure s'écoula. Similin commença à avoir peur de s'évanouir, lui aussi. Il avait mal partout, son bras tremblait lorsqu'il le tendait, sa bouche était sèche, son crâne fourmillait sous la chaleur, et le sang de ses mains avait coulé sur ses bras, formant des croûtes tout du long. C'est alors qu'il entendit un adjoint crier :

— Chantez !

Lentement, un chant s'éleva des longues files de travailleurs. Les adjoints entraient dans les rangs pour les inciter à chanter, criant les paroles pour ceux qui les auraient oubliées.

Partons à la moisson ! Ooh ! Ooh !
Le ciel est bleu, le maïs est haut,
Le soleil brille, les heures défilent...

On entendit soudain le clop-clop-clop des bœufs, et un chariot à hautes suspensions, surmonté d'un dais protégeant du soleil, apparut. Dans la voiturette, une dame vêtue de blanc, coiffée d'un chapeau à large bord était assise à côté de deux enfants également vêtus de blanc. Sur le strapontin arrière, sans aucune protection contre le soleil, se tenait une gouvernante habillée de gris. En passant dans leur chariot, la dame et les enfants saluèrent d'un signe de la main les hommes qui travaillaient dans le champ, et les travailleurs leur rendirent leur salut, sans cesser de cueillir le maïs et de chanter.

Qui autant que moi
Connaît la joie ?
Partons à la moisson !

La dame avait le teint pâle et était très belle. Les enfants écoutèrent le chant, se levèrent dans le chariot et firent de grands gestes, faisant semblant de cueillir du maïs, et de chanter en même temps. La gouvernante tendit les bras pour les retenir, craignant qu'ils ne tombent.

— Partons à la moisson ! Ooh !

Puis le petit char à bœufs poursuivit son chemin et disparut de la vue des travailleurs. Dès qu'ils furent certains que la dame ne pouvait plus les entendre, les adjoints passèrent dans les rangs, attrapèrent un homme, et le sortirent brutalement de sa file.

— J'ai chanté ! s'écria-t-il. J'ai chanté !

— Tu n'as pas salué, dit le chef d'équipe.

— Vous n'avez jamais dit qu'il fallait saluer !

— J'ai dit : Soyez heureux ! Quand les enfants du propriétaire saluent, les travailleurs doivent saluer à leur tour.

— Vous ne l'aviez pas dit !

— Tu es licencié.

— C'est pas juste !

Le chef d'équipe, qui lui avait déjà tourné le dos, se retourna brusquement, l'air furieux.

— Pas juste ? Tu as dit « *Pas juste* » ?

— Je voulais simplement...

— Je te donne du travail. Je t'explique les règles. A la fin de la semaine, je te paye. Et ça c'est juste. Si tu veux quelque chose de « *pas juste* », je peux te montrer ce que c'est.

Il fit signe à ses adjoints. L'un d'eux attrapa le malheureux travailleur par-derrière, tandis que l'autre le frappait violemment dans le ventre et en plein visage. L'homme tomba en gémissant sur le sol. Les adjoints lui donnèrent alors des coups de pied, chacun leur tour, des coups de pied vicieux, répétés, qui lui arrachèrent des cris de douleur. Les autres travailleurs regardaient, mais sans interrompre leur tâche. Au bout d'un moment, les adjoints cessèrent de frapper l'homme, qui resta recroquevillé par terre, pleurant et perdant du sang.

— Ça, *c'est pas juste*, dit le chef d'équipe. Tu le sauras la prochaine fois. Et maintenant, fiche le camp.

Après cet épisode, Similin décida qu'il pouvait résister, finalement. Mais il décida aussi qu'il supporterait d'être un heureux travailleur un jour, et pas deux. Il regarda Flamb. Flamb observait le départ de l'homme, qui s'en allait, boitillant lentement sur le chemin. Dans les yeux mornes de Flamb, il vit une expression blessée, désorientée.

— Je comprends ce que vous ressentez, dit-il.

— Vraiment ? dit Flamb. Qu'est-ce que je ressens ?

— Vous êtes furieux. Ce que vous venez de voir vous fait bouillir de colère. C'est pour ça qu'on vous appelle Flamb le Juste.

— Vous avez raison. Ça me met en colère.

— Mais bien sûr ! Vous êtes le genre d'homme qui ne supporte pas qu'on soit injuste avec quelqu'un. Vous êtes le genre d'homme qui veut aussitôt faire quelque chose contre ça.

— Vous avez raison. Je suis ce genre d'homme-là.

« Vraiment, se dit Similin, c'est presque trop facile. J'ai l'impression de dresser un chiot. » L'esprit de Flamb était aussi vide qu'une feuille de papier sur laquelle Similin écrirait ce qu'il voudrait. Bientôt, il commencerait à y écrire : « *Il n'y a pas de plus grande injustice qu'un faux dieu.* » Mais il savait qu'il ne fallait pas aller trop vite. Il devait bien forger son instrument avant de s'en servir.

— Vous savez ce que je pense ? demanda soudain Flamb.

— Non ?

— Je pense que les travailleurs ne sont pas heureux du tout, ici.

XXIII

Les marchands de tributs

Lorsque le chemin rejoignit la route principale, au nord de Radiance, Sauvage s'arrêta.

— Il vaut mieux attendre le prochain convoi, dit-il. Il risque d'y avoir des marchands de tributs qui guettent les gens qui passent sur la route.

— Des marchands de tributs ? Qu'est-ce que c'est ? demanda Seeker.

— Des voleurs d'êtres humains.

Étoile de l'Aube tressaillit en repensant à Barban.

— Est-ce qu'ils se servent de filets ?

— Oui, c'est eux. — Sauvage cracha de dégoût. — Ils prennent des filets et des couvertures. Ils vous entortillent dedans et vous entravent. Ce n'est pas du travail d'homme.

— Des filets et des couvertures !

— Ils veulent prendre les gens vivants. Un tribut mort ne sert à rien. On ne peut pas le sacrifier s'il est mort.

— Sacrifier !

— C'est ce qu'ils font à Radiance. Ils jettent des êtres humains du haut d'un grand rocher. Tous les jours. Pour que le soleil se lève le lendemain.

— C'est complètement idiot.

— Les dieux rendent les gens bêtes.

Seeker fronça les sourcils et dit :

— Tous les dieux ne sont pas pareils.

— Quoi qu'il en soit, dit Étoile de l'Aube, voulant éviter une discussion sur les dieux, il vaudrait mieux ne pas nous faire prendre par les marchands de tributs.

— Alors, il faut attendre un convoi.

Peu de temps après, un groupe compact de voyageurs arriva sur la route. Le groupe, constitué d'une trentaine de voyageurs et de cinq chars à bœufs avait parcouru quelques kilomètres vers le sud. Les bœufs n'allaient pas plus vite qu'un homme, et en montée, ils ralentissaient encore. Les trois compagnons se joignirent à eux, et suivirent le rythme régulier du convoi. Ils marchaient dans la fraîcheur du matin, se reposaient au milieu de la journée, et reprenaient leur marche jusqu'à la tombée de la nuit.

Deux fois par jour, ils s'arrêtaient pour manger. De petites échoppes avaient poussé le long de la route, aux endroits où les voyageurs pouvaient avoir besoin de se reposer. Là, à l'ombre de grandes bâches, des vendeurs proposaient sur leurs éventaires des crêpes et des tasses de thé sucré — le repas des pauvres — en échange de deux ou trois sous.

La vue de ces éventaires créa une difficulté. Seeker et Étoile de l'Aube voulaient payer, mais n'avaient pas d'argent. Sauvage avait de l'argent, mais ne voulait pas payer.

— Je ne paie jamais, déclara-t-il avec fierté. Ce que je veux, je le prends.

Pointant brusquement sa lance effilée sur l'homme qui vendait des crêpes, il lui dit :

— Fais-m'en cuire une, mon brave !

— Range ça ! s'écria Étoile de l'Aube. Tu as perdu la tête ou quoi ?

— J'ai faim. Je veux manger.

— Alors, tu paies ta nourriture.

— Pourquoi ?

— Parce que c'est mal de voler.

Sauvage haussa les épaules et baissa sa lance.

— Il faut que je paie pour vous aussi ?

— Si tu veux.

Sauvage n'avait pas envie de manger sa crêpe tout seul, et il paya pour leur repas à eux aussi. Ils mangèrent en silence, trop affamés pour penser à quoi que ce soit d'autre. Mais, lorsque le convoi s'ébranla à nouveau, Sauvage revint sur leur désaccord, avec plus de virulence.

— Je ne vois pas pourquoi je ne pourrais pas prendre ce que je veux, je ne vois pas en quoi c'est mal !

— Ce que tu prends ne t'appartient pas, dit Seeker, c'est à quelqu'un d'autre.

— Alors, c'est à l'autre de m'empêcher de le lui prendre.

— S'il est plus faible que toi, et qu'il ne peut pas t'en empêcher ?

— Eh bien, tant pis pour lui.

— Si tu étais un Noma, tu voudrais que les faibles soient aussi riches que les forts.

Sauvage éclata de rire à cette idée.

— Comment les faibles pourraient-ils être aussi riches que les forts ? Les forts leur prendraient tout ce qu'ils ont. Et on en reviendrait à la situation actuelle.

— A moins que les forts choisissent de ne pas tout leur prendre.

— Personne ne choisit d'être faible, dit Sauvage, en ayant l'impression d'être un adulte qui explique le fonctionnement du monde à des enfants. Soit tu es fort, soit tu meurs.

— Alors, pourquoi les Nomanas vont-ils aider les gens qui sont faibles ?

— Je n'en sais rien. Peut-être que ça leur donne le sentiment d'être importants.

— Non, répliqua Seeker. Ils le font parce qu'ils pensent

que nous sommes tous liés les uns aux autres. Le malheur des autres les rend malheureux. Le bonheur des autres les rend heureux.

— Comment ça ? Tous liés les uns aux autres ?

— Oui, répondit Seeker. Tous les êtres humains, dans le monde entier.

Sauvage hocha la tête, l'air peu convaincu, mais il ne dit plus rien.

Lorsque la nuit tomba, épuisés par de longues heures de marche, les voyageurs s'arrêtèrent pour la nuit. Ils firent un feu de bois afin de se procurer de la lumière, puis se séparèrent en petits groupes pour choisir des endroits où dormir, et piétinèrent les hautes herbes sèches pour faire leur lit. Avant de se coucher, Seeker et Étoile de l'Aube s'assirent tous deux sans parler, les yeux fermés. Leurs lèvres murmurèrent une prière silencieuse. Sauvage les regarda, surpris.

— Vous priez ?

Ils ne lui répondirent pas avant d'avoir fini. Puis Seeker acquiesça :

— Oui. Je priais.

— Mais il n'y a personne pour vous voir.

— Qu'est-ce que tu veux dire ?

— Tu n'as pas besoin de faire semblant, ici. Il n'y a pas de capuchons pour surveiller.

— Je ne fais pas semblant.

— Tu ne fais pas semblant ? — Il les regarda tous les deux. — Vous priez votre dieu, même quand personne ne vous regarde ?

— Oui, dit Seeker.

— Oui, confirma Étoile de l'Aube.

— Mais les dieux, c'est pour les imbéciles !

— Pas le vrai dieu. Pas le Tout et l'Unique.

— Ouah !

Sauvage remua les mains devant lui, comme pour se débarrasser de toutes ces bêtises.

— Je savais que vous vouliez devenir capuchons. Mais je ne savais pas que vous croyiez ! Que vous *croyiez* vraiment !

— Si tu veux rejoindre les Nomanas, toi aussi, tu devras croire.

— Je ne pourrais pas devenir capuchon sans m'occuper du dieu ?

— Je ne pense pas.

— Alors, je ferai semblant.

— C'est idiot, dit Étoile de l'Aube. Pourquoi rejoindrais-tu les Nomanas, si tu ne partages pas leur croyance ?

— Je veux le pouvoir, répondit obstinément Sauvage, et je veux la paix.

Un peu plus tard, lorsqu'ils se furent allongés tous les trois sur l'herbe tassée, et qu'ils levèrent les yeux vers le ciel constellé d'étoiles, Sauvage demanda d'un ton peu engageant :

— Alors parlez-moi de votre dieu bidon.

— Qu'est-ce que tu veux qu'on te dise ?

— Je ne sais pas. Tout. Pourquoi vous croyez.

Étoile de l'Aube répondit simplement :

— Je crois parce que ma mère et mon père croyaient, et qu'ils m'ont appris à croire.

— C'est la même chose pour moi, dit Seeker. Ma vie n'aurait pas de sens si le Tout et l'Unique n'existait pas.

— Pourquoi ? demanda Sauvage. Ma vie a un sens.

— Je ne vois pas comment. Il me semble que ta vie consiste uniquement à prendre le plus de choses possibles pour toi-même, et à te battre pour les garder.

— Et votre vie à vous ?

— J'ai l'impression que ma vie n'a pas encore commencé, expliqua Seeker. Mais je peux te dire ce que je veux qu'elle soit. Je veux être un Noble Guerrier. Parfois, je sens avec une terrible intensité que le monde souffre et que toute cette souffrance a lieu dans l'obscurité. Il me semble que je peux apporter la lumière au lieu de l'obscurité. Je peux mettre fin aux souffrances du monde. Ou les diminuer. Et je veux cette lumière aussi. Je veux m'en approcher, si près qu'elle m'éblouira et m'inondera, si près que je ne serai plus moi. C'est alors que je tiendrai l'Enfant Perdu dans mes bras, et que le Père Sage me tiendra dans ses bras, me protégeant à jamais. C'est alors que je vivrai dans le Jardin.

Il se tut. Sauvage ne le comprit pas du tout, mais il fut impressionné par la force des sentiments de Seeker. Ce n'était pas le genre de culte religieux auquel il était habitué.

— Ouah ! s'exclama-t-il. Éblouis-moi et inonde-moi ! Ça doit être quelque chose !

Étoile de l'Aube aussi fut émue par ce qu'elle avait entendu. Allongée sur le dos, elle contemplait les étoiles, sachant qu'elle éprouvait la même chose que Seeker. Mais elle avait peur. Elle n'avait pas oublié ce qui lui était arrivé lorsqu'elle s'était approchée de l'éblouissant écran d'argent. Elle avait peur de cette explosion de couleurs. Elle avait peur de la folie.

— Il y a des mystères, dans le Nome, dit-elle. Qui sait ce qui arrive quand on pénètre dans les mystères ?

— Dans les mystères, répondit Seeker. A travers les mystères. Et de l'autre côté. Là où est la pure lumière.

Elle tourna la tête pour le voir, étendu dans l'herbe, près d'elle. Là, tout autour de lui, aussi faible qu'auparavant, mais plus facile à distinguer dans le noir, scintillait la lueur dorée, ces particules dansantes de poussière brillante. En le regardant, elle sentit un flot de tendresse pour lui, ainsi que l'envie de le protéger, comme s'il était infiniment précieux et infiniment vulnérable.

« Je dois veiller sur toi, Seeker. Tu es le meilleur d'entre nous. »

C'était une pensée étrange, qui la fit aussitôt sourire. Elle se dit : « Ridicule ! Qui suis-je pour le protéger ? » Et pourtant... et pourtant... elle se sentait plus mûre que Seeker, beaucoup plus mûre que lui. Peut-être était-ce à cause des longues journées solitaires qu'elle avait passées dans ses collines ?

— C'était bien, Seeker, dit-elle doucement.

— Je ne saisis pas, dit Sauvage.

— Personne ne saisit, répliqua Étoile de l'Aube. C'est quelque chose qui te saisit, toi.

Ils restèrent allongés là, tous les trois, dans la nuit tiède, incapables de dormir, mais chacun pour des raisons différentes. Étoile de l'Aube pensait à son père, si seul sans elle, et au petit Agnel qui n'avait toujours pas trouvé de maison.

Seeker pensait à la terre ensoleillée où un jour tout serait clair. Il comprenait que cette terre n'était pas un endroit éloigné, que c'était le même monde qui s'étendait autour de lui. Simplement, c'était comme si, pour le moment, la terre était voilée. Comme s'il se tenait devant une fenêtre ouverte, où un rideau blanc se gonflait et flottait dans la brise. Le rideau brillait sous la lumière éclatante du soleil. Il était beau, d'une certaine façon, mais toute sa beauté venait du vent et du soleil derrière lui. Seeker rêvait de déchirer le tissu chatoyant, et de voir pour toujours.

Quant à Sauvage, il sentait que le sol sur lequel il marchait se fissurait, que les simples certitudes qui lui avaient permis de survivre jusque-là ne lui suffisaient plus, et cela l'excitait.

— Éblouis-moi et inonde-moi ! murmura-t-il. Ces capuchons ! Ce sont eux les vrais hommes sauvages !

Puis la fatigue de la journée les envahit et, alors même qu'ils pensaient que leur esprit bouillonnant ne leur laisserait pas de répit, ils sombrèrent un à un dans le sommeil.

Le lendemain, ils se dirigèrent vers le nord, marchant sur la longue route qui serpentait à présent entre des champs de maïs. Ils étaient au milieu de plantations, et voyaient ici et là des groupes d'ouvriers agricoles en sueur sous le soleil brûlant, cueillir les épis mûrs. Au début de l'après-midi du deuxième jour, ils passèrent devant un chemin qui allait vers l'ouest, entre les champs de maïs. Ils n'avaient aucune raison d'y faire attention, et ils laissèrent bientôt les champs derrière eux. S'ils avaient quitté la route pour prendre ce chemin, ils seraient arrivés devant les deux grands piliers du portail qui marquaient l'entrée de la riche plantation familiale. Des piliers coiffés de statues en pierre représentant des ours accroupis.

En marchant, ils parlèrent un peu du seul sujet qui les liait les uns aux autres, les Nomanas. Étoile de l'Aube essayait de comprendre ce qui était arrivé au frère de Seeker, Flamb, qui avait été expulsé de la communauté. Elle se rappelait l'avoir vu traverser la place tout seul, et quitter la Congrégation. Il y avait quelque chose, dans ce souvenir, qui la tracassait.

— Quand Flamb a été nettoyé, est-ce qu'on lui a retiré ses pouvoirs ?

— Ses pouvoirs et tout le reste.

— C'est-à-dire ?

— Son passé. Ses sentiments. Son identité.

— Il ne devrait pas souffrir, alors. Je veux dire que s'il n'a plus de sentiments, il ne devrait pas avoir de peine.

— Il y a des choses pires que l'absence de souffrance, répondit Seeker.

Étoile de l'Aube se tut. Mais il y avait quelque chose qui ne cadrait pas. Si seulement elle pouvait comprendre quoi, exactement !

La route serpentait au sommet de la petite colline qu'ils avaient montée sans effort, puis redescendait, tout aussi doucement, entre d'autres champs de maïs, jusqu'au grand fleuve, à environ un kilomètre et demi de là. Absorbés par leur conversation, les trois compagnons s'étaient détachés du reste du convoi resté près des chars à bœufs qui gravissaient péniblement la colline. Lorsque Seeker et ses amis commencèrent la descente, ils perdirent complètement de vue les autres voyageurs.

Étoile de l'Aube le fit remarquer :

— Nous devrions peut-être attendre les autres.

— On peut les attendre au bord du fleuve, dit Sauvage. On pourra se baigner.

Ils ne résistèrent pas à la perspective d'un plongeon dans l'eau fraîche. Ils marchèrent à grands pas, avançant rapidement sur la route. Ainsi, lorsqu'ils arrivèrent au fleuve, le convoi était presque à deux kilomètres derrière eux.

Il y avait un bac pour traverser le fleuve, mais il était amarré à la rive opposée. Aucun passeur n'était en vue.

— Sale fainéant ! s'exclama Sauvage. Il doit dormir à l'ombre des saules.

Plusieurs saules poussaient sur l'autre berge, laissant traîner leurs longues branches dans l'eau. Le fleuve s'étendait, brun et miroitant, sous le soleil de l'après-midi, comme une grande étendue d'eau immobile.

— On devrait faire attention, dit Étoile de l'Aube, se rappelant le jour où elle devait traverser le fleuve avec Barban.

— Je vais le réveiller, décida Sauvage.

Il se débarrassa de son sac, de son couteau, de sa lance, et courant sur la berge, il se lança à l'eau, avec un beau plongeon arqué. Lorsqu'il refit surface, il était déjà au milieu du fleuve. Il atteignit l'autre rive en quelques brasses, sortit, ruisselant d'eau, et se dirigea vers le bac.

Il appela le passeur d'une voix forte, mais n'obtint pas de réponse. Il détacha les amarres, prit la lourde barre et fit signe aux autres qu'il arrivait. Puis il s'éloigna de la rive, vers les eaux profondes.

— Espérons qu'il sait ce qu'il fait, dit Seeker.

Le bac paraissait beaucoup trop grand pour être manœuvré par une seule personne. Mais Sauvage avait souvent vu le passeur mener son radeau d'un côté à l'autre du cours d'eau. Il mania adroitement la barre, et le bac commença à traverser le large fleuve. Le beau bandit aux cheveux d'or, rafraîchi par son plongeon dans l'eau, se tenait droit, de toute sa hauteur, resplendissant sous le soleil. Il vit que ses compagnons étaient impressionnés, et en fut flatté.

— Hé, les braves ! leur cria-t-il. Est-ce que vous m'ai-ai-mez ?

Au même moment, sortant en flèche de l'ombre des saules, apparut un long et fin canoë, avec deux hommes à bord. Étoile de l'Aube sut aussitôt qu'elle les avait déjà vus. Le canoë allait vite, propulsé par des pagaies qui frappaient l'eau avec force et habileté. Il atteignit le grand radeau difficile à manœuvrer au moment où celui-ci passait le milieu du fleuve. Les deux hommes sautèrent alors à bord du bac, laissant le canoë vide à ses côtés. Chacun portait un filet dans une main et un gourdin dans l'autre.

— Des marchands de tributs ! s'écria Étoile de l'Aube.

Seeker ramassa le couteau que Sauvage avait laissé par terre. Étoile de l'Aube prit sa lance.

Sauvage était seul sur le bac, et sans arme. Il pouvait se jeter dans le fleuve, mais le canoë irait plus vite qu'il ne pourrait nager, et il n'avait pas envie d'être capturé dans l'eau. Il lâcha la barre, et se prépara à se battre.

Les marchands de tributs n'étaient pas pressés. Ils le voulaient vivant et indemne. Ils s'avancèrent prudemment vers Sauvage, l'acculant dans un coin. Le radeau descendit le fleuve, emporté par le courant, le canoë vide à ses côtés. Seeker et Étoile de l'Aube, courant sur la berge, crièrent à

Sauvage de sauter et de nager. Pour toute réponse, celui-ci fit jouer les muscles de ses mains puissantes, et provoqua ses agresseurs :

— Hé ! Les poules mouillées ! Venez m'attraper ! Laissez-moi vous trancher la gorge !

Il dansait d'un pied sur l'autre, laissant la colère monter en lui pour mieux se battre. Mais les marchands de tributs n'avaient pas l'intention de se battre avec lui. Ils déployèrent leurs filets.

Seeker marchait à pas de loup le long de la berge, le couteau à longue lame recourbée de Sauvage à la main. Il évaluait la distance qui séparait le bac du rivage. Son cœur battait à tout rompre, il savait qu'il était terrifié, mais il savait aussi qu'il fallait faire quelque chose pour aider Sauvage.

— Je vais me jeter à l'eau, dit-il, pour ne plus avoir le choix. Je vais sauter !

Étoile de l'Aube courut à ses côtés, la lance de Sauvage à la main, se demandant dans combien de temps le bac serait suffisamment près de la berge pour qu'elle puisse l'atteindre. Ses pensées étaient devenues aussi pénétrantes, aussi acérées que la lance. Il était tout à fait clair pour elle qu'elle passerait à l'attaque. La seule question était de savoir comment.

Le marchand de tributs le plus près de Sauvage s'avança, et balaya l'air de son filet lesté, le faisant onduler au-dessus de sa proie. Sauvage tendit la main droite et, attrapant le filet, il le secoua de toutes ses forces, faisant tomber le marchand de tributs sur les genoux. Mais au même moment, le deuxième homme abattit son filet sur lui, tandis que la multitude de poids minuscules qui le lestaient résonnaient bruyamment sur le pont. Le filet se resserra rapidement tout autour de Sauvage, et pour la première fois, il se retrouva entravé, incapable de bouger.

— Ayaaa ! cria-t-il.

Seeker sauta. Il atterrit sur le radeau, tomba, se releva, et arriva à côté de Sauvage, avec son couteau. Le marchand de tributs, qui avait vu Seeker, allait lui donner un coup de gourdin, lorsque Étoile de l'Aube, qui avait atterri elle aussi sur le bac, mais avec plus de grâce que Seeker, pointa sa lance dans le dos de l'homme. Surpris, il bondit en arrière et tomba par-dessus bord.

Seeker se mit à découper le filet qui retenait Sauvage. Étoile de l'Aube se tourna vers l'autre marchand de tributs, qui avançait vers elle, serrant de nouveau son filet dans sa main.

— Ce n'est qu'une fille ! dit le marchand de tributs, en brandissant son gourdin vers elle.

Elle tendit sa lance, qui se planta dans le gourdin, s'enfonçant profondément dans le bois. Le marchand tira de toutes ses forces, et lui arracha la lance des mains. En même temps, de l'autre main, il jeta son filet sur elle. Étoile de l'Aube était prisonnière.

— Au secours ! Il m'a prise !

Seeker entendit son cri juste au moment où il avait découpé suffisamment le filet pour libérer Sauvage. Mais le marchand de tributs qui était tombé à l'eau remontait déjà dans le canoë, et son complice traînait Étoile de l'Aube hors du bac. Une fois qu'ils l'eurent mise dans le canoë, ils l'empaquetèrent dans une lourde couverture, et prirent leurs pagaies. Avant que Seeker puisse les rejoindre, le canoë fendait l'eau, et disparaissait derrière un coude du fleuve. Personne ne pouvait plus aider Étoile de l'Aube.

Seeker et Sauvage restèrent figés sur place, la cherchant des yeux, encore haletants après les efforts qu'ils venaient de faire. Pendant quelques instants, consternés par ce qui venait d'arriver, ils n'osèrent pas se regarder, ni parler. Le bac heurta enfin la berge et s'arrêta brusquement.

— Pourquoi est-ce qu'elle a fait ça ? éclata enfin Sauvage. Maintenant les marchands de tributs l'ont prise ! Elle n'aurait jamais dû s'approcher d'eux !

On aurait dit qu'il était plus en colère contre Étoile de l'Aube que contre ses ravisseurs.

— Maintenant ils vont la jeter du haut du rocher ! Pourquoi donc a-t-il fallu qu'elle fasse ça ?

Seeker parla plus calmement :

— Nous la retrouverons.

— Comment ? *Comment ?* Dis-moi comment ! Elle aurait dû prendre garde à elle ! Si elle avait fait attention, elle ne serait pas troussée comme un poulet, maintenant !

— C'est pour toi qu'elle a pris des risques, Sauvage.

— Je ne lui ai jamais rien demandé ! Est-ce que je lui ai demandé de m'aider ? Dis-moi !

— Non.

— Alors, pourquoi a-t-il fallu qu'elle le fasse ?

Le reste du convoi arrivait, et fut rapidement mis au courant de l'agression qu'avaient subie les trois amis. La nouvelle fut accueillie par de nombreux hochements de tête.

— C'est comme si elle était morte, disaient les gens. Aucun tribut n'est jamais sorti vivant de Radiance.

Dans un silence qui ressemblait beaucoup à celui d'un enterrement, les gens et les chars à bœufs montèrent dans le bac, et le bac les transporta jusqu'à la rive opposée. De là, ils reprirent leur route jusqu'à la ville. Le canoë avait disparu depuis longtemps. Seeker était plongé dans des pensées amères. Il revoyait sans cesse la lutte sur le radeau, se demandant ce qu'il aurait pu faire pour sauver Étoile de l'Aube. Tout s'était passé trop vite. Sauvage avait raison. Elle n'aurait pas dû prendre ce risque. Mais elle avait agi pour la même raison que lui, le besoin instinctif d'aider un ami en danger.

Pourtant Sauvage n'était pas vraiment un ami. Il ne partageait aucune de leurs croyances. Ils n'étaient pas parents. Ils n'avaient pas la même conception des choses. Leur seul point commun était leur admiration pour les Nomanas et leur espoir de devenir un jour eux-mêmes des Nomanas. Il ne suffisait pas d'avoir le même but pour être de vrais amis. Alors, pourquoi avaient-ils tous deux risqué leur vie pour lui ?

Il jeta un coup d'œil à Sauvage, qui marchait à grands pas, ses cheveux d'or flottant au vent. Sauvage sentit son regard sur lui.

— Je la retrouverai, dit-il.

— Oui, répondit Seeker.

— Je la libérerai.

— Oui, répéta Seeker.

Le rêve de rejoindre les Nomanas devrait attendre. Il fallait d'abord sauver Étoile de l'Aube.

Sauvage n'en dit pas davantage, mais des sentiments confus bouillonnaient en lui. Il aurait voulu dire à Seeker : « Elle a agi sans rien me demander, elle n'a qu'à en assumer les conséquences, peu m'importe qu'elle vive ou qu'elle meure. » Mais ce n'était pas vrai, cela lui importait. C'était comme si, en étant venue à son secours, elle lui avait passé un collier autour du cou, une laisse. Et maintenant, il ne pouvait plus s'empêcher d'être entraîné vers elle, où qu'elle se trouve.

— Pourquoi a-t-il fallu qu'elle vienne à mon secours ? se répétait-il, furieux, en avançant à grandes enjambées sur la route qui menait à Radiance. Je ne lui ai pourtant jamais demandé de m'aider !

XXIV

La Mère Ourse

Dans les champs de maïs, le travail recommença à l'aube. Le chef d'équipe et ses trois malabars s'installèrent pour manger un petit déjeuner substantiel, bien en vue des travailleurs affamés.

— Travaillez dur, dit le chef d'équipe entre deux bouchées, gagnez de l'argent, et vous pourrez manger quand vous voudrez.

Au milieu de la matinée, deux autres travailleurs s'étaient évanouis entre les rangs de maïs, et avaient été renvoyés sans un sou.

— De plus en plus d'injustice, dit Soren Similin. A ce rythme, il ne restera plus personne à payer à la fin de la semaine !

Flamb laissa son regard s'attarder sur les hommes qui partaient. On pouvait voir dans ses yeux la colère monter en lui, de plus en plus forte, de plus en plus profonde.

— Je m'appelle Flamb le Juste, murmura-t-il pour lui-même. Je ne peux pas rester là à regarder ces gens commettre autant d'injustices.

Il répétait les mots que Similin avait plantés dans son esprit.

— Chantez ! ordonna le chef d'équipe.

Les travailleurs se mirent à chanter. Le chariot des propriétaires approchait sur le chemin. Cette fois-ci, il ne transportait plus que la dame de la maison. Les travailleurs chantaient en souriant, et lorsqu'elle les salua d'un geste de la main, tous lui rendirent son salut.

Partons à la moisson ! Ooh ! Ooh !
Le ciel est bleu, le maïs est haut,
Le soleil brille, les heures défilent...

Seul Flamb ne chantait pas, ne souriait pas, ne saluait pas.

— Flamb ! chuchota Similin. Ils te regardent.

Flamb ne parut pas l'entendre. Il avait les yeux fixés sur la dame en blanc. Assise, souriant dans sa voiturette, elle saluait les travailleurs. Lorsque le chariot approcha, Flamb sortit du champ de maïs et se mit en travers du chemin, le forçant à s'arrêter.

— Non ! s'écria Similin. Reviens !

Mais Flamb ne l'entendit même pas. Il avait trop bien appris sa leçon. Il s'enflammait pour la justice.

— Madame, dit-il. Vos travailleurs ne sont pas heureux.

La dame le regarda, tandis que son sourire s'effaçait lentement.

— Vos travailleurs sont escroqués, battus, affamés, dit-il.

La dame se retourna, comme si elle cherchait de l'aide.

— Qu'est-ce qu'il dit ?

Le chef d'équipe arriva en courant, faisant signe à ses adjoints de le suivre.

— C'est un agitateur, madame, cria-t-il. Sors du chemin, toi !

— Maintenant, ils vont me battre, reprit Flamb, et me renvoyer sans me payer. Mais je ne peux pas supporter l'injustice.

— Est-il possible qu'il en soit ainsi ? demanda la dame.

Elle regarda les autres travailleurs, qui avaient tous cessé leur activité, et guettaient chacun de ses mouvements. Il y avait quelque chose dans leurs visages apeurés qui lui fit comprendre que c'était la vérité. Les adjoints hésitèrent, ne sachant que faire.

Soren Similin aussi observait Flamb, aussi surpris par sa réaction que les autres.

— Nous allons nous occuper de lui, madame, dit le chef d'équipe, en posant une main sur le bras de Flamb. Je suis désolé que vous ayez été dérangée.

Flamb ne bougea pas. Il continuait à fixer calmement la dame. Elle le regarda à son tour, et vit le chef d'équipe le tirer et essayer de l'entraîner plus loin, alors que lui restait immobile, ferme. C'est ce calme qui la convainquit.

— Venez avec moi, dit-elle en lui indiquant le siège vide à côté d'elle. Racontez-moi tout.

Flamb monta docilement à côté d'elle.

— A la maison ! lança-t-elle au cocher.

— Madame ! protesta le chef d'équipe. Cet homme est un menteur et un agitateur.

Mais la dame avait ordonné à son cocher de repartir, et le chariot roulait déjà sur le chemin.

Le chef d'équipe se tourna vers les travailleurs qui observaient la scène, et leur parla avec une fureur contenue :

— Il y en a qui veulent le rejoindre ? Vous êtes libres d'y aller ! Et d'y aller tout de suite ! Je peux avoir cent travailleurs de plus pour chacun d'entre vous ! On trouve toujours des hommes prêts à faire un travail honnête pour un salaire honnête. Alors, si le travail ne vous plaît pas, partez ! Je ne veux pas de vous !

Personne ne s'éloigna. Similin retourna vers le champ de maïs avec les autres, et recommença à cueillir les épis. Il travaillait machinalement, tout en réfléchissant au tour imprévu et ennuyeux qu'avaient pris les événements. Il avait trop bien réussi à manipuler Flamb. A présent, il fallait qu'il trouve le moyen de le rejoindre et de mener à bien son plan interrompu.

Il trouva rapidement la solution. Un domestique vint dire au chef d'équipe qu'il était demandé à la maison de la plantation. Similin s'avança aussitôt.

— Monsieur, dit-il. Je connais l'homme qui est parti avec la dame. Je sais pourquoi il a parlé comme ça.

— Vraiment ? demanda le chef d'équipe en lui lançant un regard soupçonneux.

— Il est toujours en colère, monsieur. C'est ce qui lui fait dire autant de mensonges.

— Mensonges, c'est bien le mot !

Le chef d'équipe se tourna vers le domestique.

— Tu as entendu ? Ce ne sont que des mensonges !

— Voudriez-vous que j'en parle à la maîtresse de maison ? proposa Similin.

— Je peux régler mes problèmes moi-même, grommela le chef d'équipe.

Puis, comme s'il y repensait :

— Tu n'as qu'à venir, si tu veux.

Similin suivit donc le chef d'équipe et le domestique sur le chemin qui menait à la maison. En marchant, il réfléchit à son plan. Flamb lancerait des accusations confuses et peu compréhensibles. On demanderait à Similin de les récuser. Mais Similin, au contraire, appuierait Flamb. Ils seraient tous deux renvoyés, il en était sûr. Alors ils pourraient quitter ce misérable endroit, et Similin lui dévoilerait qu'une grande bataille les attendait, au cours de laquelle la source de l'injustice pourrait être détruite une fois pour toutes.

La maison de la plantation, située au milieu d'un bosquet d'arbres, n'était pas visible depuis les champs. Lorsqu'elle apparut dans la verdure, Soren Similin, émerveillé, oublia un instant ses machinations. C'était la plus belle demeure qu'il eût jamais vue. Longue et basse, avec une charpente et une façade en bois, elle avait une couleur d'un blanc crayeux et satiné. Le toit légèrement incliné était couvert de tuiles de hêtre, devenues grises sous le soleil. Une profonde véranda à laquelle s'accrochaient les feuilles vertes d'une vigne vierge longeait toute la façade. Cette longue véranda était séparée en plusieurs parties par des piliers de soutènement. Dans chacun de ces compartiments, bien abrités du soleil, des portes et des fenêtres étaient ouvertes, où des rideaux de mousseline blanche ondulaient et se gonflaient sous la brise. Tout, dans cette maison, était simple, généreux, rafraîchissant. Le secrétaire avait vu le temple royal de Radiance, et il savait qu'il était beaucoup plus somptueux, mais cette maison donnait envie d'y habiter.

Il suivit le chef d'équipe et le domestique dans la véranda, jusqu'au bout du bâtiment, puis il franchit une porte, qui était manifestement l'entrée des serviteurs. A l'intérieur, ils longèrent un couloir, et entrèrent dans une pièce de la largeur de la maison, comportant des fenêtres de chaque côté. Là, deux enfants assis apprenaient leurs leçons en compagnie de leur gouvernante. Comme l'extérieur de la maison, tout l'intérieur était tapissé de lattes de bois, peintes d'un blanc crayeux. Le plancher était gris pâle, de la couleur du hêtre cendré dont il était fait. Les deux enfants, un garçon et une fille, étaient vêtus de blanc. Seule la gouvernante portait des habits gris, mais son visage était jeune et plein de vie.

Elle leva les yeux vers les trois hommes lorsqu'ils passèrent, et leur jeta un regard interrogateur, mais elle ne dit rien.

Ils traversèrent l'entrée principale, et se trouvèrent devant une grande pièce lumineuse, d'où venaient des voix :

— Ne t'inquiète pas, ma chérie, disait un homme, d'une voix forte. Nous irons jusqu'au fond des choses, il n'y aura pas d'injustice sur mes terres.

Ils entrèrent dans la pièce. Le maître de la plantation était debout, près d'une fenêtre, les bras croisés sur sa poitrine. Il hochait sa tête chauve à chaque mot pour leur donner plus de poids.

— Nous travaillons tous ensemble et la Mère Ourse nous nourrit tous autant que nous sommes.

C'était un homme de haute taille, d'une soixantaine d'années, avec une voix riche et suave, le visage marqué par l'âge. Sa femme, la dame de la maison, était assise en face de lui. Et à côté d'elle se tenait Flamb.

— Ah ! Voilà mon intendant ! Entrez Pélican, entrez !

Flamb ne leur jeta même pas un coup d'œil. S'il fut surpris par la présence de Similin, il ne le montra pas. La dame de la maison leva les yeux vers eux, son beau visage assombri par la tristesse. Sa peau était très pâle, et elle semblait presque fragile. Cette impression était accentuée par la finesse du tissu de sa robe blanche. Dans la pièce blanche, où même la lumière du jour était rendue blanche par les rideaux, perdue dans la lumière, elle était évanescente.

Le maître s'adressa à son intendant :

— Maintenant, écoutez-moi, dit-il d'une voix retentissante. Je ne veux pas d'ennuis sur la plantation. Qu'est-ce que c'est que cette histoire d'escroquerie et de mauvais traitements ?

— Ce sont des mensonges, monsieur, répondit le chef d'équipe. Vos travailleurs sont heureux de travailler. Et ceux qui ne le sont pas, eh bien, monsieur, ils sont libres de s'en aller.

La dame se tourna vers Flamb.

— Parlez, lui dit-elle.

— Les travailleurs ne sont pas heureux, dit Flamb, comme s'il parlait machinalement. Ils ont faim.

— Faim ? aboya le maître. Ne sont-ils pas nourris ?

— Deux bons repas par jour, répondit le chef d'équipe.

— Je ne vois vraiment pas où est le problème. — Le maître s'adressait à son épouse. — Il suffit de se promener dans les champs au moment de la récolte pour voir que les hommes sont heureux. Ça me réchauffe le cœur de les entendre chanter au travail.

— Vos travailleurs ne sont pas heureux, dit Flamb, répétant obstinément la même rengaine. Ils travaillent trop dur pour une paye misérable. Ils chantent parce que s'ils ne chantent pas, ils sont renvoyés sans être payés.

— Mes hommes sont rétribués exactement comme ils doivent l'être pour les tâches qu'ils accomplissent. J'insiste là-dessus.

— Et comment est-ce calculé ? demanda la dame.

Le maître se tourna vers son chef d'équipe pour qu'il donne la réponse.

— Expliquez ! Pélican !

— Eh bien, madame, cela se décide naturellement. Si nous les payons trop peu, nous n'aurons pas assez d'hommes pour faire le travail. Et si nous les payons trop, la plantation sera ruinée, et il n'y aura plus de travail pour personne. C'est pourquoi — tout naturellement, nous en venons à la solution intermédiaire.

— Exactement ! dit le maître. La solution intermédiaire.

— Tout ça, ce sont des manœuvres pour s'attirer les sympathies de la dame, reprit le chef d'équipe, et obtenir plus d'argent pour moins de travail. Nous avons des types de ce genre, de temps en temps. Ils sont paresseux, envieux, monsieur, et font tout ce qu'ils peuvent pour créer des conflits. Il n'y a qu'une chose à faire : les laisser partir.

— Je pense que vous avez raison.

Il se tourna vers Flamb.

— Si vous n'êtes pas heureux ici, mon brave, vous

feriez mieux d'aller ailleurs. Nous sommes une équipe heureuse, à la Mère Ourse. Si j'ai appris une chose dans ma vie, c'est que le bonheur favorise la prospérité.

— Monsieur, dit le chef d'équipe en poussant Similin en avant, si vous avez encore un doute...

— Non, non. J'en ai assez entendu. Allez-vous-en, tous autant que vous êtes.

Le chef d'équipe fit signe à Flamb.

— Viens. Tu as dit ce que tu avais à dire.

Il conduisit Similin et Flamb hors de la pièce. En sortant, ils entendirent le maître s'adresser à sa femme :

— Eh bien, ma chère, j'espère que tu te rends compte à présent qu'il vaut mieux laisser les affaires et le commerce aux hommes. Ils sont mieux à même de résoudre des problèmes aussi complexes.

En traversant l'entrée, ils virent la jolie gouvernante, à présent seule. Elle se leva d'un bond et fit un pas vers eux, mais au même instant, le domestique apparut, et elle recula, apeurée.

Lorsqu'ils furent de nouveau sur la route, entre les champs de maïs, le chef d'équipe dit à Flamb, d'un air fort satisfait :

— Tu t'es exprimé. Tu as fait tout ce que tu pouvais pour me nuire. Et tu n'y es pas arrivé.

Flamb ne répondit pas.

— Ce type-là — le chef d'équipe désigna Similin d'un mouvement de tête — était prêt à te traiter de menteur devant eux. Mais j'étais sûr de pouvoir m'en sortir seul. Je sais bien comment sont faits ces dames et ces messieurs. Ce que vous n'avez pas compris, c'est qu'ils ont bon cœur, le meilleur cœur du monde, mais qu'ils ne veulent pas entendre parler des détails. Ils me paient pour m'occuper des détails. Et vous savez quoi ? C'est là qu'est l'argent. Dans les détails.

Il était très content de lui. Soren Similin, au contraire, se trouvait dans une position fausse. Maintenant Flamb allait penser qu'il l'avait suivi pour le trahir.

— Ce n'est pas un menteur, dit-il. Chacun de ses mots était vrai.

— Oh ?

Le chef d'équipe fut très surpris.

— Tu es donc de son côté ? C'est une sorte de complot ?

— Je voulais le soutenir.

— Tu vas en avoir l'occasion, dit le chef d'équipe. Vous pouvez vous soutenir l'un l'autre. Parce que je vais vous apprendre ce qui arrive aux agitateurs de votre espèce, moi !

Ils avaient rejoint les autres travailleurs dans les champs de maïs. Pélican fit signe à ses adjoints de venir vers lui.

— Tenez solidement ces deux-là, dit-il. Et appelez tous les hommes. J'ai quelque chose à leur dire.

Les malabars attrapèrent Flamb et Similin. Flamb n'offrit aucune résistance. Quant au secrétaire, lorsqu'il eut les bras bloqués derrière le dos, il comprit qu'il serait incapable de résister, même s'il l'avait voulu. Les travailleurs sortirent des longues rangées de maïs et s'attroupèrent, curieux de savoir ce qui s'était passé, et contents d'interrompre quelques instants leur dur labeur.

— Vous voyez cet homme ? cria Pélican, en montrant Flamb du doigt. Il est allé voir le maître pour raconter qu'il n'était pas heureux de travailler ici. D'après lui, je l'escroquais. Vous savez ce que le maître lui a répondu ? Il lui a dit : « Si tu n'es pas heureux, va-t'en. » Et celui-là — il désigna Similin — il n'est pas content non plus. Alors, je le laisse partir, lui aussi. Y a-t-il d'autres malheureux, ici ?

Personne ne dit un mot.

— Cela signifie donc que vous êtes heureux ?

Il y eut quelques vagues murmures affirmatifs.

— Je ne vous entends pas.

— Oui, dirent les hommes. Oui. Oui.

— Très bien.

Il serra le poing et fit un signe de tête à l'homme qui tenait Flamb, puis il s'adressa aux travailleurs qui l'entouraient :

— Quand un homme me traite d'escroc...

Il frappa Flamb en plein dans l'estomac. Flamb haleta et se plia en deux, mais les adjoints qui le tenaient le redressèrent brutalement. Similin savait qu'il serait le prochain. Il ferma les yeux et rassembla ses forces pour affronter la douleur. Pélican n'en avait pas encore fini avec Flamb, cependant. Il lui donna un autre coup de poing, cette fois dans la figure. Après ce coup, un flot de sang brillant sortit du nez de Flamb.

Flamb se mit à grogner. Puis à hurler. Puis à rugir. Et soudain, comme un géant qui s'éveille, il banda ses biceps et se libéra des deux adjoints. Rugissant de plus en plus fort, il se tourna vers eux, et se servant de son avant-bras comme d'une massue, il les frappa, les faisant tomber par terre. Les hommes étaient plus musclés, plus baraqués que Flamb, mais celui-ci était mû par une rage incontrôlable, par une sorte de folie, et ils s'effondrèrent devant lui. Le chef d'équipe n'avait pas encore eu le temps de réaliser ce qui se passait, lorsque Flamb l'attrapa par les épaules et le projeta sur le sol avec une telle force qu'il alla rouler dans la poussière. Flamb le suivit, en poussant de grands cris.

— Mauvais homme ! Mauvais homme !

Tandis que le chef d'équipe se recroquevillait par terre, Flamb le bourra de coups de poing, le frappant de tous les côtés. Les hommes qui tenaient Similin le lâchèrent pour aller aider leur maître. Mais les travailleurs, stupéfaits et excités, se mirent à hurler, eux aussi.

— Tue-le ! criaient-ils. Piétine-le ! Écrase-le !

Les adjoints reculèrent.

— Tue-les tous ! crièrent les travailleurs.

Les adjoints firent demi-tour et se mirent à courir.

Flamb rugissait moins fort, à présent. Le chef d'équipe terrorisé n'essaya même pas de lui résister. Les coups tombèrent plus lentement, puis s'arrêtèrent. Tremblant, secoué par la violente tempête qui s'était emparée de lui, abasourdi, comme quelqu'un qui a été en transe et qui en sort, Flamb, le nez toujours en sang, s'éloigna et se mit à l'écart.

Les travailleurs se rapprochèrent du chef d'équipe.

— Prenons son argent ! Obligeons-le à payer ! Qu'il paye ce qu'il nous doit, ce sale escroc !

Ils tirèrent sur les vêtements du chef d'équipe, les lui arrachèrent à moitié, et trouvèrent son porte-monnaie. Les pièces roulèrent bientôt sur le sol, et les travailleurs se jetèrent tous par terre pour les ramasser dans la poussière. Le chef d'équipe, resté seul, se leva péniblement, et s'éloigna en boitillant sur la route.

Soren Similin rejoignit Flamb et essuya le sang qui avait coulé sur son visage. Il voyait ce qui lui restait à faire, à présent : il n'avait plus qu'à canaliser les explosions de colère de Flamb pour les utiliser à son avantage.

— Tu as été héroïque, lui dit-il.

— Héroïque ?

— Tu t'es battu contre l'injustice.

— Ah bon ?

— Le chef d'équipe nous escroquait. Il nous battait. C'était un sale type.

Flamb se rappelait, à présent.

— C'est vrai ! C'est un sale type. Si je le tuais ?

— Il est parti.

C'est alors qu'ils entendirent un fracas assourdissant.

Les travailleurs étaient entrés de force dans la cabane où le chef d'équipe gardait ses provisions. Ils trouvèrent ses réserves d'alcool.

— Nous faisons tout le travail ! cria l'un d'eux. Et c'est le maître qui en tire tout le profit !

— Le maître ! répétèrent les autres, sans savoir pourquoi.

— Il n'a qu'à partager !

Ils se passaient les bouteilles de cognac.

— Partage ! Partage !

Ainsi criant, buvant et chantant, les travailleurs se déversèrent sur le chemin qui menait à la maison de la plantation. Ils braillaient le *Chant des heureux travailleurs.*

— Ils sont heureux, maintenant, dit Flamb.

— Grâce à vous. Ou, si je peux me permettre de te tutoyer, grâce à toi. Tu es un Noble Guerrier.

— Un Noble Guerrier ?

Flamb fronça les sourcils, comme s'il avait déjà entendu ces mots, mais ne pouvait se rappeler où.

— Tu étais un Noma, avant.

— Un Noma ?

— Mais ils t'ont renvoyé. Ils t'ont rejeté. Ils ont dit que tu étais mauvais.

Flamb fronça les sourcils plus fort.

— Je suis mauvais ?

— C'est ce que les Nomanas ont dit.

— Mais ce n'est pas vrai. Je suis Flamb le Juste !

— En effet. Les Nomanas doivent avoir tort.

— Les Nomanas ont tort.

Il parlait avec véhémence. Il était furieux qu'on ait dit qu'il était mauvais. Similin en prit note.

— D'après les Nomanas, tu es mauvais. Mais c'est faux.

— Ce sont les Nomanas qui sont mauvais.

— Les Nomanas sont forts, dit Similin. Comme le chef d'équipe était fort.

— Je l'ai battu. Il était mauvais.

— Oui, tu as battu ce méchant chef d'équipe. Maintenant, ce sont les Nomanas qui sont méchants.

— Je les battrai, eux aussi.

— Ils sont très forts.

— Ça m'est égal. Je les battrai.

— Tu veux les battre tous à la fois ?

— Oui. Je les battrai tous. Je suis Flamb le Juste.

— Et si tu es blessé ?

— Ça m'est égal.

— Et s'ils te tuent ?

— Ça m'est égal.

— Tu veux donner ta vie pour une juste cause.

— Donner ma vie ?

Le visage de Flamb s'éclaira. Il avait déjà entendu cette phrase auparavant, elle devait donc être vraie.

— Oui, je donnerai ma vie.

— Tu es un Noble Guerrier.

— Un Noble Guerrier...

Il ne savait pas très bien ce que ça voulait dire, mais l'idée lui plaisait.

— Je le suis. Je donnerai ma vie. Parce que je suis un Noble Guerrier.

Soren Similin resta impassible, mais secrètement, il se réjouit. Il avait emmené ce pauvre garçon déçu là où il fallait. Le nettoyage avait vraiment bien fonctionné.

Ils entendirent soudain le roulement bruyant de roues de fer derrière eux, et le martèlement rapide de sabots. C'était le chariot de la maison de la plantation, conduit par le maître lui-même, qui roulait à toute allure. Il était accompagné de ses enfants, pâles, silencieux, et de la gouvernante. Le maître cria en passant :

— Les bandits ! Les pillards ! Ils me le paieront ! Je les ferai tous pendre !

Flamb regarda le chariot disparaître dans un nuage de poussière.

— Ce n'est pas notre problème, dit Similin.

Mais Flamb, inquiet, ferma à demi ses yeux, qui restaient fixés au loin.

— Où est la dame ?

— Quelle dame ?

— Celle qui était gentille avec moi. Elle doit être restée dans la maison.

— Ils ne lui feront pas de mal.

— Mais il a dit que c'étaient des bandits.

Flamb se dressa sur la pointe des pieds et hésita quelques instants, le front plissé. Puis, sans un mot, il fit demi-tour et courut sur le chemin qui menait à la maison de la plantation.

Le secrétaire, furieux, jura en silence. Il était si près du but ! Il ne lui restait plus qu'à emmener Flamb à Radiance. Il le suivit donc en soupirant, décidé à récupérer le porteur idéal de son arme fatale.

En approchant de la demeure, il vit que les travailleurs de la plantation en sortaient, emportant les objets qu'ils avaient volés à l'intérieur.

— Tu arrives trop tard ! lui crièrent-ils. Tout ce qui est intéressant a été pris !

Similin monta lentement les marches. Les portes étaient ouvertes. De nombreuses vitres avaient été fracassées. Des débris de verre scintillaient sur les planchers de bois gris. Les chaises et les tables étaient renversées. Les délicats rideaux blancs avaient été déchirés, entortillés, arrachés de leurs tringles. Le fin tissu gisait en tas, là où il avait été jeté, comme des amas de neige poussée par le vent. Les travailleurs les avaient arrachés parce qu'ils représentaient une part tangible de l'élégance dans laquelle les propriétaires avaient vécu. Ils les avaient déchirés, comme ils l'auraient fait d'une robe de dame, pour la réduire en haillons, à leur image.

Soren Similin traversa la maison, passant d'une pièce à l'autre, jusqu'à ce qu'il trouve enfin Flamb, dans ce qui avait été la salle d'étude des enfants. Là, au milieu du triste chaos qui régnait dans la pièce, la maîtresse de maison était assise sur une haute chaise d'écolier. Flamb, penché sur elle, lui parlait doucement. Les joues de la dame étaient baignées de larmes, et elle hochait la tête.

Flamb leva les yeux en voyant arriver Similin.

— Ils l'ont abandonnée, dit-il.

— Non, dit la dame. C'est moi qui ai décidé de rester. Ils sont mieux sans moi.

— Vous êtes bonne, lui dit Flamb. Nous veillerons sur vous.

Soren Similin eut l'impression que son cœur s'arrêtait de battre, en entendant ces mots. Mais il se dit qu'il valait mieux soutenir Flamb dans ses actes de générosité.

— Savez-vous où est parti votre mari ?

— Il a une maison en ville.

— En ville ? A Radiance ?

— Oui.

C'était un coup de chance. Avec beaucoup plus d'enthousiasme, Similin dit à Flamb :

— Nous ferions bien de l'accompagner à Radiance.

— Oui, dit Flamb. Elle a bon cœur.

Similin se tourna vers la dame.

— Nous n'avons pas d'équipage, malheureusement. Mais si vous vous sentez capable de faire le voyage à pied, nous serions heureux de vous accompagner.

— A pied ? Bien sûr. Pourquoi pas ? Je peux marcher.

Elle se leva, comme pour le prouver. Mais elle resta là, immobile, regardant le saccage de la salle d'étude. La table avait été cassée en deux. Les livres scolaires jonchaient le plancher. Une vache à bascule des enfants avait été arrachée de son pivot, pour le seul plaisir de la rendre inutile.

— Je suis vraiment désolé, dit Flamb.

Elle se tourna vers lui, surprise.

— Pourquoi devriez-vous être désolé ? Ce n'est pas votre faute.

— Les travailleurs n'étaient pas heureux. J'ai battu l'homme mauvais. Mais maintenant...

Il montra la destruction tout autour d'eux.

— Croyez-vous que je leur en veuille? — Elle s'anima soudain. — Croyez-vous que je ne sache rien? Tout cela... — d'un vaste mouvement, elle désigna le couloir menant aux autres pièces — tout cela pour une seule famille! Pour moi! Bien sûr que je ne le méritais pas. Bien sûr que tout me serait enlevé. Et que je serais punie, bien sûr. Maintenant j'ai été punie. Je n'ai plus rien ni personne. Je suis un être inutile. Plus vite ma vie sera finie, mieux ce sera.

Elle ne pleurait plus à présent. Ses beaux yeux brillaient, et sa voix douce se faisait pressante, comme si elle demandait qu'on l'approuve. Flamb était hypnotisé.

— Non, dit-il. Chacun d'entre nous a une tâche à accomplir, que lui seul peut accomplir.

— Qui vous a dit cela? lui demanda-t-elle vivement, d'un air accusateur, comme s'il avait volé sa phrase. C'est ainsi que parlent les Nomanas.

Flamb cligna des yeux, l'air confus.

— Il a été un Noma, autrefois, expliqua Soren Similin.

— Vous avez été un Noma... autrefois?

Elle se mit à rire. C'était un rire plus triste que gai.

— Est-ce qu'ils vous ont nettoyé?

Elle le regarda dans les yeux, et vit son regard désorienté.

— Ils l'ont fait, n'est-ce pas?

— Je ne sais pas, dit Flamb lentement. Tout ce que je sais, c'est qu'ils m'ont renvoyé.

— Oh, mon pauvre garçon. Et vous dites que j'ai bon cœur!

— Vous êtes bonne.

— Je ne suis qu'une autre exilée, comme vous.

Elle s'avança dans le couloir, retrouvant soudain son énergie. Flamb et Similin la suivirent.

Elle marchait devant eux, se frayant un passage entre les objets saccagés, vers les marches et le chemin entre les arbres. Elle portait toujours son élégante robe blanche de rentière oisive, et des escarpins de chevreau qui ne convenaient absolument pas au sol desséché ni aux gravillons de la route. Mais rien de cela ne la décourageait. Elle marchait, comme dans un rêve, longeant le sentier entre les hauts plants de maïs qui ne seraient pas récoltés.

Soren Similin suivait, fronçant les sourcils avec irritation. Il était si près du but, et maintenant la présence absurde de cette femme stupide distrayait Flamb de son destin. Elle avait été utile, cependant. C'était elle qui avait fourni à Similin le prétexte idéal pour faire ce qu'il voulait, c'est-à-dire aller à Radiance.

— Il faut veiller sur elle, dit Flamb.

— C'est une dame raffinée, objecta le secrétaire. Elle n'est pas habituée à marcher. Combien de temps crois-tu qu'elle tiendra ? Un heure tout au plus, avant de s'effondrer ?

— Elle est belle, dit Flamb. Elle est bonne. Nous devons veiller sur elle.

« Il ne manquait plus que ça, pensa Similin. Maintenant, ce gros nigaud est tombé amoureux. »

XXV

Bienalaise et Consoleur

Le canoë qui emportait Étoile de l'Aube arriva dans la cité de Radiance à la tombée de la nuit, glissant silencieusement sur le fleuve, puis sur l'un des étroits canaux qui menait jusqu'à un dédale de ruelles. Étoile de l'Aube n'était plus enveloppée dans la lourde couverture, mais elle n'émettait aucun son, car ses ravisseurs lui avaient mis un épais bâillon de tissu sur la bouche. Elle ne bougeait pas, car ses poignets étaient étroitement liés à sa ceinture, qui était elle-même attachée par une deuxième corde à la planche du canoë sur laquelle elle était assise. Mais elle pouvait se tenir droite, et voir, aussi regarda-t-elle autour d'elle pendant le trajet, afin de graver tout ce qu'elle pouvait dans sa mémoire. Elle vit les jolies rues dans lesquelles marchaient des prêtres en soutane dorée, accompagnés de leurs serviteurs. Elle vit des agents de police à chaque coin de rue. Elle vit des citadins gras, pomponnés, et des chats jaunes affamés.

Les deux marchands de tributs qui l'avaient enlevée portaient les noms comiques de Bienalaise et de Consoleur. Mais Étoile de l'Aube ne riait pas. Il était évident qu'ils connaissaient bien leur affaire, et qu'ils voulaient la vendre la nuit même. Pendant tout le trajet jusqu'à la cité, ils se félicitaient à tour de rôle, et se chamaillaient sur la meilleure façon de faire.

— C'est une beauté ! On va battre tous les records, avec elle !

— Combien d'argent possède notre homme, Bienalaise ? Jusqu'où ira-t-il ?

— On dit qu'il fournit toute l'huile du temple, et celle du palais royal, aussi. Il est riche.

— Oh, on va lui extorquer tout ce qu'on pourra, n'est-ce pas, Bienalaise ?

— Et ne mollis pas, surtout !

— Moi ? Mollir ? Qu'est-ce que tu racontes ? En affaires, je suis aussi dur qu'un silex. Pourquoi on m'appellerait « l'homme de pierre », autrement ?

— On ne t'appelle pas l'homme de pierre. On te surnomme Consol le Mol.

— Consol le Mol ? Je n'ai jamais entendu ça de ma vie !

— Alors, ne fléchis pas, ne me laisse pas tomber. Ce type-là va faire notre fortune, si on joue bien.

— Consol le Mol ? Qui m'appelle comme ça ?

— Je veux obtenir cinq mille shillings du marchand d'huile.

— Cinq mille shillings ! Oh, Bienalaise, quelle opulence ! Toi alors ! Avec tes rêves somptueux, tu vois toujours les choses en grand ! Cinq mille shillings !

— Tu verras. Du moment que tu ne flanches pas, tout ira bien.

Immobile, Étoile de l'Aube regardait et écoutait. Elle avait très peur, mais la peur aiguisait son esprit, l'aidait à se concentrer. Tous ses sens étaient focalisés sur le moyen de s'échapper. Ses liens étaient bien serrés. Elle ne pouvait appeler à l'aide. Le petit canal qu'ils remontaient à la pagaie passait sous des fenêtres éclairées, mais si des gens voyaient leur embarcation, ils ne semblaient pas y trouver quoi que ce soit d'anormal. Des prisonniers ligotés et bâillonnés devaient passer tous les soirs sous leurs fenêtres. Non, sa chance viendrait plus tard, elle le savait : lorsqu'elle serait enfin délivrée de ses liens, et vendue. C'était bizarre de penser qu'elle allait être vendue comme une miche de pain. Elle comprenait très bien dans quel but elle serait achetée, mais elle avait du mal à imaginer ce que signifiait exactement le fait d'être un tribut. Elle décida donc de ne pas y penser. Puis, tandis que le canoë s'arrêtait devant une volée de marches sombres, et qu'un des hommes la délivrait de la corde qui l'attachait au canoë, elle leva les yeux et aperçut un rocher imposant au loin. Il se détachait, noir, contre le ciel étoilé, et ne semblait pas si haut à cette distance. Mais en le voyant, son cœur se glaça.

Les marchands de tributs la poussèrent vers les marches, puis à l'intérieur d'un immeuble qui sentait la bière éventée et le graillon. Ils la conduisirent dans un couloir obscur, puis dans une pièce tout aussi obscure, et ils l'assirent sur une chaise en bois, où ils l'attachèrent de nouveau, ne lui laissant plus aucune liberté de mouvement. La chaise, comme elle le découvrit, était vissée au sol. Ce n'est qu'après s'être assurés que leur otage ne pouvait pas bouger qu'ils allumèrent une lampe à huile et la suspendirent à un crochet fixé au plafond. Puis ils s'en allèrent, et elle les entendit fermer la porte à clé derrière eux.

A aucun moment, ils ne lui avaient adressé la parole, ou ne l'avaient regardée en face. Elle comprenait que pour eux, elle était devenue une chose, un paquet, une promesse de richesse. Elle avait observé leurs couleurs, y cherchant un signe de compassion ou d'humanité, une lueur de tons doux, comme le rose ou le bleu, mais elle n'avait vu que l'orange cru de la cupidité. Aucun espoir de pitié de leur part. Ils avaient déjà fait trop souvent ce genre de transactions.

Ses pensées se tournèrent ensuite vers celui qui allait l'acheter. Si seulement elle n'avait plus de bâillon, elle pourrait peut-être l'émouvoir, lui faire au moins sentir qu'elle était un être vivant, comme lui-même ! Si elle parvenait à toucher vraiment son cœur, il ne se serait plus capable de l'envoyer à la mort.

Jovial Donneur se changea dès qu'il reçut le message. Il mit ses vêtements les plus humbles, dans l'espoir de convaincre les marchands de tributs qu'il n'était pas riche. Il traversa la ville à pied, sans se faire accompagner d'un serviteur. Cependant, espérant revenir avec une marchandise vivante, il ordonna à l'un de ses hommes de le suivre avec le char à bœufs de sa femme.

Il parcourut donc la place du marché, déserte à cette heure, puis descendit l'une des ruelles puantes qui menait à l'auberge *A l'Os de jambon*. Là, les marchands l'attendaient. Son cœur battait fort. Il ne restait plus que trois jours avant celui de sa fête, et il devenait vraiment urgent pour lui de trouver un tribut. Il essaya cependant de rester calme, et de paraître indifférent.

Ces bonnes résolutions s'effondrèrent dès qu'il entendit le prix que lui demandaient les marchands.

— Dix mille shillings !

— Pour vous, monsieur, qui possédez tous les champs de production d'huile qui vont du fleuve au lac, et qui fournissez à la fois le temple et le palais, pour vous, qu'est-ce que c'est que dix mille shillings ?

— Dix mille shillings ! Vous me prenez pour un fou, ou quoi ?

— C'est une jeune fille, mon bon monsieur. Une vierge authentique et garantie, saine, potelée, et plaisante à regarder.

— Et calme, ajouta son compagnon. Aussi obéissante qu'un chiot.

Jovial Donneur les regarda l'un après l'autre, et se sentit dégoûté. Pourquoi fallait-il donc traiter avec ces parasites satisfaits ? Cela offensait sa dignité presque autant que son portefeuille.

— Je n'irai pas au-delà de deux mille, dit-il. Et je dois d'abord la voir.

— Désolé, mon bon monsieur. Il semble que nous ne puissions nous mettre d'accord. A quelle heure avons-nous rendez-vous avec l'autre monsieur, Sol ?

— Il devrait être là dans une heure, Bienalaise.

Jovial Donneur se doutait bien qu'il s'agissait d'une invention. Mais que pouvait-il faire ?

— Il faut que je la voie d'abord, répéta-t-il.

— Qu'est-ce que tu en penses, Sol ? Doit-on laisser le chien voir le lapin ?

— Comment savoir si ce monsieur est sérieux ? répondit Consoleur.

— Voilà la question, dit Bienalaise.

Et ils tournèrent tous deux leur regard sournois vers le marchand d'huile.

— Très bien. Trois mille, dit celui-ci.

Jamais il n'avait dépensé autant d'argent pour un tribut. C'était trois fois plus que les autres fois. Si le tribut était vraiment une jeune vierge pleine de santé, cela en valait la peine.

— Avec trois mille shillings, on va sur le champ de courses, dit Bienalaise. Et avec dix mille, on a le lapin.

Jovial Donneur trouva que cette vulgaire métaphore du champ de courses était plus qu'il n'en pouvait supporter. Lui-même n'avait pas l'habitude d'assister aux courses de chiens.

— Je n'achète jamais sans voir.

Il essaya d'avoir l'air de se moquer de toute cette affaire.

— Et nous ne montrons jamais rien tant que nous ne voyons pas l'argent.

Cette réplique sembla mettre brutalement fin aux négociations. Les deux marchands se sourirent d'un air narquois. Jovial Donneur resta impassible et silencieux.

— Je vais vous dire, mon bon monsieur ! — Bienalaise

parlait comme s'il venait d'avoir une brillante idée. — Donnez-nous l'assurance que vous êtes ouvert à la discussion, prêt à débattre à nouveau du prix, et nous rendrons visite au lapin.

— Ouvert à la discussion, répéta Consoleur. Bien dit.

Jovial Donneur hésita un long, long moment, espérant que cela renforcerait sa position.

— Très bien, dit-il, enfin. Mais je n'ai pas augmenté mon offre d'un seul shilling.

— Compris, mon bon monsieur. Soyez ouvert à la discussion, c'est tout ce que nous demandons.

Avec un soupir amer, Jovial Donneur suivit les deux marchands dans une chambre à l'arrière de l'auberge.

Là, étroitement attachée à une chaise, se trouvait une petite silhouette féminine, la tête couverte du foulard rouge des gens des collines. Elle était bâillonnée, et seule la partie supérieure de son visage était visible. Elle était sagement assise, et tourna les yeux vers eux lorsqu'elle les entendit entrer. Les marchands de tributs verrouillèrent la porte derrière eux. Jovial Donneur examina attentivement la fille, mais en évitant son regard. Il était très content de ce qu'il voyait, mais prit garde de ne pas le montrer aux trafiquants. Cette fille ne faisait pas partie des piquiers, c'était évident. Sa peau n'avait aucun bouton, ni aucune des lésions que provoquait la sous-alimentation. Ses cheveux, en partie cachés par son foulard, étaient épais et soyeux. La cité de Radiance, à sa connaissance, n'aurait pas vu de tribut aussi parfait depuis des années.

— Elle est trop petite, dit-il, en se détournant. C'est presque une naine.

— Oh, non, mon bon monsieur ! Rappelez-vous que vous la voyez assise. Quand elle se lève, elle n'est pas petite. Pas petite du tout. Qu'est-ce que tu en penses, Sol ?

— Joliment tournée, dit Consoleur. Bien proportionnée.

— Tu trouves toujours les mots qui conviennent, dit Bienalaise avec admiration.

— D'accord pour trois mille shillings, déclara Jovial Donneur. Je n'ai jamais dépensé autant d'argent pour un tribut. C'est trois fois plus que d'habitude.

— Si vous en donnez trois, pourquoi pas dix? demanda Bienalaise. Maintenant que les cordons de la bourse sont déliés, comme qui dirait...

— Trois mille shillings! répéta Jovial Donneur, tapant bruyamment le mur en bois avec son poing fermé, comme il le faisait lorsqu'il vendait ses champs de production d'huile aux enchères. C'est ma dernière proposition. A prendre ou à laisser.

Il paya donc cinq mille shillings, et la fille fut à lui. Par quelque mystérieux sixième sens, les marchands de tributs avaient deviné la somme exacte qu'il avait sur lui, et ils réussirent à l'en délester. Son unique consolation était que personne ne saurait jamais combien il avait payé. Le prix était tellement exorbitant qu'il serait la risée de la ville si on l'apprenait. Mais lui-même n'en parlerait jamais, et les marchands de tributs avaient juré de garder le secret.

— C'est mieux pour les affaires, mon bon monsieur. Personne ne saura jamais combien d'argent a été versé exactement, et combien ne l'a pas été. Après tout, qui pourra dire que vous n'avez pas payé dix mille shillings?

Jovial Donneur dut se contenter de ça.

Le char à bœufs attendait devant l'auberge. Jovial Donneur et le tribut montèrent dedans et traversèrent la ville à l'abri des regards. La voiture entra dans la cour de la grande maison du marchand, et le portail se referma derrière eux. Il attendit que ses domestiques se retirent avant de sortir le tribut. Il le porta lui-même sans ses bras, jusqu'à une cave sans fenêtre, où il avait récemment gardé le piquier jusqu'à ce qu'il s'enfuie. Sa femme le suivit.

— Oh, mon époux! s'exclama-t-elle. Qu'elle est belle!

Comme tu es intelligent ! Oh, elle est parfaite ! Tu es un homme formidable !

— Je suis surtout un homme pauvre, maintenant, grâce à toi.

— Est-ce qu'on peut lui ôter ses liens ?

— Attends que je l'attache d'abord à la laisse. Je ne veux plus prendre de risques, avec toi et tes portes ouvertes.

— Je n'ai jamais laissé la porte ouverte. Je ne suis pas aussi stupide que tu le crois. C'est à cause de la clé. Elle ne tourne pas complètement.

— Si tu ne la tournes pas complètement, elle ne tourne pas complètement, ça c'est sûr.

Il vissa un bracelet de fer autour du poignet gauche du tribut. Une chaîne légère mais très résistante était soudée au bracelet d'un côté, et de l'autre à un anneau fixé au mur de la cave. Pendant toute cette opération, le tribut resta tranquille, et n'offrit aucune résistance.

— Maintenant, dit Jovial Donneur en s'adressant directement au tribut pour la première fois, mais en évitant toujours de croiser son regard, je vais enlever ton bâillon. Mais si tu cries, ou si tu me causes le moindre ennui, je te le remets. Hoche la tête pour me montrer que tu as compris.

Le tribut hocha la tête.

Jovial Donneur ôta le bâillon. Le tribut passa sa langue sur ses lèvres desséchées, et remua la mâchoire. Puis elle s'adressa à Bénédiction :

— Merci, madame, dit-elle.

— Oh ! s'écria Bénédiction. Comme elle est belle !

Jovial Donneur examina son onéreux achat d'un œil critique. Il devait admettre qu'il avait bien fait. Cette fille avait un air innocent qui serait particulièrement apprécié ce jour-là.

— Comment t'appelles-tu, mon petit ? demanda Bénédiction.

— Étoile de l'Aube, répondit le tribut.

— Je suis désolée que tu aies été bâillonnée de cette façon. Nous allons t'apporter quelque chose à boire et à manger. Je suis sûre qu'une petite collation sera la bienvenue. Mon cher, dit-elle en s'adressant à son mari, veux-tu bien t'en occuper ?

— Elle doit rester en laisse, dit Jovial Donneur en quittant la cave.

Bénédiction s'approcha d'Étoile de l'Aube, et tendit la main vers elle, avec une certaine nervosité.

— Tu es si mignonne ! Je vais te dorloter et te dorloter encore.

— Qui êtes-vous ? demanda le tribut de sa jolie petite voix. Où suis-je ?

— Tu es dans la maison d'une famille hautement respectée. Mon mari est le Préposé à la Couronne royale. Moi-même, je suis première soliste dans le chœur du temple. Je pense que tu peux être fière d'être là.

— Qu'allez-vous faire de moi ?

— Mon petit, dit solennellement Bénédiction, tu dois rendre un service pur et merveilleux. Est-ce que je peux te tenir la main ?

Étoile de l'Aube lui laissa sa main. Bénédiction la regarda d'un air extasié, et la caressa en parlant :

— Tu vas apporter une nouvelle vie ! Tu vas sauver le monde entier de l'étreinte noire de la nuit ! Grâce au pur et merveilleux service que tu vas rendre, les cultures pousseront, les hommes et les animaux auront à manger. Grâce à toi, la vie sera !

— Je pense, dit Étoile de l'Aube d'une voix hésitante, que vous voulez dire que je dois mourir.

— Tu dois mourir afin de nous donner la vie à tous ! s'écria Bénédiction, avec autant de ferveur que si c'était elle qui allait se sacrifier. Afin d'être reçue au sein du Pouvoir Radiant ! Afin de plonger au cœur même du principe vital !

Étoile de l'Aube observa la femme boulotte au visage rebondi qui se trouvait devant elle, ses grands yeux ronds levés vers le plafond, les paumes de ses mains tournées également vers le haut, comme si elle communiait avec son dieu. Elle réfléchit rapidement à ses possibilités d'agir. Elle avait déjà examiné discrètement le bracelet de fer, et savait qu'elle ne pourrait se libérer sans aide. Seeker et Sauvage la chercheraient, cela ne faisait aucun doute, mais elle ne voyait vraiment pas comment ils pourraient la trouver. Elle devrait donc se sauver toute seule.

Elle avait pu se faire une idée approfondie du maître de la maison pendant les négociations précédant son achat. Ses couleurs avaient montré qu'il était vaniteux et vindicatif. Sa femme était très différente. Elle était entourée d'une pâle lueur turquoise qu'Étoile de l'Aube avait déjà vue ailleurs, et qui lui donnait un peu d'espoir : ses couleurs montraient que c'était une croyante stupide. En se donnant un peu de peine, Étoile de l'Aube pourrait lui faire croire pratiquement n'importe quoi. Elle décida donc, pour commencer, de s'en faire une amie.

— Vous ne me connaissez pas, dit-elle d'une petite voix humble, et pourtant je sens l'amour qui s'épanche de vous vers moi. Vous devez avoir tant d'amour en vous !

— Mon enfant ! s'écria Bénédiction. Tu me comprends si bien !

— Je sens... Je sens que vous voulez uniquement mon bien, ce qui est bon pour moi.

— C'est vrai ! Oh, c'est vrai !

— Je suppose, dit pensivement Étoile de l'Aube, je suppose que la vie de chacun doit finir un jour. Et vous m'offrez une fin qui a un but.

Bénédiction la regarda, impressionnée. Toute sa vie, elle avait rêvé d'un moment pareil. Était-il possible que cela arrive vraiment ?

Son mari revint en portant un plateau-repas. Il avait décidé de ne pas laisser les serviteurs entrer dans la cave.

— Mon cher ! s'écria sa femme, en courant vers lui. Mon cher, bon et généreux époux ! Je crois... je crois vraiment... qu'après tant d'années... nous avons enfin trouvé un tribut volontaire !

QUATRIÈME PARTIE

SACRIFICE

Ils attendent.
Les vieux deviennent nerveux. Leurs plans se déroulent trop lentement. Ils sont en colère.
Ils ont faim de jeunesse éternelle.
Ils rêvent de moisson.

XXVI

La morsure de Sauvage

La cité de Radiance était officiellement une ville close, dont les limites étaient surveillées par des patrouilles de la police des frontières. Les résidants avaient des cartes d'identité qui leur permettaient d'aller et venir. Les visiteurs devaient demander la permission d'entrer dans la ville. Radiance s'était rapidement développée depuis quelques années, et ses résidants étaient devenus de plus en plus riches. Cette aisance avait entraîné un besoin accru en travailleurs venus d'ailleurs pour accomplir les tâches mal payées que les citoyens de Radiance dédaignaient de faire eux-mêmes. Ces travailleurs immigrés obtenaient des papiers temporaires, qui devaient être contresignés chaque jour par un employeur bien établi. Ceux qui ne trouvaient pas de travail, ou qui étaient licenciés, et dont on ne signait pas les papiers, devaient quitter la ville le jour même. Ceux qui se faisaient arrêter dans la rue par des patrouilles avec des papiers non signés étaient envoyés dans les réservoirs publics.

Seeker et Sauvage traversèrent la frontière de la ville après la tombée de la nuit. Ils furent abordés par deux policiers, auxquels ils déclarèrent qu'ils cherchaient du travail, et qui leur délivrèrent des documents à titre temporaire.

— Descendez vers le bord du lac, leur conseilla le premier policier. Allez jusqu'aux jardins flottants. Il y a du travail, là-bas. Gardez toujours vos papiers sur vous. Et évitez le quartier du marché. C'est là que les marchands de tributs font leurs affaires.

— Un autre conseil gratuit, ajouta le deuxième policier. Laissez toujours passer les prêtres et évitez les bagarres, si vous ne voulez pas finir dans les réservoirs. Il n'y a qu'une seule façon d'en sortir.

Il désigna d'un signe de tête le haut rocher du temple qui descendait à pic dans le lac. Il était inutile d'en dire davantage.

Tandis qu'ils se dirigeaient vers la cité, Sauvage parla à Seeker :

— De la bagarre, il va y en avoir. Quand nous trouverons ces pisses de saindoux de trafiquants, il y a aura de la bagarre, c'est sûr.

— Il faut être très prudents, dit Seeker. Nous ne pourrons l'aider que si nous restons libres.

Sauvage grogna, revoyant l'image d'Étoile de l'Aube entortillée dans le filet des marchands de tributs, disparaissant sur le fleuve.

— J'aurais dû m'en douter. Dès que j'ai vu que le passeur du bac n'était pas là, j'aurais dû m'en douter.

— Ne te fais pas de reproches.

— Pourquoi ? Je les mérite. J'ai mis sa vie en danger. Je m'en veux, c'est évident.

Sauvage resta silencieux un moment. Puis il recommença à grogner :

— Je veux du sang ! rugit-il. Je veux tuer !

— Il y a d'autres moyens, dit Seeker.

— Lesquels ?

Sauvage se tourna vers Seeker avec toute la violence de sa frustration.

— Voilà les seuls moyens que je connaisse : Mange

seul. Dors d'un sommeil léger. Frappe le premier. Ne laisse aucune chance aux autres, car ils ne t'en laisseront aucune. Observe les mains des hommes, ce sont les mains qui font mal. Tu sais ce que j'obtiens comme ça ? D'être toujours en vie à la fin de la journée. Alors, ne me parle pas d'*autres moyens.*

Seeker ne répondit pas, comprenant que cette colère ne lui était pas destinée. Sauvage était en proie à une émotion qu'il n'avait jamais éprouvée auparavant : la culpabilité. Il battit l'air de ses bras, comme s'il essayait de se libérer de nouveau des filets dans lesquels il avait été pris.

— Je fais ce que je fais, gronda-t-il. Je vis comme je vis. Je suis prêt à prendre les choses comme elles viennent. Mais ce truc-là... pouah !

Il secoua tout son corps.

— Comment faire quelque chose pour elle ?

— C'est là que ça devient difficile, dit Seeker. Quand on n'est plus tout seul. Quand on s'inquiète pour les autres. Quand ce sont eux qui souffrent et pas nous.

— Pouah ! répéta Sauvage en crachant par terre. C'est comme un mauvais goût dans la bouche qui ne veut pas partir.

— Je pense que tu n'arriveras plus jamais à t'en débarrasser.

— Sauf par le sang ! Sauf par le meurtre ! Laisse-moi seulement le temps de leur serrer la main, à ces marchands...

— Chut !

Il y avait des passants dans la rue, et une fois de plus, Sauvage avait recommencé à élever la voix.

— Nous finirons bien par les trouver, maintenant, dit Seeker pour essayer de calmer son ami et de passer de la colère à un plan d'action.

— Nous allons commencer par le marché. J'ai l'impression qu'ils doivent toujours être en ville. Ils y resteront jusqu'à ce qu'ils vendent... jusqu'à ce qu'ils aient conclu leur vente.

Sauvage poussa un nouveau grognement.

— Je vais les tuer !

— Il faut d'abord trouver où est Étoile de l'Aube. C'est plus important que de les tuer. S'ils sont morts, ils ne pourront plus rien nous dire.

Ils avançaient dans les rues de la cité proprement dite, et sans vouloir se l'avouer, ils étaient impressionnés. Les édifices qui se dressaient de chaque côté de la chaussée étaient plus grands et plus somptueux que toutes les maisons qu'ils avaient jamais pu voir. Non seulement les toits, mais les piliers et les arches, les encadrements des fenêtres et des portes étaient recouverts d'or. A chaque coin de rue, il y avait des fontaines pour les gens, et des abreuvoirs pour les bêtes. Les pavés sur lesquels ils marchaient étaient d'une propreté impeccable. Ici et là, des hommes munis de pelles ramassaient les excréments des bœufs. Dans les rues, les gens parlaient et riaient, arborant des habits coûteux et faisant tinter leurs bijoux. De jolies voitures passaient, tirées par des bœufs au poil lisse et brillant. Des lampes allumées brûlaient à toutes les fenêtres. Il y avait autant de maisons que de gens !

— Je me demande où ça peut être, dit doucement Seeker.

— Où peut être quoi ?

— L'arme qui détruira Anacréa.

Sauvage regarda les fenêtres qui brillaient dans la nuit.

— Je veux trancher des têtes ! dit-il d'une voix sifflante. J'ai besoin de trancher des têtes !

— Plus tard.

Au coin d'une rue, ils furent arrêtés par un agent de police.

— Vos papiers !

Ils lui présentèrent leurs papiers. Le policier leur jeta à peine un coup d'œil.

— Vous venez d'arriver ?

— Oui.

— Trouvez du travail demain, ou fichez le camp.

— S'il vous plaît, demanda Seeker. Pourriez-vous nous indiquer où se trouve le marché ?

— Qu'est-ce que vous voulez faire au marché ? Tout est fermé, à cette heure.

— Nous avons rendez-vous avec un ami.

— Un ami, hein !

Son regard las se posa sur Sauvage, et s'attarda sur ses longs cheveux dorés.

— Tu es quoi, toi ? Un chien ou une chienne ?

Seeker sentit Sauvage frissonner, puis s'immobiliser, le corps tendu, prêt à frapper. Il reprit leurs papiers, et le retint.

— Nous sommes déjà en retard.

— Continuez tout droit. Vous trouverez le marché.

Seeker entraîna Sauvage vers le carrefour. Il entendit l'agent de police rire derrière eux.

— Laisse tomber ! murmura Seeker. Je te demande seulement de laisser tomber.

Sauvage dégagea brusquement son bras de celui de Seeker et roula les épaules en grognant fort :

— Bientôt ! dit-il. Que ce soit bientôt !

Tandis qu'ils marchaient, le trottoir se suréleva par rapport à la chaussée, et devint plus étroit. Le bâtiment devant lequel ils passaient remplissait toute une partie de la rue. Il était encore plus imposant que les autres. Des bruits de voix et de rires s'échappaient de derrière ses hautes portes, et à travers les rideaux mal tirés de ses grandes fenêtres, ils aperçurent de longues tables autour desquelles étaient assis de robustes gaillards qui buvaient et mangeaient à la lumière des chandelles. A cette vue, ils eurent faim et froid, car la nuit devenait glaciale.

En face d'eux venait un petit cortège brillamment

éclairé. Un serviteur muni d'une lanterne était suivi d'un prêtre à la robe dorée, dont le bas était tenu par un porteur de traîne. Un deuxième serviteur suivait, avec une autre lanterne. Les quatre hommes marchaient vite, occupant le milieu du trottoir fort étroit, sans accorder la moindre attention à ceux qui pouvaient se trouver sur leur chemin. Seeker tira Sauvage dans l'embrasure de la porte d'une longue bâtisse, pour permettre au cortège de passer. Au même instant, la porte s'ouvrit et un énorme malabar sentant le vin en sortit, d'un pas chancelant.

— Dégagez, ordures de piquiers ! cria-t-il, en poussant brutalement Seeker et en le précipitant du haut du trottoir jusque sur la chaussée.

En tombant, la main de Seeker battit l'air, et heurta la lanterne que le serviteur du prêtre portait à l'arrière du cortège. La lanterne se brisa sur les pavés.

Seeker atterrit durement. Pendant quelques instants, il resta allongé, meurtri, le souffle coupé, sa joue contre le sol. Lorsqu'il rouvrit les yeux, sonné par sa chute, il s'aperçut que sa vue était brouillée. Il distinguait seulement, tout près de lui, une lumière qui brillait. Lorsque ses yeux parvinrent à faire le point, il vit que la lanterne brisée gisait à quelques centimètres de son visage. L'huile qui brûlait s'épanchait pas une fissure du réservoir de la lanterne, et coulait entre les pavés, formant une petite rigole enflammée. Incapable de bouger, il regarda, impuissant mais fasciné, le feu s'approcher de lui. Ses yeux étant à la hauteur des pavés, la flamme semblait aussi grande que lui, et paraissait avancer avec une terrifiante détermination. Puis, juste au moment où elle allait atteindre son visage, le ruisselet d'huile embrasée, tourna entre les pavés, et le dépassa. La flamme le frôla de si près qu'il sentit sa chaleur sur ses joues. Il la suivit des yeux, et eut soudain la sensation que ce n'était pas un hasard. C'était un signe. Dès que cette pensée pénétra dans son esprit, il se souvint de la voix qu'il avait entendue dans le Nome, aussi clairement que si elle lui parlait de nouveau : « Tu sais sûrement que c'est toi qui me sauveras. »

Tout cela n'avait pris que quelques secondes, car lorsqu'il se releva en titubant, il vit que le colosse était toujours sur le trottoir, et que Sauvage l'attaquait.

— Espèce de gros tas de bouse ! Attrape-moi si tu peux ! Regarde comment je mords.

Le malabar regardait Sauvage comme s'il n'en croyait pas ses yeux.

— Tu es malade, ou quoi ? dit-il. Je suis un hacheron ! Et là-dedans — il indiqua la porte ouverte —, il y en a cinquante autres !

Sauvage n'avait pas d'armes, mais il savait se servir de ses mains puissantes. Il donna un coup de son poing gauche, pour faire diversion, tandis que de sa main droite il frappait violemment le hacheron à la gorge. Le hacheron poussa un grognement étouffé de douleur et commença à suffoquer. Sauvage le frappa à nouveau, de son pied droit, cette fois, lui envoyant un coup dans l'aine. Le hacheron tibuba et tomba sur les genoux.

— Qui est malade, maintenant ? triompha Sauvage.

Seeker le rejoignit et le tira par le bras.

— Sauvage ! Viens vite !

Il avait vu d'autres colosses se lever de table en entendant des bruits dans la rue.

— Tu ne peux pas te battre contre tous ! Dépêche-toi !

Ils descendirent tous deux la rue en courant. Derrière eux, ils entendirent un rugissement de rage, tandis que le hacheron blessé retrouvait enfin sa voix. Ils virent une autre patrouille un peu plus loin.

— Marche ! dit Seeker. Marche !

Ils ralentirent, se mirent à marcher et dépassèrent les agents de police sans attirer leur attention. Sauvage, toujours plein d'agressivité, continuait à sautiller d'excitation.

— Si j'avais ma lance, ce gros balourd serait un homme mort !

— C'était un monstre !

— Et je suis Sauvage ! Je peux le démolir.

Il dansait d'un pied sur l'autre, boxant dans l'air de la nuit.

— Et comment ! dit Seeker. En fait, tu l'as déjà démoli.

Malgré la situation dangereuse dans laquelle ils se trouvaient, Seeker avait été impressionné, et cela s'entendit. Sauvage en fut flatté.

— Tu ne me croyais pas, avant, hein ? Tu me prenais pour un chien qui aboie mais ne mord pas. Je sais mordre, moi !

La large rue qu'ils suivaient se rétrécit, bordée de maisons de plus en plus humbles, jusqu'à devenir une pauvre ruelle défoncée. Des deux côtés, d'autres ruelles s'enfonçaient dans la nuit. Les gens qui passaient là évitaient leurs regards. Les réverbères se faisaient plus rares, plus espacés, au point qu'à mi-chemin entre deux lumières, il fallait marcher dans l'obscurité.

Puis, alors qu'ils commençaient à se demander si l'agent de police leur avait indiqué la bonne direction, ils se retrouvèrent sur la place du marché. C'était un grand espace découvert, où s'alignaient des rangées d'éventaires en bois, tous vides. Le sol entre les étals était jonché de détritus. Çà et là, de sombres silhouettes accroupies fouillaient dans les déchets pour y ramasser tout ce qui pouvait être mangé ou vendu. Quelques lanternes étaient suspendues aux avant-toits des maisons qui entouraient la place, mais au centre, il n'y avait pas de lumière. Les fouilleurs de détritus travaillaient au flair et au toucher.

— Et maintenant ? demanda Sauvage.

— Maintenant, il faut demander.

Seeker s'approcha d'un des fouilleurs de détritus.

— Pourriez-vous nous aider, monsieur ?

L'homme se redressa et regarda qui l'avait interpellé. C'était un vieillard défiguré par une large cicatrice sur un côté du visage, qui déformait sa bouche en un perpétuel rictus.

— Non, monsieur, répondit-il en reprenant sa tâche.

Sauvage l'attrapa par la nuque et le releva brusquement.

— Si, monsieur, dit-il.

Le fouilleur de détritus gémit et devint tout flasque.

— Nous cherchons des marchands de tributs, expliqua Seeker.

Le fouilleur de détritus eut alors un sourire entendu.

— Pour acheter ou pour vendre ?

— On les cherche, c'est tout.

— Vous les cherchez, c'est tout ! ricana le vieil homme. Eh bien, continuez à chercher ! Continuez à chercher !

Sauvage le secoua jusqu'à ce que ses os s'entrechoquent. Le vieillard se mit à hurler de terreur.

— Au secours ! Au secours ! A l'assassin !

Personne n'entendit. Personne ne vint.

— Où est-ce qu'on pourrait les trouver ?

— Qu'est-ce que j'en sais, moi ? Allez voir là où ils dépensent leur argent. Ils gagnent bien leur vie avec les tributs. Ça rapporte.

— Où est-ce qu'ils vont dépenser leur argent ?

— Partout où il y a des femmes et du vin. Mais c'est pas pour toi, t'es trop jeune.

— Tu veux que je te tranche la tête, poule mouillée ?

— Laisse-le.

Sauvage relâcha le vieil homme, qui chancela mais resta debout. Il se frotta le cou.

— Les marchands de tributs ont pris une amie à nous, dit Seeker. Nous voulons la retrouver.

— Et même si vous y arrivez, vous avez de l'argent pour la racheter ?

— Non.

— Alors dépêchez-vous de filer. La prochaine fois que vous la verrez, elle jouera les petits oiseaux.

Il battit des bras, et indiqua d'un signe de tête le rocher qui s'élevait à pic au-dessus du lac.

— L'argent n'est pas le seul moyen de convaincre les gens, dit Sauvage, en faisant jouer les articulations de ses mains puissantes.

— Vous êtes nouveaux, dans le coin, non ?

— Oui, répondit Seeker.

— Levez la main sur qui que ce soit, et vous vous retrouverez dans les réservoirs. Personne n'obtient ce qu'il veut par la violence, ici. Toute la violence se concentre le soir, en haut du grand rocher. C'est assez de violence pour tout le monde. Vous comprenez ?

— Allons-y, dit Sauvage à Seeker. Ce vieil idiot ne nous sert à rien.

— Attends, répondit Seeker. Il est en train de nous dire quelque chose.

— Oh, tu es un rapide, toi !

— Dites-nous où chercher.

— Bon, écoute. Si tu suis cette ruelle-là, au coin, que tu longes le canal, et que tu trouves une auberge nommée *A l'Os de jambon*, eh bien, tu tomberas peut-être sur les gars que tu cherches. Et si c'est le cas, si vous vous disputez, et que ton ami, là, s'en mêle avec sa violence, eh bien, ce sera une sacrée surprise pour tout le monde. Une énorme surprise. Une vraie nouveauté.

Seeker regarda le vieillard de près.

— Ça te plairait, non ?

— Ça me déplairait pas. Vous finirez tous les deux en haut du rocher, bien sûr. Mais moi, ça me déplairait pas qu'on arrache quelques plumes à ces vautours. J'aimerais bien les entendre brailler.

— *A l'Os de jambon.* Près du canal.

— Tu as intérêt à avoir de l'argent. *A l'Os de jambon*, on aime l'argent.

Sur ce, il retourna à ses détritus. Seeker et Sauvage traversèrent la place sombre du marché et prirent une ruelle étroite, dans la direction que le vieil homme leur avait indiquée.

— Est-ce que tu le crois ?

— On verra très vite s'il nous a dit la vérité.

La ruelle menait bien à un canal, et d'un côté, sous une petite arche, ils virent une cour brillamment éclairée, d'où s'échappaient de bruyants éclats de voix. Des tables remplissaient la cour, et entre les tables, des serveurs en sueur couraient, portant des plateaux chargés de verres pleins à ras bord au-dessus de leur tête. Presque toutes les chaises étaient occupées, et chaque client criait pour être servi.

Seeker et Sauvage entrèrent dans la cour, puis trouvèrent un banc dans un coin d'où ils purent observer les gens sans être dérangés. Les buveurs étaient tous des hommes, et ils buvaient tous du cognac. Les yeux de Seeker passaient d'un visage à l'autre, cherchant les deux trafiquants qui les avaient attaqués sur le bac.

— Tu les reconnaîtras ?

— Je les reconnaîtrai, répondit Sauvage. Et là, ils auront affaire à moi.

— Rappelle-toi : ce sont des renseignements que nous voulons, et pas une vengeance.

— D'abord les renseignements. Et ensuite la vengeance.

Seeker examina chaque visage un par un. Ils n'étaient pas là. Il en était sûr. Il sentit son sang se glacer. Où aller, à présent ?

— Nous ferions aussi bien de manger quelque chose. Il te reste de l'argent ?

Autant que tu veux.

Ils commandèrent du vin et de l'eau, du pain et du bœuf froid. Pendant qu'ils attendaient, ils se rendirent compte qu'ils étaient affamés. Puis, au moment où ils commençaient à manger, les deux marchands de tributs arrivèrent dans la cour en plastronnant. Leur apparition fut saluée par quelques acclamations à l'une des tables.

— Regardez qui est revenu ! Les chiens reviennent à leur vomi !

— Ho ! Garçon ! Du cognac pour cette bande de vauriens !

— Comment ? J'ai bien entendu ? Sol offre de payer nos rafraîchissements ? Pincez-moi, je dois rêver !

— Tu as trouvé un acheteur pour ton piquier unijambiste, Sol ?

— Riez autant que vous voudrez, mes amis. Et buvez votre cognac à nos frais. Ce soir, c'est la fête.

— Qu'est-ce que vous fêtez ?

— Ce qu'on pourrait appeler une jolie petite affaire. Ou un prix satisfaisant.

— Satisfaisant ? Si Bienalaise parle d'une somme satisfaisante, c'est qu'elle doit être assez grosse pour qu'un prêtre s'en étrangle.

— Ne croyez pas ça. Il a mis une jambe de bois au piquier estropié et l'a vendu dans le noir pour cent shillings.

— Si tu le dis, sourit Bienalaise, en tapotant la poche où il gardait son argent.

Tout le monde entendit le bruit que fit cette petite tape.

— Il a plus de mille shillings, là-dedans.

— Mille shillings, c'est pas mal, mais personne ne vient plastronner *A l'Os de jambon* pour mille shillings. Regardez ce sourire suffisant ! On dirait qu'il a pulvérisé tous les records !

— C'est ce que tu crois, hein ? dit Consolateur, en accentuant son sourire.

— Par le Soleil, c'est vrai ! Il a pulvérisé les records !

— Combien vous avez ? Quatre mille ?

Consolateur regarda Bienalaise qui regarda Consolateur. Ils se contentèrent de hausser les sourcils et d'arborer le même sourire satisfait.

— Plus ? Impossible !

— Si tu dis que c'est impossible, c'est sûrement impossible, dit Bienalaise.

— Quand même pas... cinq mille !

— Pas de chiffres, les amis. Pas de chiffres.

— Par le Soleil fumant, ils ont obtenu cinq mille !

Seeker et Sauvage mangeaient, buvaient, gardaient la tête baissée, et écoutaient.

— C'est eux, murmura Seeker.

— Oh, oui. C'est eux.

Sauvage avait pris le couteau qu'on leur avait apporté avec la miche de pain, et il le plantait dans la croûte, coupant le pain en morceaux de plus en plus petits.

— Pas encore, dit Seeker.

Ils durent attendre une heure avant que l'un des deux marchands de tributs se lève de table. Celui qui s'appelait Consolateur annonça qu'il avait un problème urgent à résoudre.

— Si je ne pisse pas maintenant, je vais... Je vais... Je vais pisser maintenant !

— Va-t'en, va-t'en. Épargne-nous ça !

Consolateur sortit donc de la cour en titubant, et se dirigea vers une ruelle qui menait à un canal où les clients de l'auberge avaient l'habitude de soulager leur vessie. Seeker et Sauvage le regardèrent passer tout près d'eux, puis ils se levèrent, et le suivirent.

En sortant de la cour éclairée, la ruelle leur parut totalement obscure. D'après le peu qu'ils voyaient, elle était vide en dehors de Consolateur. Celui-ci resta près du canal, s'appuya d'une main sur la rambarde, puis se pencha en avant et poussa un soupir de satisfaction en se libérant voluptueusement d'un jet long et abondant.

— Allons-y! souffla Sauvage.

— Non. Attends.

Sauvage voulait faire peur au marchand, Seeker voulait obtenir sa collaboration. Malgré toute la supériorité de Sauvage, en force et en âge, Seeker était devenu celui qui prenait les décisions.

Le marchand de tributs avait fini, et remettait ses vêtements en place.

— Vas-y, Sauvage!

Sauvage bondit, traversant la sombre ruelle, sifflant de colère. Le marchand de tributs l'entendit approcher, et se tourna vers lui.

— C'est toi, Bienalaise?

Il découvrit rapidement sa méprise.

Sauvage le saisit à la gorge, l'étranglant presque d'une main puis, de la seconde, il lui porta trois violents coups dans le ventre. Consolateur ferma les yeux et se plia en deux, comme du blé fauché. Sauvage se jeta sur son corps prostré, prit sa tête par les cheveux, et la cogna contre les pierres, dans la flaque de sa propre urine, jusqu'à ce que le trafiquant rouvre les yeux. Voyant qu'il le regardait, Sauvage lui murmura :

— Je vais t'arracher la chair du visage de mes propres dents! Je vais te faire si mal que tu me supplieras de te tuer!

Le marchand, paralysé de terreur, ne pouvait même pas formuler de réponse. Il suffoquait et gémissait dans l'obscurité. Seeker s'avança. Il s'agenouilla à côté de lui et lui parla à l'oreille :

— Écoute attentivement. Ce matin, tu as enlevé une fille. Cette fille est notre amie. Nous ne voulons pas prendre ton argent. Nous ne voulons plus te faire de mal. Nous voulons simplement savoir où elle est.

Consolateur l'entendit, roula les yeux, et laissa échapper un gargouillement inquiétant.

— Laisse sa gorge, Sauvage.

Sauvage desserra sa prise.

— J'ai envie de lui arracher la figure !

— Je sais. Mais attends d'abord de voir s'il ne peut pas nous aider.

Le trafiquant avalait l'air à grands traits.

— Ne me tue pas ! implora-t-il. Ne le laisse pas me tuer.

— Alors, où est la fille ?

— Chez le marchand d'huile. On l'a vendue au marchand d'huile.

— Où est-ce qu'il habite ?

— Je ne sais pas.

Seeker posa un regard sinistre sur Consolateur.

— Nous avons déjà enfreint la loi. Nous pouvons être jetés du haut du grand rocher, simplement parce que nous t'avons agressé. Nous sommes donc pratiquement morts. C'est pourquoi on n'hésitera pas à te tuer. Notre châtiment ne sera pas pire.

— Non ! Je vous en supplie ! Sa maison est dans la rue qui mène au temple. Il y a un soleil sur la porte.

— Laisse-le.

— Pourquoi ? demanda Sauvage.

— Il a fait ce qu'on lui a demandé.

— Et alors ? On n'a plus besoin de lui. On va le tuer.

— Non. Nous avons conclu un marché.

— Je n'ai pas passé de marché. Je n'en passe jamais.

— Moi, j'en ai conclu un. Je respecte mes engagements.

A contrecœur, Sauvage desserra ses mains puissantes et libéra le marchand, qui tremblait de tous ses membres. Consolateur se releva péniblement.

— Rappelle-toi, l'avertit Seeker, tu ne sais pas qui nous sommes. Si tu nous causes le moindre problème, nous viendrons te chercher, je te prendrai tes cinq mille shillings, et mon ami t'arrachera la peau du visage. Mais si tu ne dis rien, nous ne dirons rien non plus, tu garderas ton argent. Ce qui se passera entre le marchand d'huile et nous ne te regarde pas.

Le marchand acquiesça d'un signe de tête. Il lançait des coups d'œil nerveux vers les lumières et la sécurité de l'auberge.

— Tu peux partir, à présent.

Consolateur s'éloigna en hâte. Sauvage le regarda s'en aller, les yeux brûlants de colère.

— Je ne vois pas pourquoi je n'ai pas pu le tuer.

— Je t'expliquerai plus tard. Viens.

Ils traversèrent la ville obscure, en prenant garde de ne pas courir, et après quelques recherches, ils trouvèrent la rue qui menait au temple. Dans cette rue, une maison plus imposante que les autres avait un soleil représenté sur son portail cintré. Ils se cachèrent dans l'ombre d'un porche, en face de la demeure, et l'examinèrent attentivement. Les fenêtres étaient petites, hautes, et closes par des volets. La cime de grands arbres qui s'élevait au-dessus des murs indiquait qu'il y avait une cour intérieure. La seule entrée était le portail cintré, dont les lourds panneaux cloutés étaient fermés par des verrous de fer. Il n'y avait aucun espoir d'entrer par effraction dans une maison aussi bien construite.

Ils firent les cent pas dans la rue sombre, examinant la propriété sous tous ses angles. D'un côté, une étroite allée longeait le haut mur de la maison jusqu'à l'arrière. Ils virent que le mur n'offrait aucune brèche, et était impénétrable.

— Comment être sûrs qu'elle se trouve bien à l'intérieur ?

— On ne peut pas le savoir.

— Alors, qu'est-ce qu'on fait ?

— Nous reviendrons quand il fera jour. Nous attendrons que le portail s'ouvre.

— Et après ?

— On verra bien.

Seeker n'avait pas de plan. Il réagissait instinctivement à chaque situation nouvelle. Mais il sentait que Sauvage voulait croire qu'il en avait un. Il apprenait déjà que pour que les autres vous suivent, il suffit de savoir les mener. Il y avait autre chose, aussi : il n'avait plus peur, et Sauvage devait le sentir, Seeker en était sûr. C'était vraiment étrange. Il se trouvait dans un endroit très dangereux, et allait affronter de plus grands périls encore. Il n'avait jamais considéré qu'il avait un courage naturel, contrairement à son frère Flamb, par exemple. Et pourtant, il était soutenu par une conviction intime et puissante, qui était comme un acte de foi. Il croyait non pas qu'il était protégé, ni à l'abri des malheurs et de la souffrance mais que son voyage venait seulement de commencer. Il ne pouvait pas finir là, il ne finirait pas là. Par conséquent, en dépit de toutes les choses terrifiantes qui l'attendaient, il leur survivrait.

Cette conviction ne reposait sur aucun élément extérieur. Elle n'était peut-être que le produit de son imagination, mais elle lui donnait sa force.

XXVII

Rêves et projets

Seeker et Sauvage passèrent le reste de la nuit dehors. Ils dormirent sur le gazon râpé d'un jardin public au bord du lac. D'autres travailleurs immigrés se trouvaient là, eux aussi, recroquevillés par terre, certains sous des couvertures, mais dans la plupart des cas, sans rien pour les protéger du froid. Aux petites heures glaciales de l'aube, Seeker roula vers Sauvage dans son sommeil et ils se serrèrent l'un contre l'autre pour se réchauffer.

Ils furent tirés du sommeil par le soleil levant, dont les rayons éblouissants glissaient sur l'eau du lac. S'élevant de toute la ville, ils entendirent les acclamations par lesquelles les habitants de Radiance saluaient le retour de leur dieu, source de vie.

— Le Seigneur est revenu ! Lumière des lumières, gloire des gloires !

Seeker se réveilla entièrement le premier. Il se leva, s'étira, et défroissa les plis de ses vêtements. Puis il alla au bord du lac, éclaboussa son visage d'eau froide, et rejoignit son ami.

— Debout, Sauvage ! Nous n'avons pas beaucoup de temps.

Sauvage grogna et se retourna pour éviter les rayons du

soleil. Un prêtre passa dans la rue qui longeait le rivage, son porteur de traîne trottant derrière lui.

— Levez-vous, braves gens ! Le Seigneur est revenu !

— Allons, Sauvage ! Il faut aller chercher Étoile de l'Aube.

Le beau jeune homme roula sur lui-même, grogna de nouveau, et se leva. Il avait toujours les yeux fermés. Il étira tout son corps en un lent mouvement onduleux, au bout duquel ses yeux s'ouvrirent brusquement : il était complètement éveillé. Seeker, qui l'attendait, se dit qu'il s'éveillait comme un animal sauvage.

Ils suivirent de nouveau les rues qu'ils avaient prises dans l'obscurité, s'orientant grâce aux contours monumentaux du temple qui se dressait au-dessus des autres bâtiments. A la lumière du jour, l'avenue du marchand d'huile se révéla plus majestueuse qu'ils ne l'avaient cru. Les bas-côtés bien soignés, les arbres vénérables, les hauts murs et les portails imposants, tout montrait que c'était le quartier où résidaient les élites de la ville.

Ils arrivèrent devant la demeure du marchand d'huile, juste au moment où les lourdes portes s'ouvraient pour laisser passer les gens de maison qui commençaient leur journée de travail. Des domestiques allaient et venaient, s'affairant lentement, sortant avec des paniers vides, pour revenir un peu plus tard avec du pain frais, du lait et des légumes. D'autres serviteurs balayaient la cour, en soulevant de petits nuages de poussière avec leurs balais. Une femme de chambre apparut, qui portait un plateau de petit déjeuner, probablement destiné au maître de maison.

Seeker et Sauvage restèrent un bon moment à l'ombre d'un arbre, à observer ce qui se passait dans la demeure, tout en essayant de ne pas en avoir l'air. Sauvage commençait à s'agiter.

— Si elle est là, ils ne vont sûrement pas la sortir.

— Nous verrons bien quelque chose.

— Quoi ?

— Je ne sais pas.

Mais Seeker savait qu'ils ne disposaient pas de beaucoup de temps. Pour que leurs papiers soient en règle, ils devaient travailler un jour entier, et la journée de travail allait bientôt commencer. Il était mécontent de lui, il s'en voulait, car il savait qu'il avait compté sur la chance.

La cloche du temple sonna l'heure.

— Il faut y aller.

En faisant demi-tour pour partir, il vit un homme sortir de la cour avec le plateau du petit déjeuner qui avait été apporté par la femme de chambre. Le plateau n'était plus aussi bien garni, mais il ne contenait pas non plus les restes d'un petit déjeuner complet. Il y avait juste de quoi nourrir une personne : la moitié d'un petit pain, un verre de lait, quelques cerises. L'homme qui portait le plateau était d'âge moyen et vêtu de beaux tissus couteux. Il ne pouvait s'agir que du maître de maison : le marchand d'huile lui-même.

— Regarde !

Ils virent l'homme descendre quelques marches au bout de la cour, puis disparaître.

— La cave !

— Quelle cave ?

Ils n'avaient plus le temps de rester. Ils devaient se dépêcher de rejoindre le bord du lac et les jardins flottants. Seeker expliqua en marchant :

— C'était le maître de maison qui apportait à manger à quelqu'un dans une cave.

— Comment le sais-tu ?

— Je ne le sais pas. Mais j'en suis sûr. Étoile de l'Aube est enfermée dans la cave.

Lorsqu'ils arrivèrent aux jardins flottants, ils virent une longue file de travailleurs immigrés qui attendaient qu'on leur distribue le travail de la journée. Seeker et Sauvage firent la queue, eux aussi.

Plus loin, s'étendant sur le lac, des passerelles en bois flottaient sur des tonneaux scellés, et de chaque côté de ces passerelles, dans des bacs peu profonds remplis de terre, se déployait le feuillage vert de plantes luxuriantes. Des rangées et des rangées de plants de tomates se suivaient, soigneusement attachés à de longues palissades de bambou. Les fruits rouges et mûrs pendaient entre les feuilles d'un vert foncé, tandis qu'à leur pied, les racines étendaient leurs filaments dans la terre humide. Les bacs attachés les uns aux autres s'entrechoquaient faiblement sous les pas des gens qui allaient et venaient, agitant les passerelles. Au-delà des tomates, il y avait des courges et des gourdes, et au-delà encore les vrilles entrelacées des haricots. Tout était en mouvement constant, se balançant au rythme lent des vaguelettes du lac.

Seeker et Sauvage se préparèrent à cueillir les tomates et parcoururent les passerelles de long en large derrière les autres travailleurs, courbés sous le soleil matinal, leur panier au bras, suivant le mouvement ascendant et descendant des plantes. Après avoir travaillé environ une heure, ce mouvement constant leur parut normal : les montagnes lointaines, le temple du rocher, et la cité de Radiance elle-même semblaient s'élever et redescendre au gré des ondulations du lac.

Ils eurent droit à une courte pause pour le déjeuner, constitué de pain accompagné de tomates douces et mûres. Seeker et Sauvage restèrent à l'écart. Ils se reposèrent et mangèrent tranquillement, loin du groupe principal. Pourtant, ils sentaient qu'on les regardait avec curiosité, surtout une bande de jeunes piquiers qui semblaient vouloir attirer leur attention. N'obtenant pas de réaction, ils vinrent vers eux.

— Hé, les gars ! Regardez qui est là. Sauvage en personne !

Sauvage les salua d'un hochement de tête, sans esquisser le moindre sourire.

— Impossible ! dit l'un des plus hardis de la bande, l'air moqueur. Sauvage ne travaille pas pour être payé. Quand il veut quelque chose, il le prend, c'est tout.

— Alors, ce n'est peut-être pas Sauvage.

— Si, c'est lui, c'est sûr. Je le reconnaîtrais partout. Un jour, ils m'ont arrêté sur la route et pris tout ce que j'avais, lui et ses amis.

— Il n'a plus tellement d'amis, maintenant.

Ils se rapprochèrent, formant un large cercle autour de Sauvage et de Seeker. Seeker parla à voix basse :

— Ne dis rien. Ne réagis pas.

Sauvage acquiesça d'un signe de tête, et continua de manger.

— Hé, Sauvage ! Où sont les braves, où sont tes copains ?

— Tu as toujours tes cheveux d'or.

— Tu viens piller Radiance ? J'aimerais bien voir ça !

— Et puis faire une petite escalade au rocher ? Avant de plonger dans le lac ?

Ils éclatèrent tous de rire. Sauvage ne répondit pas, et garda les yeux baissés.

— Non, ce n'est pas Sauvage. C'est Sauvageonne. La Sauvageonne aux cheveux d'or.

La cloche sonna, les rappelant au travail. Toujours en riant, la bande de piquiers s'éloigna d'un pas nonchalant. Seeker tendit le bras vers Sauvage et le serra.

— Je suis fier de toi, lui dit-il.

— Je ne sais pas si je vais pouvoir supporter ça longtemps, répondit Sauvage.

Ils retournèrent travailler, et peinèrent jusqu'au soir. Une demi-heure avant le coucher du soleil, la cloche sonna à nouveau, et les travailleurs revinrent au bord du lac. Leur journée payée, leurs papiers signés, ils avaient le droit de rester dans la ville encore une nuit.

La plupart des travailleurs suivirent le mouvement de la foule qui, venant des quatre coins de la ville, se dirigeait vers la place du temple. L'heure de l'offrande du soir arrivait. La bande de jeunes piquiers, notamment, avait hâte d'assister au rituel.

— Ils tombent dans le lac. Et alors ? Ça n'a rien de si terrible.

— De cent cinquante mètres de haut, imbécile !

— Eh bien ? Ce n'est que de l'eau.

— Et qu'est-ce qu'il y a sous l'eau ? Des rochers !

Ainsi, se disputant et parlant fort, les piquiers suivaient les gens qui se dirigeaient vers la place. Seeker et Sauvage se mêlèrent à la foule pendant quelque temps, puis ils s'en écartèrent, et se dirigèrent vers la maison du marchand d'huile.

Ils rôdèrent de nouveau dans la rue, près de l'arbre, et virent les habitants de la maison partir pour aller assister à l'offrande. Une dame élégamment habillée, coiffée d'un chapeau à large bord, s'avançait la première, accompagnée d'une servante. Venait ensuite le maître de maison lui-même, vêtu de sa robe de fonction, suivi de deux garçons grassouillets, qui étaient visiblement ses fils. Enfin, la suite des domestiques, dont le dernier ferma et verrouilla le grand portail derrière lui.

L'heure du coucher de soleil approchait. La rue était déserte. C'était le moment de l'explorer. Seeker prit le chemin qui longeait la maison jusqu'à l'arrière.

— Les caves ont besoin d'air, dit-il. Il faut trouver une bouche d'aération.

Ils en virent une presque tout de suite. Puis d'autres encore. Ils découvrirent une série de petites ouvertures grillagées tout au long du mur, en bas, là où il touchait le sol. Seeker s'agenouilla, mit sa bouche contre le premier soupirail et murmura :

— Étoile de l'Aube ?

Pas de réponse. Il parla plus fort :

— Étoile de l'Aube !

Pas de réponse. Il s'approcha de l'autre soupirail, puis de l'autre encore. Il les essaya tous, sans aucun résultat.

— Peut-être qu'ils l'ont emmenée ailleurs, dit Sauvage.

— C'est possible.

— Peut-être qu'elle n'est pas du tout dans une cave.

— C'est possible.

— Peut-être qu'elle n'est même pas dans cette maison.

— Et qu'est-ce que tu proposes ?

— Moi ? Rien.

— Alors, tais-toi.

Seeker continua de s'agenouiller et d'appeler, faisant peu à peu tout le tour de la maison.

— C'est vraiment idiot, dit Sauvage. Il doit y avoir un autre moyen.

Seeker commençait à se sentir fatigué et à perdre le moral.

— Tu as peut-être raison. Il est possible qu'elle ne soit pas là.

Il s'assit et appuya son dos contre le mur.

— Alors, qu'est-ce qu'on fait ?

— Je ne sais pas.

Sauvage le regarda d'un air de reproche. Au cours des deux derniers jours, il s'était habitué à l'idée que c'était Seeker qui prenait les décisions. Maintenant, en voyant Seeker fermer les yeux et abandonner, ne serait-ce qu'un instant, il sentit sa propre détermination revenir au galop.

— Finissons au moins ce que nous avons commencé.

Il longea le mur, s'agenouillant devant chaque soupirail, appelant, comme Seeker l'avait fait.

— Étoile de l'Aube !

Il n'obtint pas plus de réponse, mais il insista.

— Étoile de l'Aube ! Hé, fillette ! Tu es là-dessous ?

Il avança de nouveau. Mais cette fois, alors même qu'il avançait, il entendit une faible voix venir du sous-sol :

— Sauvage ?

Sauvage se retourna vivement vers Seeker.

— Tu as entendu ? Elle est là !

Il se jeta par terre, et mit sa bouche contre la grille, tellement excité qu'il en oublia de parler à voix basse.

— Étoile de l'Aube ? C'est bien toi ?

— Bien sûr que c'est moi, dit la faible voix.

— Tu vas bien ?

— Bien sûr que je vais bien.

Seeker avait rejoint Sauvage. Toute sa fatigue avait disparu.

— Étoile de l'Aube ! cria-t-il à son tour. C'est moi, Seeker. Est-ce que tu es prisonnière dans cette cave ?

— Non, répondit-elle. Je reste là, tout simplement pour prendre le frais.

Seeker croisa le regard de Sauvage, et ils sourirent tous les deux.

— Ça fait du bien de t'entendre, fillette, dit Sauvage. On va te sortir de là.

— Ce serait gentil de votre part.

— Est-ce que la porte est verrouillée ?

— La porte est verrouillée. Je suis enchaînée à un mur. A part ça, rien ne me retient ici.

— Oh.

Ils s'assirent dans la poussière et s'appuyèrent contre le mur. Le sentiment d'euphorie qui les avait envahis au moment où ils avaient retrouvé leur amie disparut. La petite voix parla de nouveau de la cave, en dessous :

— Vous êtes toujours là ?

— Oui.

— Vous êtes prêts à m'aider ?

— Oui. Mais comment ?

— Voilà ce que vous allez faire. Prenez une grande feuille verte. Vous pouvez trouver ça ?

— Oui.

— Prenez un couteau, ou un bâton pointu. Gravez trois mots sur la feuille : « Cherchez - votre - fille. »

— Pourquoi ?

— Contentez-vous de le faire. Exactement comme je vous l'ai dit. Qu'est-ce que vous devez écrire sur la feuille ?

— Cherchez votre fille.

— Bien. Roulez la feuille sur elle-même et attachez-la avec un brin d'herbe. Compris ?

— Oui.

— Puis, revenez cette nuit et glissez la feuille enroulée dans l'anneau de fer du portail.

Un chant s'éleva de la place du Temple. Seeker et Sauvage regardèrent tous deux vers le roc, dont ils voyaient le sommet de là où ils étaient assis. Ils distinguèrent seulement les prêtres debout, au bord du rocher, tout en haut, tenant entre eux le tribut du jour, qui avait la tête baissée.

Seeker demanda :

— De combien de temps disposons-nous ?

— Il reste trois jours.

— Nous te sortirons de là.

— Non, je m'en sortirai toute seule. Vous, contentez-vous de faire ce que je vous ai demandé. Glissez la feuille dans l'anneau de fer. Prenez garde qu'on ne vous voie pas.

— Quand veux-tu qu'on revienne ?

— Demain, même heure.

— Nous serons là.

Le chant s'arrêta. Ils levèrent les yeux. Ils virent le tribut tomber. Ils entendirent son cri au loin. Puis, il y eut un silence.

La petite voix sortit à nouveau du soupirail :

— Merci de m'avoir retrouvée.

Le lendemain matin, le domestique qui ouvrit le portail de la demeure de Jovial Donneur trouva la feuille enroulée sur elle-même dans l'anneau du portail. Il enleva le brin d'herbe qui l'attachait, s'attendant à ce qu'elle ne contienne rien. Mais il y trouva un mystérieux message. Il prit la feuille et l'apporta au majordome. Le majordome l'apporta à son maître. Jovial Donneur l'examina pendant qu'il mangeait son petit déjeuner, puis il la montra à sa femme. Sa femme étudia le message inscrit sur la feuille, et comme les autres, elle ne sut qu'en penser.

— Cherchez votre fille ? La fille de qui ?

Elle-même n'avait que des fils. Elle appela le domestique qui avait trouvé la feuille.

— Tu dis qu'il était sur notre portail ?

— Oui, madame, roulé.

— Est-ce que certains de nos domestiques ont des filles ?

— Oui, madame.

— Est-ce que l'un d'eux aurait perdu sa fille ?

— Non, madame.

Le mystère de la feuille-message occupait toujours l'esprit de Bénédiction, lorsqu'elle rendit sa visite du matin à son tribut. C'était elle, désormais, qui se chargeait d'enlever le plateau du petit déjeuner.

— Il est arrivé quelque chose de très étrange, dit-elle.

— Je le savais ! s'exclama Étoile de l'Aube. J'en ai rêvé !

— Rêvé de quoi ?

— Un message vous a été envoyé. Oh, ça m'empêche de respirer.

Elle mit sa main à sa gorge et haleta.

— De quoi parles-tu mon enfant ? Explique-toi.

— Un message vous a été envoyé. J'en suis sûre !

— Oui, d'une certaine façon. C'est-à-dire qu'un message est arrivé. De qui est-il, nous l'ignorons.

— Est-ce qu'il dit... ?

De nouveau, Étoile de l'Aube sembla bouleversée. Elle baissa la tête, et eut du mal à reprendre son souffle.

— Est-ce qu'il disait : « Cherchez votre fille » ?

Bénédiction pâlit.

— Oui, dit-elle.

— Exactement ce que j'ai rêvé, murmura Étoile de l'Aube. Alors, c'est sûrement vrai.

— Qu'est-ce qui est sûrement vrai ?

— Comment vous le dire, madame ? Je ne suis rien. Pourquoi m'écouteriez-vous ?

— S'il te plaît ! Je t'en prie ! Dis-moi tout !

— Je l'ai su dès que je vous ai vue. J'ai senti le contact. J'ai senti une vague d'amour m'envahir.

— Comment ? Comment ? Qu'est-ce que tu racontes ?

Bénédiction rougissait et balbutiait. Elle avait commencé à entrevoir une possibilité extraordinaire.

— Croyez-vous en d'autres vies ? demanda Étoile de l'Aube. Croyez-vous à la possibilité d'une vie et d'une mort antérieures ?

— Oh, ma chère ! Je ne sais pas... parfois j'en ai l'impression... mais comment savoir ?

— Écoutez votre cœur aimant ! s'écria Étoile de l'Aube. Je n'ai pas besoin de prononcer les mots. Peut-être avez-vous fait le même rêve que moi.

— Oh, mon enfant. J'ai des rêves si étranges.

— Avez-vous rêvé que dans une autre vie, une vie maintenant écoulée, nous étions aussi proches que peuvent l'être deux êtres humains ? Avez-vous jamais rêvé que vous étiez ma... ?

Elle ne dit pas le mot. Elle regarda simplement Bénédiction, mais avec un sourire doux et timide. Ce fut donc Bénédiction qui le murmura, osant à peine le prononcer :

— Ta mère ?

Étoile de l'Aube inclina la tête. Bénédiction sentit une vague d'extase la submerger. Elle s'avança vers Étoile de l'Aube et l'enveloppa dans ses bras ronds.

— Tu étais ma petite fille chérie !

Étoile de l'Aube prenait garde de ne pas aller trop vite, de ne pas précipiter les choses.

— Ce n'est qu'un rêve, madame. Qui peut savoir ?

— Mais le message !

— Ce sont des choses mystérieuses.

— Dès le moment où j'ai posé les yeux sur toi, j'ai su que nous étions liées d'une façon particulière.

— Moi aussi, je l'ai senti. J'ai éprouvé un sentiment de bonheur, dès que je suis entrée dans votre maison. Même si...

Elle leva son poignet menotté. Pour la première fois, Bénédiction se rendit compte qu'elle était devant un dilemme. Elle regarda fixement Étoile de l'Aube, comme si elle avait reçu un choc.

— Je ne peux pas t'envoyer au temple comme offrande ! Pas ma propre fille !

— Qui, mieux que moi, pourrait mourir pour vous, madame ? dit doucement Étoile de l'Aube. Vous m'avez donné la vie. Vous pouvez en disposer.

— Oh, c'est terrible ! s'exclama Bénédiction en se tordant les mains et en gémissant. Que puis-je faire ? Mon mari ne croit pas aux rêves. Tout ce qu'il espère, c'est un tribut volontaire. Et maintenant... tu es là... et oh ! Tout va mal !

— Non, madame. Tout se déroule selon la volonté du Pouvoir Suprême.

— Mais qu'est-ce que je vais faire ?

— N'ayez pas peur. Si la volonté du Pouvoir Suprême est que votre mari voie la vérité, alors cela aussi adviendra. Nous allons voir si la nuit apporte de nouveaux messages.

— Oh, je l'espère. Il reste si peu de temps. Après-demain au coucher du soleil... Oh ! je ne peux pas supporter d'y penser !

Seeker et Sauvage passèrent un deuxième jour à cueillir des tomates dans les jardins flottants. A la fin de l'après-midi, par malchance, ils travaillèrent sur une rangée de plantes de l'autre côté de laquelle se trouvaient les jeunes gens qui les avaient provoqués la veille.

— Hé, les gars ! Faites gaffe ! Voilà Sauvageonne !

— Hé, Sauvageonne ! On dirait que ces tomates sont en colère !

— Prends garde, Sauvageonne ! Une tomate, ça peut faire mal !

Ils ricanèrent doucement en continuant leur travail.

— Hé ! dit l'un d'eux, vous avez entendu comment Sauvageonne a cherché la bagarre avec un capuchon ?

— Reste avec tes tomates, Sauvageonne. Tu n'es pas de taille à affronter les capuchons.

Seeker sentait que son ami n'en pouvait plus et qu'il allait craquer. Il décida de détourner leurs sarcasmes sur lui.

— Est-ce que vous parlez des Nomanas ? demanda-t-il.

— Qu'est-ce que tu veux, poupon ?

— Je déteste les Nomanas.

— Tu détestes les Nomanas ! Ça, par exemple ! Les Nomanas doivent en faire pipi dans leur culotte !

— Les Nomanas sont pourris jusqu'à la moelle, reprit Seeker. Plus vite ils seront écrasés, et mieux ce sera.

Même Sauvage fut surpris par les paroles de son ami, jusqu'à ce qu'il se souvienne du plan de Seeker, visant à trouver l'arme. Les travailleurs, de l'autre côté des plants de tomates, ne savaient pas s'il fallait s'inquiéter ou en rire.

— Écrasés ! Écoutez-moi ce gamin ! Qu'est-ce qu'ils t'ont donc fait, les Nomanas ?

— Ils ont gâché la vie de mon frère. Ils l'ont déshonoré, sans aucune raison. Je les déteste tous.

L'éclat de Seeker était si inhabituel dans ce milieu très contrôlé que ses mots furent répétés d'une rangée à l'autre et attirèrent l'attention des surveillants. L'un deux, sans se presser, remonta les trottoirs flottants pour interroger Seeker.

— C'est toi qui détestes les capuchons ?

— Oui, répondit Seeker.

— Est-ce que tu en as déjà rencontré un ?

— Je suis né à Anacréa. Mon frère était un Noma, jusqu'à ce qu'ils le chassent.

— Ah ! c'est ça ! Et comment t'appelles-tu ?

— Seeker, le Chercheur de Vérité.

— C'est un sacré nom que tu as là ! Et tu cherches la vérité ?

— Non, je cherche la vengeance.

— Ah ! C'est ça !

Le surveillant le regarda de haut en bas, hocha la tête, puis repartit, sans se presser.

A la fin de la journée, Seeker vit ce même surveillant sur le rivage. Il était accompagné d'un prêtre, et se tenait près de la table devant laquelle les travailleurs passaient se faire payer. Tous deux l'observaient.

— Sauvage, murmura-t-il. Je crois qu'ils ont mordu à l'hameçon. Si c'est nécessaire, est-ce que tu pourrais rejoindre Étoile de l'Aube tout seul ?

— Bien sûr.

Seeker avait raison. Dès qu'il quitta les jardins flottants, et mit pied sur le rivage, le surveillant s'approcha doucement de lui, et le prit par le bras.

— Chercheur de Vérité, lui dit-il. Il y a un saint homme, ici, qui aimerait te rencontrer.

Le prêtre, d'âge moyen, avait un visage terne. Il examina Seeker d'un air suspicieux.

— Tu viens d'Anacréa ?

— Oui.

— Mais tu as une dent contre les Nomanas ?

— Je les tuerais tous, si c'est ce que vous appelez avoir une dent contre eux.

— Tu es bien jeune pour parler ainsi, et vouloir tuer.

— Est-ce que seuls les vieillards tuent ?

Le prêtre acquiesça d'un hochement de tête.

— Tu aimerais peut-être rencontrer d'autres gens qui pensent comme toi.

Sauvage vit les inconnus emmener Seeker avec eux. Seeker partit sans lui adresser un mot, ni un regard, et fut bientôt hors de vue. Tout le monde s'en allait, car l'heure de l'offrande approchait. A présent seul et mal à l'aise, Sauvage traversa la ville jusqu'à la maison où Étoile de l'Aube était emprisonnée.

Comme les autres fois, il attendit que les habitants sortent de la demeure. Puis il retrouva le soupirail par lequel il pouvait parler à Étoile de l'Aube.

— Hé ! appela-t-il. Tu es toujours là ?

— Bien sûr que je suis toujours là, répondit la voix familière d'un ton irrité. Où est Seeker ?

— Il est parti avec des gens qui détestent les capuchons.

— Ah bon ?

Il y eut un silence, en bas, dans la cave. Sauvage était sur le point de lui demander de nouveau : « Tu es toujours là ? », mais il se retint. Il préféra lui poser une autre question :

— Tu as un plan ?

— Est-ce que Seeker t'a indiqué un endroit où vous retrouver ?

— Non, il est parti sans rien dire.

— Alors, il ne reste que toi.

— Oui.

— J'imagine que je devrai m'en contenter.

— Tu veux que je te coupe le cou, fillette ?

— Tais-toi, et écoute.

Sauvage se tut et écouta. Après tout, pensa-t-il, c'était à cause de lui qu'elle était enfermée dans la cave.

— La ville est pleine de chats errants. Tu les as vus ?

— Oui.

— Est-ce que tu penses que tu pourrais en attraper un ?

— Attraper un chat ? Évidemment.

— Alors, attrape un chat ce soir. De couleur jaune.

— Un chat jaune.

— Prends un de tes cheveux. Un long cheveu blond.

— Un cheveu à moi ?

— Juste un. Attache-le autour de la patte antérieure droite du chat.

— Pourquoi ?

— Fais-le, c'est tout. Assure-toi que ton cheveu est étroitement attaché à la patte. Je ne veux pas que le chat l'enlève.

— Le chat va détester ça.

— Donne-lui à manger. Donne-lui à manger jusqu'à ce qu'il soit entièrement rassasié. Comme ça, il s'endormira. Nourris le chat. Et attache-le au portail de la maison. Comme la nuit dernière. Sauf qu'il ne s'agit plus d'une feuille enroulée sur elle-même, mais d'un chat.

— Oui, je sais.

— Avec toi, il vaut mieux vérifier.

— Est-ce que je dois revenir demain à la même heure ?

— Toi ou Seeker. Il vaudrait mieux que ce soit Seeker. Mais tu feras l'affaire.

— Tu veux que je te...

— Oui, je sais. Pourvu que je vive assez longtemps pour que tu me tranches la gorge !

Le prêtre conduisit Seeker dans une partie de la ville occupée en majorité par de petits hôtels et des meublés. Comme les gens qui habitaient là n'étaient pas des citoyens de Radiance, et n'assistaient pas à l'offrande du soir, c'était un endroit plus vivant que tous les autres quartiers de la cité. Les bars étaient animés, les lampes brillaient, allumées, derrière les fenêtres. Seeker suivit le prêtre jusqu'à l'un de ces cafés. Là, on lui dit de s'asseoir et d'attendre. Le prêtre ressortit dans la rue.

Le bar était simple et sans ornement, mais propre et bien tenu. Le serveur fit un signe de tête à Seeker qui lui répondit de la même façon, et on lui apporta bientôt ce qui correspondait à la commande standard de l'endroit, une grosse tranche de pain blanc et un petit pichet de vin rouge. On ne lui demanda pas de payer. Il mangea et but en silence.

Au bout d'un moment, le prêtre réapparut, suivi d'un petit homme chauve au regard curieux.

— Le voici, dit le prêtre. Né à Anacréa.

— Né à Anacréa ?

Le petit homme examina Seeker avec une intensité presque avide.

— Jeune.

— Trop jeune ?

— Non, non. Cela peut être un avantage. S'il a ce dont nous avons besoin.

— Demandez-lui.

Le petit homme n'avait pas quitté Seeker des yeux un seul instant.

— Alors, jeune homme, dit-il. On m'a dit que tu t'appelais Chercheur de Vérité. Mais la vérité n'est pas ce que tu désires le plus.

Seeker ne cilla pas, il ne détourna pas le regard.

— Tout ce que je veux, dit-il, c'est la mort des Nomanas.

— Les Nomanas sont puissants. Qu'est-ce que tu peux faire contre eux ?

— J'ai entendu dire qu'il existe une arme qui peut même détruire les Nomanas.

— Vraiment ?

— Si je pouvais trouver cette arme, je m'en servirais.

— Si une telle arme existe, ce doit être un engin remarquable. Tu n'es qu'un gamin. Pourquoi te ferait-on l'honneur de l'utiliser ?

— L'île sainte est bien gardée, mais personne ne me soupçonnerait. Je suis allé plusieurs fois jusqu'au cœur du Nome. J'ai regardé à travers l'écran d'argent du Jardin lui-même. Je peux y retourner.

L'homme chauve acquiesça d'un lent hochement de tête, comme pour dire que pour le moment, il était satisfait.

— La question est la suivante, dit-il en s'adressant au prêtre. Est-ce que ce garçon est assez courageux ?

— Mettez-moi à l'épreuve, les défia Seeker, d'un air farouche.

— Oui. C'est peut-être ce que nous devrions faire.

Il se frotta le menton en réfléchissant. Puis il se tourna vers le prêtre.

— Il faut que je sois sûr de lui.

— Nous pourrions nous laisser guider par le Pouvoir Suprême.

— Qu'entendez-vous par là ?

Le prêtre emmena le petit homme à l'écart, et lui parla à voix basse. Le petit homme hochait la tête en l'écoutant. Puis il se tourna vers Seeker.

— Tu seras conduit ici, demain, à la même heure. Puis, lorsque les bonnes gens de la ville seront au lit, nous te soumettrons à un test, pour savoir si tu es celui qui sera choisi pour remplir une mission historique.

XXVIII

L'obscurité

Soren Similin avait tort au sujet de la belle dame. Tout au long de la mauvaise route qui menait à Radiance, elle marcha au même pas que les deux hommes, et ne demanda jamais à s'arrêter avant qu'ils ne s'arrêtent. Lorsque ses chaussures commencèrent à se déchirer et à se défaire, elle s'en débarrassa prestement, et continua pieds nus.

Pendant tout le premier jour, elle ne dit pas un mot. Flamb la regardait de temps en temps, et Similin voyait qu'il était hanté par la tristesse de son visage.

Le deuxième jour, après avoir cheminé dans la fraîcheur du matin, ils s'assirent pour manger vers midi. Puis ils se reposèrent. Ils s'allongèrent à l'ombre d'un arbre, écoutèrent le bourdonnement des insectes et le martèlement des chars à bœufs qui passaient, puis s'assoupirent brièvement.

Lorsque Flamb se réveilla, il se retourna et vit que Similin dormait encore, mais la dame avait les yeux ouverts. Elle regardait le feuillage au-dessus d'elle. Un vent léger agitait les branches et brisait le dessin des feuilles, qui se reformait ensuite, laissant passer de brefs éclairs de lumière. L'effet produit était à la fois fascinant et ludique, comme si l'après-midi d'été était entré dans une danse timide et joyeuse.

— Je suis désolé que vous soyez si triste, murmura Flamb. Mais aujourd'hui, tout est beau, n'est-ce pas ?

— Oui, répondit-elle.

Elle tourna la tête vers lui.

— Ils ont fait de vous de nouveau un enfant, Noma. Je vous envie.

— S'il vous plaît, ne soyez pas triste.

— Vous seriez triste, si vous connaissiez mon histoire.

— J'aimerais la connaître.

— Vraiment ? Elle ne finit pas bien.

— Est-ce qu'elle est finie ?

Il avait posé cette question avec une telle innocence, comme si elle pouvait vraiment être déjà finie, qu'elle sourit.

— Non, je ne crois pas que mon histoire soit déjà terminée.

— Vous pourriez raconter ce qui s'est passé jusqu'à présent.

— Pourquoi voudriez-vous écouter mon histoire ?

— J'aime les histoires. Grâce à elles, les choses trouvent leur place.

— Les choses ne trouvent donc pas leur place pour vous, Noma ?

— Non. — Il secoua la tête, constatant un simple fait. — Non.

— Bien. Je vais vous raconter mon histoire, alors.

Elle détourna la tête, pour regarder à nouveau la lumière dansant dans les feuilles, au-dessus d'elle. Pendant un moment, elle ne dit rien, laissant son esprit remonter le cours de sa vie. Puis elle se mit à raconter, d'une voix douce et hésitante, comme si elle se redécouvrait en parlant :

— Il était une fois une fille qui vivait dans un village au bord de la mer.

Flamb écoutait en silence, comme un enfant, son pouce dans la bouche.

— C'était une petite fille ordinaire, à tout point de vue, et elle n'avait aucune raison de penser qu'elle était différente des autres. Elle l'était, pourtant. Depuis sa plus tendre enfance, elle connaissait des périodes noires. Elles arrivaient sans prévenir, et duraient un jour ou deux, parfois davantage. Lorsque ces jours noirs venaient, elle savait qu'elle ne valait plus rien. Elle savait qu'elle devenait un fardeau pour ceux qui l'aimaient, et même une malédiction. Elle ne pouvait rien faire pour échapper à cette obscurité, sauf peut-être se jeter dans la mer, chose à laquelle elle aspirait, heure après heure, ne désirant plus que fermer les yeux, ne plus rien entendre, et faire taire ses pensées. Ses parents lui parlèrent de la Mère Aimante, de l'Observatrice Silencieuse, qui est toujours près de nous, mais elle savait que pendant les jours noirs, l'Observatrice Silencieuse l'abandonnait. Puis l'obscurité passait, comme un nuage d'ombre flottant au-dessus des collines, et elle retrouvait son calme.

« Elle grandit donc, se maria, et eut un bébé. Sa vie était très simple, et elle était heureuse, en attendant que les jours noirs reviennent. Mais ils revenaient toujours, et pour des périodes de plus en plus longues. Au moment où ils étaient les plus sombres, elle avait peur de sortir de chez elle, peur de courir vers la mer, aussi s'enfermait-elle dans sa chambre. Elle s'emprisonnait pour se sauver. Non pas qu'elle voulût se sauver pour elle-même, elle n'en valait pas la peine, elle le faisait pour l'amour de son enfant.

« Un matin, alors qu'elle était seule dans sa chambre, à l'un des moments les plus noirs de ces jours obscurs, elle éprouva une étrange expérience. La pièce s'emplit de lumière. La lumière était si brillante qu'elle dut fermer les yeux et se couvrir le visage de ses mains. Une voix lui parla, lui disant : “Viens vers moi.” Elle sut immédiatement que c'était la voix de l'Observatrice Silencieuse. Et elle comprit que c'était le seul moyen d'échapper à l'obscurité.

« Elle décida donc de se rendre sur l'île sainte, où vit l'Observatrice Silencieuse, et de consacrer sa vie à celle qui est aussi la Lumière Limpide. Elle croyait qu'ainsi l'obscurité la quitterait. Elle savait qu'abandonner son enfant et son mari était une chose terrible, mais elle pensait qu'elle était appelée par le Tout et l'Unique. Et elle savait que si elle ne le faisait pas, l'obscurité l'engloutirait.

« Elle se rendit dans l'île sainte. Elle se présenta à la communauté des Nomanas, et leur proposa de leur consacrer le reste de sa vie. Ils ne voulurent pas d'elle. Ils la renvoyèrent.

— Ah, dit Flamb en poussant un long soupir.

— Que pouvait-elle faire ? Elle quitta l'île sainte, la pluie tombait, les jours noirs revinrent. Cette fois, l'obscurité était si profonde qu'elle ne savait plus où elle allait, ni pourquoi. Elle ne désirait plus qu'une chose, mourir, et ne plus causer de souffrances à ceux qui l'aimaient. C'est pourquoi elle ne revint jamais chez elle. Elle marcha le long de la route sous la pluie, le long de cette route qui l'éloignait de sa maison, pour que ceux qui l'aimaient ne soient plus tourmentés par l'obscurité qui s'abattait sur elle. Quelque part sur son chemin, près d'une auberge, elle rencontra deux petits enfants trempés par la pluie, qui lui dirent qu'ils s'enfuyaient. Elle leur demanda : « Est-ce que je peux m'enfuir avec vous ? », ils lui répondirent oui et, se tenant par la main, ils coururent ensemble. Ils revinrent à l'auberge, à l'abri de la pluie. Là, le père attendait ses enfants. Il lui fut reconnaissant de les lui avoir ramenés, et voyant que ce n'était qu'une pauvre paysanne, il lui demanda si elle cherchait un emploi. Il était veuf. Il avait besoin d'une nurse pour les enfants.

« Pourquoi pas ? se dit-elle. Si les enfants étaient heureux de jouer avec elle, pourquoi pas ? Elle accepta donc d'être nurse. Puis, lorsqu'ils grandirent un peu, elle devint gouvernante. Puis l'épouse de leur père. Pourquoi pas ? Si leur père était heureux de l'aimer, pourquoi s'y opposerait-elle ? Il n'y avait rien d'autre devant elle, que l'obscurité.

Elle tourna de nouveau la tête, pour regarder Flamb.

— Une autre gouvernante est venue. Mon mari est tombé amoureux d'elle, comme il était tombé amoureux de moi auparavant. Alors, vous comprenez, ma présence n'était plus souhaitée.

— Est-ce que je peux vous demander votre nom ?

— Je m'appelle Grâce. Mais je suis celle qui aurait besoin d'une grâce. Nous vivons pour voir nos noms nous bafouer. Comment vous appelle-t-on, Noma ?

— Flamb le Juste.

— Vous brûlez donc de rendre la justice, de remettre les choses sur le droit chemin ?

Flamb regarda dans la direction de Similin. Il vit qu'il s'était réveillé et qu'il écoutait.

— Oui, répondit-il.

Il était temps de se remettre en route, et leur conversation s'arrêta là. Ils se levèrent, et marchèrent tout l'après-midi dans la chaleur. Ils approchèrent de la ville de Radiance en début de soirée. Similin faisait confiance à Flamb, désormais.

— Je peux te faire entrer dans la ville en te mettant sur mes papiers. Mais pas elle.

— Mais qu'est-ce qu'elle va devenir ?

— Elle a un mari. Elle peut demander à le voir.

— Son mari n'en veut plus. Nous devons nous occuper d'elle.

— Ne vous inquiétez pas pour moi, dit Grâce, en voyant qu'ils parlaient de son cas.

— Avez-vous des amis en ville ?

— Peut-être. Mais c'est sans importance.

Lorsqu'ils franchirent la frontière de Radiance, ils furent abordés par la police. Le secrétaire présenta ses papiers. En les voyant, les policiers se montrèrent fort respectueux. Similin expliqua que Flamb l'accompagnait pour une affaire concernant le roi. Les agents de police firent alors des papiers personnels pour Flamb.

— Et la dame..., dit celui-ci, en cherchant Grâce des yeux pour la désigner aux agents.

Mais elle n'était plus là. Il y avait un bosquet d'arbres non loin d'eux. Il vit rapidement passer une lueur blanche entre les troncs, dans la pénombre. Puis elle disparut.

— Idiote, dit Similin.

— Quelle dame ? demanda le policier.

— Ce n'est rien, répondit Similin. Nous n'avons pas de temps à perdre. Merci, monsieur l'agent. Nous devons nous dépêcher de résoudre cette affaire pour le roi.

Il descendit la rue qui menait à la cité, d'un pas rapide et assuré. Marchant à ses côtés, Flamb lui demanda à mi-voix :

— Et la belle dame ?

— Elle nous a quittés librement, de sa propre volonté.

— Sera-t-elle heureuse ? Je veux qu'elle soit heureuse.

— Je ne pense pas qu'elle ait un caractère heureux.

— Non. Elle est triste.

Similin savait qu'il devait détourner l'attention de Flamb de la fuite de leur compagne.

— Nous dormirons dans mes appartements, ce soir. Demain, je te montrerai comment devenir le plus noble de tous les Guerriers.

— Ah ! Je vais devenir un Noble Guerrier ! dit-il avec empressement.

— C'est toujours ce que tu veux ?

— Oh, oui !

— Même si tu dois donner ta vie pour cela ?

— Bien sûr. Qu'est-ce que je pourrais donner d'autre ?

Similin était satisfait. Son plan se déroulait de nouveau comme il le voulait. Il ne restait plus qu'à obtenir l'acte de volonté final de Flamb. Une fois que Flamb serait sur la chaise, et que le processus de chargement aurait commencé, il ne pourrait plus y avoir de retour en arrière.

Il s'adressa silencieusement à sa maîtresse : « N'ai-je pas bien mérité ? »

XXIX

Seeker à l'épreuve

Lorsque les domestiques ouvrirent le portail de la maison de Jovial Donneur, le lendemain matin, ils trouvèrent un chat errant attaché à l'anneau de fer. Le chat, qui miaulait, fut remis au majordome, lequel remit le chat, qui miaulait toujours, au maître de maison. Jovial Donneur regarda cette créature bruyante, d'un air mécontent.

— Attaché au portail ?

— Comme la feuille, monsieur.

— Comme la feuille ? Est-ce que le chat apporte un message ?

— Non, monsieur.

— Appelle la maîtresse.

Jovial Donneur s'était déjà disputé avec sa femme la veille au soir, avant de se coucher. Bénédiction s'était persuadée que le tribut qu'il avait acheté était trop particulier pour être sacrifié. Il l'avait envoyée promener.

— Cinq mille shillings aussi, c'est trop particulier pour être sacrifié, lui avait-il répondu, mettant fin à leur discussion.

A présent, il y avait cette histoire de chat. Il ne savait pas ce que sa femme allait en faire, mais ce serait assurément la cause de nouveaux ennuis.

Bénédiction entra, et on lui montra l'animal.

— Il doit y avoir un message, déclara-t-elle aussitôt.

— Pas de message, répliqua Jovial Donneur. Juste un chat.

— Alors c'est un signe. Notre enfant saura le déchiffrer.

— Oh, oui. Je n'en doute pas. Notre enfant révélera que c'est le signe qu'il faut la libérer. Eh, bien je t'assure que j'ai mes propres signes, et qu'ils disent : « Personne ne me bernera. »

— Personne ne veut te berner, mon chéri. Tu sais bien que tu as toujours désiré avoir une fille.

— Une vraie fille, peut-être. Celle-ci n'est pas plus ma fille qu'une tranche de pudding.

— Quoi qu'il en soit, mon chéri, je lui demanderai ce qu'elle pense de ce chat.

— Ce n'est pas la peine de m'appeler chéri, à tout bout de champ. Cette fille montera en haut du rocher demain soir, et si tu peux obtenir d'elle qu'elle y aille volontairement, alors tu seras une femme bonne, aimante, que je chérirai autant que tu voudras.

— Comme tu voudras, mon époux.

Jovial Donneur se leva de sa chaise, le visage assombri par les soupçons.

— Je viens avec toi, déclara-t-il. Et tu ne diras pas un mot sur ce chat. C'est moi qui parlerai.

Le maître et la maîtresse de maison apportèrent ensemble le plateau du petit déjeuner à leur tribut enfermé dans la cave. Étoile de l'Aube fut polie, comme toujours. Elle but et mangea avec gratitude. Bénédiction émettait de petits cris étranglés, des bribes de mots qu'elle brûlait de prononcer et qui lui échappaient. Mais son mari lui jeta des regards féroces, qui l'obligèrent à se taire.

— Alors, dit-il, lorsque Étoile de l'Aube eut fini de manger. As-tu quelque chose de plus à nous dire ?

— A quel sujet, monsieur ?

— Tu as peut-être fait un autre rêve. Tu t'es peut-être

aperçue que, dans une vie antérieure, tu étais ma grand-mère.

— Non, monsieur. Mais, en effet, j'ai eu un autre rêve.

— Tu vois ! s'écria Bénédiction.

— Tais-toi, femme ! Un autre rêve, hein ?

— Dans mon rêve, il y avait un chat.

— Un chat ! cria Bénédiction d'une voix perçante.

— Silence ! tonna Jovial Donneur. Continue, toi.

— Le chat m'a parlé.

— Qu'est-ce qu'il t'a dit ?

— C'était un chat doré. Cela se passait ici, chez vous. Il m'a parlé de vous, monsieur.

— De moi. Très bien. Continue.

— « Dis au maître de cette maison que s'il tient compte de mes ordres, il sera placé à la droite du roi. » Voilà les mots du chat.

— Si je tiens compte des ordres du chat de ce rêve ?

— Oui, monsieur.

— Les ordres si utiles de ce chat, demanda Jovial Donneur avec un petit sourire, auraient-ils par hasard un rapport avec toi ?

— Oui, monsieur.

— Tu vois ? dit Jovial Donneur à sa femme, en ricanant. C'est tout simplement un truc pour sauver sa peau.

— Il ne s'agissait pas de sauver ma peau, monsieur. Je devais simplement vous transmettre ses ordres. Pour que vous puissiez vous tenir à la droite du roi.

— Oh, mon cher mari ! s'exclama Bénédiction. A la droite du roi ! Cela signifie sûrement que tu vas devenir Grand Prêtre.

— Absurde !

Mais Étoile de l'Aube, qui observait attentivement Jovial Donneur, vit ses couleurs changer, et passer du brun orangé — couleur du refus d'être berné — au jaune fauve de l'ambition.

— Alors, quels sont exactement ces ordres dont je devrais tenir compte ?

— Le chat doré ne m'en a donné qu'un seul, monsieur. Le voici : « Garde le trésor qui vivra après toi. »

— Quel trésor ?

— Oh, mon cher époux ! s'écria Bénédiction. Notre fille ! Quel autre trésor vivra après nous ? Il faut que tu gardes tes enfants. Y compris notre nouvelle fille.

Les soupçons de Jovial Donneur revinrent en force et assombrirent ses couleurs.

— Naturellement, dit-il. Quelle surprise !

Étoile de l'Aube décida qu'il était temps de fournir son argument décisif.

— Dans mon rêve, expliqua-t-elle, le chat doré portait un bracelet en or à sa patte antérieure droite : c'était le signe que vous seriez placé à la droite du roi.

— Un bracelet en or ? Cet animal galeux n'a pas de bracelet.

— Dans mon rêve, ce bracelet était représenté par un seul cheveu d'or.

— Va chercher le chat ! cria Bénédiction.

Le chat fut apporté dans la cave. Et là, après quelques recherches, un cheveu d'or fut trouvé, attaché autour d'une patte. Bénédiction ne poussa aucun cri, cette fois. Elle se contenta de regarder son mari. Jovial Donneur restait planté là, hochant la tête de droite à gauche.

— Tu la crois, maintenant, n'est-ce pas ? dit sa femme.

— Donne-moi du temps. J'ai besoin de réfléchir à tout ça.

— Pas trop longtemps, mon chéri. Ta fête a lieu demain.

Seeker et Sauvage passèrent un troisième jour à travailler dans les jardins flottants, sachant que les heures étaient comptées pour Étoile de l'Aube. Seeker sentait aussi qu'il approchait de l'arme qu'ils cherchaient, et pour laquelle ils avaient décidé de se rendre à Radiance au départ. Tous deux parlèrent de ce qu'ils allaient faire, en avançant entre les plants de tomates.

— Je crois que je devrais aller voir ces gens ce soir, dit Seeker. Si j'arrive à leur inspirer confiance, ils pourront peut-être nous aider à libérer Étoile de l'Aube.

— Qu'est-ce que je dois faire ?

— A la tombée de la nuit, retourne à la maison où Étoile de l'Aube est enfermée, comme elle te l'a demandé. Fais tout ce qu'elle te dit. Elle doit avoir son propre plan.

A la fin de la journée, Seeker s'en alla avec le même prêtre que la veille. Sauvage n'était pas pressé, car il savait qu'il ne pourrait parler à Étoile de l'Aube avant que les rues ne se vident pour l'offrande du soir. Il s'attarda donc près du lac. Là, les jeunes piquiers qui l'avaient provoqué la veille vinrent le rejoindre.

— Hé, les gars ! Voilà Sauvageonne !

— Tu me fais tellement peur, Sauvageonne ! Regarde, j'en ai les genoux qui tremblent.

— On dirait qu'il ne voit pas tes genoux trembler. Il veut peut-être regarder ça de plus près.

— Hé, Sauvageonne ! Tu veux mes genoux dans ta figure ?

Ils l'entourèrent, tendant les bras et donnant de petits coups sur sa chevelure d'or. Sauvage ne se contrôlait pas facilement, mais il resta silencieux.

— Cette Sauvageonne est une vraie beauté, n'est-ce pas, les gars ? Admirez cette bouche merveilleuse !

— Hé, Sauvageonne ! Est-ce que tu m'ai-ai-mes ?

Sauvage évita leurs yeux moqueurs. Il s'éloigna, remontant la rue qui menait dans le centre de la ville. Mais ses persécuteurs le suivirent.

— Est-ce que tu m'ai-ai-mes ?

Des mains se tendirent pour le tripoter, caresser ses cheveux, faire cliqueter ses bracelets.

— Fais-moi un câlin, Sauvageonne ! Tu es une vraie beauté !

Des mains lui attrapèrent les bras pour le tordre dans tous les sens, tandis que des bouches hilares défilaient autour de lui. Il sentit un baiser railleur l'effleurer. C'était trop. Écumant de rage, il poussa un hurlement de fureur. Sa puissante main droite saisit un piquier à la gorge, et au moment même où il l'étranglait, il frappa un autre piquier avec la tête du premier. Trop rapide pour que les autres puissent rendre les coups, il les agrippa par les poignets et leur tordit les bras jusqu'à ce qu'on entende leurs os craquer. Les piquiers criaient de terreur. Une patrouille intervint. Il se battit contre les policiers aussi, les envoyant valser sur le trottoir. Mais des renforts arrivèrent, puis d'autres encore, et finalement, grâce à leur seule supériorité en nombre, ils réussirent à le plaquer au sol, et à le maîtriser.

— Un de plus pour les réservoirs, dirent-ils.

Étoile de l'Aube entendit les membres de la maisonnée partir pour l'office du soir. Elle entendit le grand portail se refermer, et les lourdes clés tourner dans la serrure. Puis elle attendit que Seeker ou Sauvage l'appelle par le soupirail qui laissait entrer l'air dans la cave obscure. Mais personne ne vint.

Plus tard, elle entendit de nouveau le bruit de la clé dans la serrure, et le martèlement des pas dans la cour, au-dessus d'elle. Elle comprit que ses amis ne viendraient pas ce soir-là. Il était arrivé quelque chose.

Sauvage criait à tue-tête. Il n'avait plus besoin de contrôler sa colère. Il frappait contre les barreaux au-dessus de lui qui fermaient le réservoir dans lequel on l'avait jeté, et hurlait contre les gardiens :

— Poules mouillées. Je vais vous trancher la gorge ! Venez près de moi que je vous arrache le cœur !

Les gardiens ne lui prêtaient guère attention. D'autres prisonniers, qui essayaient de dormir sur le sol en pierre du réservoir, s'adressèrent à lui, exaspérés :

— Arrête de faire ce bruit. Économise ton souffle. Tu n'iras nulle part, de toute façon.

Ne pouvant s'en prendre aux gardiens, Sauvage se tourna vers les prisonniers qui étaient avec lui.

— Vous avez un problème, pisses de saindoux ? Vous voulez que je vous tranche la gorge ?

— Va te coucher.

Les réservoirs n'avaient ni bancs ni couchettes. La plupart des détenus dormaient à même le sol, repliés sur eux-mêmes. Au bout de chaque réservoir était creusée une tranchée puante dans laquelle les prisonniers étaient censés faire leurs besoins. A l'autre bout, il y avait une auge en pierre, dans laquelle une espèce de gruau était versé deux fois par jour. Ce gruau, fait de farine de maïs diluée dans l'eau, servait à la fois de nourriture et de boisson aux malheureux. On ne leur donnait pas de couverts pour manger. Ils devaient mettre la tête dans l'auge et laper comme du bétail.

Sauvage avait été jeté dans le réservoir sans explications ni menaces. Une partie articulée de la grille avait été déverrouillée, puis soulevée, et on l'avait poussé par-dessus bord, le faisant atterrir sur le dur sol de pierre. La patrouille de police qui l'avait amené, et les gardiens qui surveillaient à présent les réservoirs, s'étaient aussitôt désintéressés de lui. Il était tombé dans un caveau, il était enterré vivant.

Le toit était percé d'ouvertures pour laisser passer la lumière, en l'occurrence la lueur de la lune, qui traversait les barreaux entrecroisés pour arriver jusqu'aux prisonniers, tout en bas. Sauvage, qui s'était enfin lassé de crier contre des hommes qui ne réagissaient pas, s'assit dans la lumière argentée, regarda autour de lui et réfléchit à ce qu'il pouvait faire. Au-dessus de sa tête, les barreaux étaient profondément enfoncés dans la maçonnerie et aussi gros que des manches de pioche. Aucune chance de s'évader. La partie mobile de la grille était également robuste, et lorsqu'elle était en place, les charnières étaient maintenues par des moraillons en fer. De l'extérieur, n'importe qui pouvait les ouvrir. Mais pour les prisonniers enfermés dans les réservoirs, c'était aussi impossible que si les grilles avaient été soudées. Le seul moyen de tenter une sortie était donc d'attendre que les gardiens ouvrent le couvercle. Sauvage les compta, tandis qu'ils se prélassaient autour des réservoirs. Même à présent, alors que la plupart des prisonniers dormaient, il y avait dix hommes de service. Pour qu'une tentative d'évasion réussisse, il aurait fallu que tous les prisonniers y participent.

Sauvage scruta les autres détenus, pour tenter d'évaluer leur volonté de résister. Ce qu'il vit lui laissa très peu d'espoir. Même dans leur sommeil, ils semblaient transis de peur. Ceux qui n'étaient pas assoupis levaient un regard vide vers le clair de lune. Aucune conversation, aucune camaraderie entre eux, aucun effort pour s'accommoder au mieux de la situation. C'étaient des gens qui avaient abandonné tout espoir, et qui attendaient leur mort comme des bêtes à l'abattoir.

Un seul autre prisonnier croisa son regard avec une lueur d'humanité. C'était une femme au joli visage triste. Elle le regarda, comme si elle avait pitié de lui. Elle était vêtue d'une robe blanche, comme celles que portent les gens qui ont de l'argent, mais elle n'avait pas le regard maussade et plein de ressentiment d'une personne riche qui a des ennuis. Elle le regardait, cela le frappa, comme si elle n'était pas consciente de sa propre personne, mais uniquement de sa présence à lui.

— Eh bien ? lui lança-t-il, d'une voix qui parut cassante dans le silence de la nuit. Qu'est-ce que tu veux ?

— Je me disais que tu es vraiment très beau.

— Je me demande à quoi ça m'avance !

Le regard de cette femme était si direct, si spontané, que Sauvage sentit qu'elle ne se moquait pas de lui, mais qu'elle exprimait de la façon la plus simple ce qu'elle éprouvait. Il se détendit un peu.

— Pourquoi est-ce qu'on t'a mise ici ? demanda-t-il.

— Pas de papiers.

— Tu sais ce qu'ils vont faire de nous ?

— Oui, je sais.

— Ils ne m'auront pas, moi.

Elle le regarda avec curiosité, mais sans ironie.

— Comment ça ?

— Ce que je veux, j'arrive à l'obtenir. Et ce que je ne veux pas, ça ne m'arrive pas.

Elle sourit, et il comprit qu'elle se réjouissait pour lui : il avait de la chance de pouvoir encore croire de telles choses.

— Tu es parfait, dit-elle.

Elle avait vraiment choisi un drôle de mot : « parfait ». Et elle l'avait dit d'une façon étrange, comme on parle d'une personne éloignée, ou même d'un dieu. Mais il l'apprécia pour cela. Il savait qu'elle ne voulait rien de lui. Elle lui offrait simplement son admiration, et c'était aussi agréable et peu exigeant que la lumière du soleil.

— Comment t'appelles-tu ? lui demanda-t-il.

— Grâce.

— Moi, c'est Sauvage.

— Sau-vage ? — Sa voix sépara les syllabes. — Je vois que tu es sauvage. Mais ce n'est pas le nom que tes parents t'ont donné.

— Je n'ai pas de parents.

— Tu dois avoir eu une mère.

— Je ne l'ai jamais connue.

— Elle t'a donc abandonné quand tu étais petit. Est-ce que tu la hais de t'avoir quitté ?

— Je ne peux pas détester quelqu'un que je n'ai jamais connu.

— C'était mal de sa part. Mais elle n'avait peut-être pas le choix.

— Ça m'est égal. Je peux m'occuper de moi.

— Ce n'est plus si facile, Sauvage.

— Oh, je trouverai bien le moyen. Personne ne me gardera là-dedans. Personne ne me met en cage. Tu verras.

Seeker attendit longtemps seul, à la table de l'auberge. Il avait consommé son repas du soir depuis un bon bout de temps, et commençait à avoir sommeil, lorsque le petit homme chauve apparut enfin. Cette fois, il était accompagné de deux prêtres, dont l'un portait un rouleau de corde, et l'autre une lanterne couverte.

— Allons ! dit l'homme, comme si c'était Seeker qui l'avait fait attendre. Nous n'avons pas de temps à perdre.

Ils sortirent dans les rues de la nuit.

— Hier soir, tu as dit : « Mettez-moi à l'épreuve. » C'est ce que nous allons faire.

Il conduisit Seeker à travers la ville, vers la place du Temple.

Là, dans une nuit d'encre, de larges marches montaient aux multiples niveaux du temple, jusqu'au sommet du roc qui se dressait, imposant.

— Tu vas avoir besoin de bonnes jambes, dit l'homme. C'est une longue ascension.

Seeker leva les yeux. Le rocher du temple se dessinait contre la lueur gris argenté de la lune.

— Auriez-vous l'intention de me jeter du haut du rocher ? demanda-t-il.

L'un des prêtres lui répondit :

— Ce rocher est l'endroit où nous faisons des offrandes au Pouvoir Radiant qui crée toutes choses. Nous allons demander au Pouvoir Radiant de nous guider. Soit tu seras accepté, soit tu ne le seras pas.

— Comment saurez-vous si je suis accepté ?

— Tu nous seras rendu par le Pouvoir Radiant.

Seeker ne comprit pas ce que cela signifiait, mais il craignit le pire. Le petit homme chauve s'aperçut de son appréhension.

— N'aie pas peur, dit-il. Il faut te fier à nous. Ce test révélera plusieurs choses : la volonté du Pouvoir Radiant, ton courage, ta confiance.

— Pourquoi vous ferais-je confiance ? Je ne sais même pas qui vous êtes.

— Voilà qui est facile à arranger : je m'appelle Evor Ortus. Je suis professeur de sciences.

— Et si je réussis votre test, qu'est-ce qui se passera, ensuite ?

— Alors nous saurons que tu es celui qui a été choisi pour remplir cette mission historique. Bon, tu viens ou pas ?

Seeker le suivit. L'escalier montait d'un niveau à l'autre du temple colossal en une série de longues volées de marches en zigzag. En les gravissant, Seeker regardait de temps en temps en bas, et il voyait la cité s'étendre à ses pieds, scintillante, magnifique sous le clair de lune argenté.

Lorsqu'ils arrivèrent au niveau le plus haut, la lune elle-même lui apparut, basse dans le ciel du Nord, brillant au-dessus des eaux immobiles du lac. Il sentit ses jambes trembler sous lui à cause de l'effort de la montée, mais aussi de la peur de ce qui l'attendait, et il se laissa tomber sur le sol. Le professeur Ortus ne fit pas d'objection. Il était occupé à dérouler la corde avec les deux prêtres.

Derrière lui, Seeker vit les arcades de la terrasse royale, fermées pour la nuit, et devant, la tribune entourée d'une rambarde, d'où le roi assistait à l'offrande. Il se trouvait à moins de vingt pas du rebord en surplomb d'où les tributs tombaient, d'où Étoile de l'Aube serait précipitée s'il ne surmontait pas cette épreuve.

L'idée de se tenir debout tout en haut de ce rocher à pic lui donna mal au ventre de peur. Il n'avait plus qu'une envie : rester collé à la surface pavée du sol et ne plus jamais bouger. Malheureusement, cela ne semblait pas correspondre au projet qu'Ortus nourrissait à son égard. Il devait absolument trouver le courage d'affronter ce précipice terrifiant.

Le professeur commença à nouer la corde à la rambarde en fer. Seeker le regarda tester la résistance de son nœud, et il devina la façon dont il serait offert au Pouvoir Radiant. Au même moment, il sut qu'il n'aurait pas le courage de le faire.

Qu'arriverait-il s'il refusait cette épreuve ? On ne le laisserait sans doute pas repartir. Si, contre toute probabilité, il arrivait à s'enfuir, il concentrerait tous ses efforts pour tenter de sauver Étoile de l'Aube avec l'aide de Sauvage. Si, contre toute probabilité, ils y parvenaient, il leur faudrait s'échapper de la ville. Et après ? Allait-il rentrer chez lui ? Allait-il retourner à l'école, et faire comme si Flamb n'avait pas été chassé de la communauté ? C'était impensable.

Il savait avec certitude qu'il approchait de l'arme destinée à détruire Anacréa. Ces gens, qui préparaient la corde pour lui, étaient sûrement au service des ennemis qui exécutaient la volonté de l'Assassin. Comment pourrait-il abandonner sa recherche maintenant, alors qu'elle était sur le point d'aboutir ? S'il réussissait à prendre le contrôle de l'arme secrète, il aurait le pouvoir de sauver à la fois Étoile de l'Aube et Anacréa. Du moins l'espérait-il. Et il n'avait pas d'autre espoir.

Il devait donc surmonter cette épreuve.

Il ferma ses yeux fatigués et pria : « Père Sage, donnez-moi le courage de faire ce qu'ils me demandent. Débarrassez-moi de ma peur. Je ne peux pas y arriver tout seul. Mais avec votre aide, je sais que je peux tout faire. »

— Debout ! lui dit Ortus. Lève les bras.

Seeker lui obéit. Le professeur lui passa la corde deux fois autour de la taille, et l'attacha par trois nœuds serrés. La corde, enroulée sur elle-même, était posée par terre, son autre extrémité fixée à la rambarde.

— Tu seras retenu par cette corde, dit Ortus. Pour le reste, tout dépend du Pouvoir Céleste, du Pouvoir Radiant.

Seeker avait la chair de poule. Il prit la corde entre ses doigts et sentit qu'elle était assez résistante pour le retenir. Les nœuds étaient bien faits. Il ne risquait pas de tomber directement dans l'eau et de s'écraser sur les rochers du lac. Mais il fallait quand même tomber ! Se jeter de sa propre volonté du haut de ce bord en surplomb, sauter dans le vide !

Il tremblait d'une peur affreuse. Cette peur lui barrait le passage. Elle prenait l'apparence d'une porte close, une porte qui lui interdisait l'accès à tout ce qu'il voulait.

« Là où est ton chemin, la porte est toujours ouverte. »

Mais bien sûr ! Voilà comment il fallait affronter la terreur qui l'envahissait. Cela lui apparut soudain, comme si tout était clairement exposé devant lui. Il regarderait au-delà du rocher et du précipice vertigineux. Il regarderait au-delà du lac, et des montagnes, et de la lune dans le ciel. Il regarderait même au-delà de sa propre vie et de sa propre mort. Il sauterait impatiemment du roc, comme pour atteindre la porte qui donnait sur la paisible maison verte de l'Enfant Perdu qu'il voulait protéger, de l'Enfant qui l'attendait dans le Jardin. Il s'élancerait vers cette porte et elle s'ouvrirait brusquement devant lui.

— Je suis prêt, dit-il.

Il ferma les yeux pour une dernière prière.

« Père Sage, laissez la porte ouverte pour moi, et je viendrai vers vous. Je courrai dans vos bras aimants. Prenez-moi et gardez-moi, pour toujours et à jamais. »

Il ouvrit les yeux. Il regarda droit devant lui, au-dessus de la surface scintillante du grand lac, jusqu'à la chaîne de montagnes à l'horizon. Il se représenta une porte fermée, et il imagina derrière cette porte un petit enfant, encore incapable de parler, qui marchait à quatre pattes vers lui à travers le ciel, en tendant une main potelée. Il inspira à fond, puis il courut, sauta, se précipita vers cette porte — qui disparut devant lui — il passa à travers, dans le vide, la corde se déroulant derrière lui. Pendant quelques instants sublimes, il vola, planant dans un espace immense éclairé par la lune, puis il tomba, plus bas, plus bas, encore plus bas. Son sang chantait dans ses oreilles, et soudain la corde le tira brutalement, le faisant crier, arrachant son souffle de ses poumons — il tournait —, ou le monde tournait, et il se balançait au bout de la corde, décrivant une large courbe, sous le surplomb du roc géant.

Son corps suspendu heurta le roc et pendant quelques instants, il perdit connaissance. Il pendait là, assommé et inconscient. Du haut du rocher, les prêtres tirèrent sur la corde, et le hissèrent peu à peu jusqu'au sommet, à l'abri du danger. Il dénouèrent la corde, palpèrent son corps, se réjouissant de constater que rien n'était cassé. Lorsqu'il rouvrit les yeux, ils étaient tous là, en train de le regarder.

— Ai-je surmonté l'épreuve ? demanda-t-il.

Le professeur Ortus avait un sourire rayonnant.

— Le Pouvoir Radiant t'a ramené vers nous, dit-il. Tu es celui qui a été choisi.

Seeker se releva tant bien que mal. Il avait survécu. Il se sentit transporté de fierté. En même temps, son corps engourdi se réveilla, révélant ses douleurs. Ses bleus, ses contusions commencèrent à lui faire très mal, mais peu lui importait. Il avait affronté sa peur, la porte s'était ouverte devant lui, il avait demandé du courage, et on le lui avait accordé. Dorénavant, il se savait capable de faire n'importe quoi, n'importe où.

Le professeur Ortus emmena directement Seeker du rocher aux réservoirs. Ils avancèrent sur la passerelle en fer qui passait au-dessus des prisonniers endormis. Seeker passa à quelques mètres de Sauvage, sans que ni l'un ni l'autre ne le sachent.

Le laboratoire était plongé dans l'obscurité. Le savant conduisit Seeker tout au bout, dans un entrepôt. Là, il le fit allonger sur un lit gigogne dont lui-même s'était servi plusieurs nuits de suite, pour trouver quelques heures de sommeil pendant la phase la plus intense de ses recherches. Seeker avait mal partout, il était épuisé, toute son énergie avait été absorbée par l'épreuve à laquelle il avait été soumis. Le lendemain, Étoile de l'Aube serait précipitée du haut du rocher du temple. Mais il se sentait désarmé. Il ne voyait qu'une seule possibilité : s'emparer de cette arme terrible autant que mystérieuse, et menacer de s'en servir si on ne libérait pas Étoile de l'Aube. Pour le moment, il ne pouvait rien faire.

Dès qu'il s'allongea sur le lit, il s'endormit.

XXX

La fête de Jovial Donneur

Le jour de la fête de Jovial Donneur commença selon la tradition : toute la maisonnée rassemblée dans la cour attendait qu'il sorte de sa chambre pour lui adresser ses vœux. Il resta debout sur le perron en prenant une expression qu'il espérait être digne et affable. En réalité, il se sentait horriblement mal. Incapable de prendre une décision au sujet de son tribut, il n'avait pratiquement pas dormi de la nuit. Et, tandis que sa famille, que ses domestiques lui chantaient la chanson d'usage, il avait beau marquer le rythme en hochant la tête, il était rongé d'inquiétude.

— Vive la fête de Jovial Donneur !

— Jovial Donneur ! Vive sa fête !

« Quand cette maudite affaire de tribut finira-t-elle donc ? se demandait-il. Comment puis-je envoyer cette enfant sur le rocher ? Et si c'était vraiment une messagère du Pouvoir Suprême ? »

— Dieu Radiant, qui t'élève dans toute ta gloire,

Fais briller aujourd'hui ta lumière sur lui !

« Mais si je ne donne pas cette enfant, se tourmentait-il, je n'aurai pas d'offrande. Non seulement j'aurai dilapidé une fortune pour rien, mais aujourd'hui, pour ma fête, seul un vulgaire piquier sera jeté du haut du rocher. Or, j'ai promis deux fois au roi que le tribut que je lui offrirais serait un grand honneur pour le Pouvoir Radiant. Comment pourrais-je ne pas envoyer cette petite? »

— Que le nom de Jovial Donneur soit loué!

— Que son nom, que son jour soient honorés!

A la fin de la chanson, il dut tant bien que mal se plier aux usages : il sirota le verre de vin apporté par sa femme, grignota les petits gâteaux apportés par ses fils, et accepta un tapis de prière brodé par ses serviteurs. Comme d'habitude, c'était un affreux tapis, qui s'ajouterait à la pile de tous ceux qu'il avait reçus au cours des années, et irait moisir avec les autres sous l'escalier de la cave. Mais, comme d'habitude, il fit un aimable discours de remerciement, et annonça le versement d'une petite prime à tous les domestiques, prime qu'ils attendaient de pied ferme, et qui était la seule chose qui les intéressait. Puis il se retira dans la salle à manger avec sa femme, pour profiter de sa fête, dans la douceur paisible d'un mariage heureux.

— Va chercher ton petit déjeuner toi-même! lui cria Bénédiction, dès que la porte fut refermée. Je ne lèverai pas le petit doigt! J'espère que tu crèveras de faim!

La dispute qui faisait rage entre eux depuis la veille ne s'était pas calmée.

— Merci, dit amèrement Jovial Donneur, en s'asseyant. Quelle femme reconnaissante! Dix-sept ans d'une vie de reine, grâce à mes seuls efforts, et voilà que le jour de ma fête, elle déclare qu'elle voudrait me voir mort! Merci beaucoup.

— Tu sais ce que je veux.

— Et je devrais nous déshonorer, ma famille et moi, le jour de ma fête?

— Ton jour de fête reviendra bien assez vite comme ça, il y en aura d'autres.

— Tu veux que je perde ma situation? Tu veux que ce soit Petit Rêve qui devienne Préposé à la Couronne?

— Est-ce que tu veux être placée à la droite du roi, oui ou non ?

— Peuh ! mais c'est absurde ! Elle a inventé tout ça pour sauver sa peau.

— C'est elle qui a inventé le message sur la feuille ? C'est elle qui a inventé le bracelet autour de la patte du chat ?

— Qu'est-ce qu'elle peut bien savoir du roi et de la personne qui sera placée à sa droite ?

— Pourquoi tu ne le lui demandes pas ?

— Très bien. J'y vais.

En fait, c'était la conclusion à laquelle Jovial Donneur était arrivé lui-même. Il interrogerait l'enfant une fois de plus, et prendrait sa décision définitive. Après un petit déjeuner rapide et peu satisfaisant, sa femme et lui descendirent donc l'escalier de la cave, pour apporter un plateau de nourriture à leur mystérieux tribut.

Étoile de l'Aube les attendait. Elle avait eu autant de temps que Jovial Donneur pour réfléchir à ce qu'elle ferait ce jour-là, mais elle avait été nettement plus efficace que lui. Cette fois, elle ne pouvait les étonner en dévoilant les mystères qu'elle avait habilement créés. Elle ne pouvait compter que sur son instinct. Elle avait un plan, cependant.

Dès que Bénédiction et Jovial Donneur entrèrent dans la cave, elle sentit les tensions qui existaient entre eux. Et elle pouvait les voir, bien sûr. Les couleurs de la femme étaient un jaune poussiéreux, fait de pitié et d'autocompassion, avec un bord rouge qui montrait qu'elle était en colère. Celles de son mari étaient pour la plupart d'un rouge colérique, mais il y avait aussi des touches de vert, teinte de l'incertitude. Étoile de l'Aube observa immédiatement les couleurs de Jovial Donneur, pour adapter ses mots à son humeur.

— Plus de rêves ? demanda Jovial Donneur d'un ton rogue. Plus de chats ? Plus de commandements ?

— J'ai semé le trouble dans vos vies, dit Étoile de l'Aube, en baissant humblement la tête. Ce n'était pas mon but. S'il vous plaît, pardonnez-moi.

— C'est le jour de ma fête, c'est tout.

La colère de Jovial Donneur se transformait en mauvaise humeur devant l'humilité d'Étoile de l'Aube. Son halo rouge virait au gris.

— J'ai une position à tenir. On attend certaines choses de moi. Ce n'est pas facile.

Sa femme aussi sentit que son refus obstiné de changer d'avis faiblissait.

— Demande-lui, Jovial, dit-elle. Elle a peut-être fait un autre rêve.

— Eh bien, interrogea-t-il, d'un ton brusque. Un autre songe ?

— Je crois que mes rêves vous mettent en colère, monsieur. Il vaudrait peut-être mieux que je retourne à la source de toute vie et de tout pouvoir, comme vous en avez décidé. Le message que je suis venue délivrer pourra alors être transmis par un autre enfant, d'une autre famille.

— Quel message ? Quelle famille ?

— Je ne choisis pas la famille, monsieur. Un pouvoir plus grand que moi décide qui mérite un tel honneur. On m'a seulement dit que celle-ci avait rendu des services appréciables au peuple de Radiance, à son roi, et à son dieu.

— C'est vrai ! Mes pressoirs fournissent la moitié de l'huile de l'empire !

Étoile de l'Aube remarqua un changement dans les couleurs de Jovial Donneur. Son halo se teintait à présent d'orange. Son esprit de compétition s'était réveillé.

— Quel est ce message, mon enfant ? demanda Bénédiction.

— Ce message est uniquement destiné aux oreilles du roi.

— Du roi !

— Au moment de l'offrande du soir.

Les couleurs de Jovial Donneur se teintèrent soudain d'un marron boueux. Il était redevenu soupçonneux. Elle se hâta d'ajouter :

— J'ai été envoyée, comme votre enfant, pour vous faire honneur aux yeux du roi.

En l'entendant, les couleurs de son geôlier changèrent à nouveau, se transformant en un jaune brillant d'autosatisfaction. Étoile de l'Aube le vit calculer dans sa tête les risques et les avantages de la décision qu'il prendrait. Le roi serait-il plus satisfait de lui s'il offrait un joli tribut le jour de sa fête, ou bien s'il lui amenait sa soi-disant fille avec un message inconnu ?

— Oh, mon époux ! s'écria Bénédiction en joignant les mains et en levant les yeux au ciel. Qu'est-ce que je t'avais dit ? Tout ce qui arrive a une raison ! Je rêvais d'avoir une fille, et maintenant une fille m'a été donnée, qui couvrira toute la famille d'honneurs !

— De quel genre de message s'agit-il donc ? demanda Jovial Donneur.

Étoile de l'Aube vit qu'elle allait devoir lui fournir davantage de preuves de sa mission divine. N'ayant pu préparer de mystère à révéler, sa seule possibilité était de faire des suppositions intelligentes. Elle s'était déjà aperçue qu'il y avait des rivalités à la cour pour s'attirer les faveurs du roi. Lorsqu'il y a rivalité, la suspicion n'est pas loin.

— Parmi les proches du roi, dit-elle, certains ne sont pas de vrais amis.

Le halo jaune qui entourait Jovial Donneur se transforma aussitôt en un orange frémissant. Étoile de l'Aube avait touché un point sensible.

— Est-ce que tu peux donner leur nom ?

— Je ne les connais pas. Mais il y en a un qui est très proche du roi.

— Elle doit vouloir parler du Grand Prêtre, dit Bénédiction. Qui d'autre que lui est aussi proche de notre souverain ?

— Chut, femme ! lui intima Jovial Donneur.

Mais il ne put s'empêcher d'ajouter :

— J'ai toujours su que cet homme était un serpent.

Les prêtres, Étoile de l'Aube le savait, portaient des soutanes dorées.

— Il brille d'une lumière dorée. Mais son cœur est obscur.

— C'est lui ! s'exclama Bénédiction. Lui et ses soutanes dorées !

— Quel est ton plan, mon enfant ?

— Mon message est pour le roi seul. Mais vous pouvez me mener jusqu'à lui.

Le halo de Jovial Donneur était toujours d'un orange frémissant. Étoile de l'Aube comprit qu'elle le tenait, désormais. Elle se permit un petit jeu, pour qu'il s'enferme dans sa décision.

— Mais je comprends très bien que vous ayez espéré vous présenter devant le roi et le Grand Prêtre avec un tribut volontaire le jour de votre fête. Je suis sûre que le Grand Prêtre vous remerciera de votre offrande.

— Je ne vois pas pourquoi le Grand Prêtre devrait penser que je le fais pour lui.

— Je crois, déclara lentement Étoile de l'Aube, que c'est un homme très habile. Mais il est... Non, je ne peux pas en dire plus.

— Qu'il aille se faire voir ! — Le halo de Jovial Donneur devint rouge sombre. — Je l'imagine déjà avec son petit sourire satisfait, comme si tout ça, c'était pour lui ! Je sais depuis des années qu'on ne peut pas lui faire confiance. Je donnerais beaucoup pour effacer son sourire de sa face !

Bénédiction prit Étoile de l'Aube dans ses bras.

— Mon enfant, il a vu la lumière. Tu viendras avec nous ce soir, et tu parleras au roi.

Son halo, un doux bleu dévot s'estompant dans le vert de la stupidité enveloppa Étoile de l'Aube aussi. Elle se laissa caresser en observant le maître de maison.

— Voilà ce que je vais faire, dit-il, se parlant plus à lui-même qu'il ne s'adressait aux autres. J'irai aux réservoirs prendre ce qu'ils ont de mieux. Il faudra que je soudoie un gardien ou deux. Ainsi qu'un prêtre ou deux. Je ne me fais pas d'illusions. Mais comme ça, j'aurai quelque chose pour le jour de ma fête.

— Comme tu es sage, mon cher époux ! Voilà une solution inspirée !

— Quant à l'enfant...

Il se tourna pour la regarder. Toujours dans les bras de sa femme, elle lui rendit son regard, les yeux ronds, avec l'expression la plus innocente qui soit. Le halo qui entourait Jovial Donneur s'adoucit, devenant d'un rouge presque affectueux. Elle savait qu'elle avait gagné.

— Quant à l'enfant, reprit-il, va lui chercher des vêtements qui correspondent à la position de notre famille, femme. Elle se rendra auprès du roi avec nous, ce soir. Et nous verrons ce que nous verrons.

Dès que la journée de travail commença, Evor Ortus appela le Grand Prêtre et lui dit qu'il avait recruté un volontaire fiable. Le Grand Prêtre était déjà au courant de l'existence du garçon d'Anacréa. Il savait aussi, ce que le professeur ignorait, que Soren Similin était revenu de Radiance avec son propre volontaire.

— Déjà ! — Le savant pâlit en apprenant la nouvelle. — Nous arrivons donc trop tard !

— Pas du tout. L'appareil est toujours sous votre contrôle, n'est-ce pas ?

— Oui, bien sûr.

— Dites à notre affreux ami qu'une petite réparation est nécessaire. Dites-lui que la machine sera prête demain.

— Prête demain ?

— Et ce soir, pendant que notre ami assistera à l'offrande, reliez le garçon à la machine. Combien de temps vous faut-il ?

— Quelques heures.

— Très bien. Ainsi, plus tard dans la nuit — disons à minuit ? — je m'arrangerai pour qu'un bateau l'attende et l'emmène à Anacréa.

— A Anacréa !

Leurs regards se croisèrent et ils échangèrent un sourire.

Pendant la longue et chaude journée qui suivit leur arrivée à Radiance, Soren Similin fit en sorte que Flamb ne rencontre personne et qu'il reste caché dans son appartement aux volets clos. Le secrétaire, cependant, devait aller signaler au roi qu'il était de retour, et que sa mission était accomplie. Flamb ne semblait pas concerné par les événements. Il restait assis, le regard vide, sans montrer aucun intérêt pour ce qui l'entourait.

— Je reviendrai le plus vite possible, dit Similin. Ça ne t'ennuie pas de rester seul jusqu'à mon retour ? Tout ira bien ?

— Oui, répondit Flamb.

— Qu'est-ce que tu vas faire ?

— Rien.

« Ce garçon a autant d'énergie qu'un sac de blé, pensa Similin. Dès qu'on ne le porte plus à bout de bras, il reste assis là, sans rien faire. Eh bien, c'est un comportement qui a son utilité. »

— Quand je reviendrai, je te montrerai quelque chose de stupéfiant, quelque chose que tu n'as jamais vu avant. Quelque chose qui te donnera le pouvoir de frapper le plus grand coup jamais frappé pour rétablir la justice.

— Ce sera bien, dit Flamb.

Ce fut sa seule réponse, et le secrétaire dut s'en contenter.

Peu après midi, Jovial Donneur se rendit aux réservoirs. Accompagné d'un gardien-chef et d'un prêtre, il fit les cent pas sur la passerelle de fer, regardant à travers les barreaux les misérables prisonniers gardés en dessous.

Les détenus faisaient tout ce qu'ils pouvaient pour ne pas attirer l'attention. Ils savaient que celui qui serait choisi monterait en haut du rocher le soir même. Seul Sauvage refusait de se laisser intimider. Il défiait ouvertement ses geôliers, leur criait des insultes, cognait sur les barreaux, se moquait de la lâcheté des autres prisonniers. Il passa même les bras à travers les barreaux pour attraper les gardiens par les chevilles.

— Venez me tuer ! Allons venez ! Qu'est-ce que vous attendez ?

Puis il se tourna vers les piquiers prostrés dans le réservoir, et s'en prit à eux :

— Et vous gouttes de pisse de saindoux ! Vous allez mourir ! Nous allons tous mourir ! C'est pour ça qu'on est là ! Alors, ne leur rendez pas la tâche facile ! Criez ! Débattez-vous ! Hurlez ! Qu'est-ce que vous voulez qu'ils nous fassent ? Vous ne comprenez donc pas ? *Ils n'ont pas le droit de nous tuer !* Ils n'ont même pas le droit de nous frapper ! Ils doivent nous garder vivants pour que les prêtres puissent nous emmener en haut du rocher !

Les autres prisonniers étaient impressionnés. Ils admiraient la folie de Sauvage, et son courage. D'une certaine manière, il leur offrait aussi une source de divertissement.

— Prenez celui-ci ! conseilla le gardien-chef, en désignant Sauvage à Jovial Donneur. Il est jeune et en bonne santé. Une belle offrande.

— Prenez-moi ! s'écria Sauvage depuis le réservoir. Prenez-moi, que je vous arrache le cœur !

— Non, dit Jovial Donneur. Je veux un tribut volontaire.

— Laissez-moi cinq minutes seul avec lui, dit le gardien-chef. J'en ferai un volontaire.

— Je n'en doute pas, chef. Mais sera-t-il capable de marcher tout seul quand vous en aurez fini avec lui ?

Le prêtre montra du doigt une très grosse femme recroquevillée dans un coin.

— Il y en a une qui a de la chair à offrir, dit-il. La foule aime toujours les gros.

Jovial Donneur hocha la tête d'un air agacé.

— C'est pour le jour de ma fête. Je voudrais un tribut qui ait du style.

Tandis qu'il prononçait ces mots, ses yeux qui scrutaient les prisonniers tombèrent sur Grâce. Elle était assise en silence, toute seule, les mains jointes sur ses genoux, toujours vêtue de son élégante robe blanche.

— Toi, dit-il, l'index tendu.

Elle leva les yeux. Son regard était calme, dénué à la fois de la peur et de la haine qu'il voyait sur les autres visages. Elle faisait preuve de dignité, et elle était belle. Il faudrait la laver, lui mettre une nouvelle robe, et elle ferait très bien l'affaire.

Le prêtre avait remarqué Grâce, lui aussi, depuis qu'on l'avait amenée là. Il avait conclu un arrangement avec un marchand de tributs : il lui réservait les beaux spécimens lorsque, en de rares occasions, il en arrivait dans les réservoirs. Il les faisait alors sortir, les confiait au trafiquant et ils partageaient le prix que celui-ci en tirait.

— Elle n'est pas disponible, monsieur.

— Tu es un voleur et un scélérat ! s'exclama Jovial Donneur.

— Sa Sainteté elle-même l'a choisie pour le prochain Festival de la Lumière.

Jovial Donneur serra les dents.

— Je ferai un don pour le temple, bien sûr.

— Sa Sainteté disait ce matin encore qu'un tribut tel que celui-ci est un joyau rare et précieux.

Jovial Donneur fronça les sourcils.

— Un joyau d'un prix inestimable, ajouta le prêtre.

— Oui, oui, oui, je ne suis pas complètement idiot. — Il baissa la voix pour parler au prêtre sans que le gardien-chef l'entende. — Cent shillings, proposa-t-il.

— Monsieur ! — Le prêtre paru choqué. — Je n'oserais jamais avouer à Sa Sainteté que j'ai laissé échapper un tel joyau pour une somme aussi insignifiante, aussi imperceptible, aussi invisible !

— Dites votre prix.

— Mille.

— Cinq cents.

Le prêtre se détourna en haussant les épaules. Le gardien-chef s'approcha en souriant, comme pour apporter son aide. Lui aussi voulait sa part.

— Très bien, dit Jovial Donneur au prêtre. Comme vous voudrez.

Puis se tournant vers le gardien, il ajouta :

— Assistez ce saint homme. Il suit mes instructions.

Il glissa cinq pièces de dix shillings dans la main tendue du gardien, puis il se tourna vers le prêtre.

— Le temple recevra mon don après l'offrande du soir.

Le prêtre acquiesça d'un signe de tête. Jovial Donneur ajouta, avec un sourire en coin :

— Que votre sagesse me guide ! Que votre pouvoir me protège !

Puis il fit demi-tour et s'éloigna, augmentant encore de mille shillings les sommes énormes qu'il avait déjà dépensées pour obtenir un tribut qui soit digne de son jour de fête.

— Cot cot cot les poules mouillées ! cria Sauvage en le regardant partir. Tu veux qu'on te tranche la gorge ? Hé, les braves ! Est-ce que vous m'aimez ? Est-ce que vous m'ai-ai-mez ?

Grâce le regarda à son tour avec un sourire, sans savoir que son sort était à présent réglé. Elle prenait plaisir à contempler le beau jeune homme à la chevelure dorée et à l'entendre s'exprimer avec une force que rien ne pouvait briser.

— Oui, dit-elle. Je t'aime.

A la fin de l'après-midi Soren Similin traversa les réservoirs à son tour, conduisant Flamb sur la passerelle de fer jusqu'au laboratoire secret. Il trouva les stores baissés et le vaste espace intérieur plongé dans une ombre épaisse. Le professeur Ortus s'avança vers eux à grands pas, un sourire de bienvenue sur le visage. Similin était trop occupé par ses propres projets pour remarquer à quel point cette attitude était inhabituelle de la part du professeur.

— Pourquoi ne chargez-vous pas l'appareil ? demanda-t-il.

— Il est chargé à bloc, répondit le savant, mais nous avons dû couper l'électricité pendant que nous procédions à une petite réparation. Un défaut dans les soupapes de régulation. Rien de grave, je vous assure. Tout sera réparé demain matin.

— Demain matin ! s'exclama Similin irrité, en fronçant les sourcils. J'avais espéré mener l'opération ce soir. Vous ne pourriez pas travailler plus vite ?

— Peut-être, répondit le savant, si nous continuons pendant l'offrande...

Il ferma les yeux et fit des calculs dans sa tête.

— Nous pourrions essayer d'être prêts vers minuit.

— Minuit alors, dit le secrétaire. De cette façon notre nouvel ami, ici présent, n'aura pas à attendre trop longtemps.

Ortus examina le jeune inconnu qui se trouvait aux

côtés du secrétaire. Il ne fut pas très impressionné. L'individu avait l'air d'un benêt.

Le secrétaire du roi prononça alors un discours devant l'équipe rassemblée devant lui :

— Je suis fier de pouvoir vous dire, déclara-t-il, que nous touchons enfin au but. Nous allons procéder à la phase finale ce soir à minuit.

L'équipe applaudit.

— Je voudrais vous présenter un jeune homme courageux et d'une grande abnégation, quelqu'un qui comprend pleinement notre cause et en partage la noblesse, quelqu'un qui a accès non seulement à l'île d'Anacréa, mais au Nome, car il est lui-même... un Noma !

L'équipe tout entière étouffa une exclamation. Evor Ortus devint livide. Il ne s'était pas attendu à ce que Similin arrive à convaincre un Noma de se joindre à eux. C'était un coup de génie.

— Flamb le Juste !

Flamb inclina la tête, rougissant sous les applaudissements.

— Veux-tu dire quelques mots à l'équipe ?

Flamb réfléchit en silence pendant un moment, puis il déclara :

— Bonjour tout le monde.

De petits rires parcoururent la salle, rapidement étouffés.

— Notre jeune héros, expliqua Similin, a été rejeté hors de la communauté des Nomanas. Au cours de cette opération, il a été, selon le mot qu'ils emploient eux-mêmes, nettoyé. Il a perdu une grande partie de ses facultés intellectuelles, mais il n'a pas oublié qu'il est un Noble Guerrier.

Flamb sourit et approuva d'un signe de tête, heureux d'entendre des mots dont il reconnaissait le sens.

— Il n'a pas oublié non plus que la cause pour laquelle il combat est la justice pour tous.

A nouveau Flamb sourit et hocha la tête. Puis, il gâcha quelque peu son effet en mettant son pouce dans sa bouche.

— En outre, poursuivit Similin, il m'a confié qu'il souhaitait donner sa vie pour servir cette cause, et qu'il avait même hâte de le faire.

Flamb retira son pouce de sa bouche et applaudit avec les autres. Soren Similin reçut ces applaudissements comme un hommage qui lui était dû. Il se sentait fier à juste titre. On n'aurait pu trouver meilleur volontaire.

— Montrons l'appareil à notre courageux ami.

Ortus fit un signe à son équipe, et les stores furent remontés. Le soleil de la fin d'après-midi inonda les lieux, faisant étinceler d'une lumière aveuglante les rangées de tubes de verre. Flamb contempla les cuves et les tuyaux, les grilles et le harnais suspendu, les tubes de caoutchouc et le fauteuil massif avec ses sangles et ses coussinets. Puis, perplexe, il demanda :

— Où est l'arme ?

— C'est toi qui seras l'arme.

Il fronça les sourcils, ne comprenant toujours pas.

— C'est moi qui serai l'arme ?

— Tu porteras en toi la puissance du soleil lui-même.

— Moi ? s'étonna Flamb.

— Tu n'as pas besoin de comprendre. Tu dois seulement savoir que les plus brillants esprits d'une génération ont conjugé leurs efforts pour créer l'arme suprême. Ici, dans la ville qui vénère le soleil, nous avons trouvé le moyen de maîtriser son extraordinaire puissance. De la maîtriser, puis... de la libérer !

— Ça n'a pas du être facile, dit Flamb.

— C'est un appareil complexe. Nous avons travaillé

jour et nuit pendant très longtemps, et celui qui a travaillé le plus, c'est le professeur Evor Ortus.

Il s'inclina devant lui. Puis, se tournant vers Flamb, il ajouta :

— Cet homme de bien est le chef de l'équipe technique. C'est lui qui a construit ce remarquable dispositif.

Le professeur acquiesça d'un signe de tête et sourit. Similin ne se doutait pas de la haine qui brûlait en lui.

— Ça, c'est un bon fauteuil, bien solide, dit Flamb.

Il s'approcha du fauteuil de bois et s'assit dedans. Ortus poussa un petit cri.

— Pas encore ! s'écria-t-il. Il faut procéder à des réparations. Nous ne pouvons pas commencer maintenant !

Le secrétaire prit Flamb par le bras et l'obligea à se relever.

— Ne vous inquiétez pas, professeur, je vous en prie, dit-il. Nous nous sommes mis d'accord pour commencer à minuit.

— Vous proposez une charge totale ?

— Une charge totale. — Similin hocha la tête d'un air grave. — De minuit jusqu'à l'aube.

— Jusqu'à l'aube !

Tout le monde dans l'équipe savait ce que cela signifiait. Ils furent saisis d'effroi. Le hacheron sur lequel ils avaient procédé au test, pourtant beaucoup plus grand que Flamb, n'avait été chargé que pendant douze minutes.

— A l'aube, reprit Similin en s'adressant à Flamb, ton corps contiendra la plus grande accumulation d'énergie pure qu'on ait jamais connue sur la planète.

— Ce sera bien, dit Flamb.

— Alors, une petite coupure... une goutte de sang. Cela suffira pour que tout ton sang soit exposé à l'air, et que...

Il écarta les mains, lentement, d'un geste majestueux, pour exprimer l'inexprimable : la force dévastatrice de l'explosion qui s'ensuivrait. Similin avait l'impression qu'il était lui-même l'auteur de cet acte historique. Lui, le fils d'un pauvre tisserand, l'exilé méprisé, était sur le point de transformer le monde.

— Mon cher ami, le professeur, te trouvera un endroit pour te reposer, te nourrir, te désaltérer. Il serait sage, je pense, que tu restes ici jusqu'à minuit, hors de vue des regards indiscrets. Peut-être dans la réserve.

Il s'avança pour en ouvrir la porte. Ortus bondit pour lui barrer le chemin.

— Pas ici. Il y a trop peu d'air. Je suis sûr que notre héros se sentirait plus à l'aise dans notre réfectoire. Surtout s'il veut manger et boire.

— Mais cette pièce est très fréquentée.

— Nous serions fiers de la réserver à son seul usage.

Le secrétaire fit signe au savant de s'approcher, et lui parla de façon confidentielle :

— S'il vous plaît aidez-moi, professeur. Je fais entièrement confiance à ce jeune homme. Mais je serais plus rassuré si la porte de la pièce dans laquelle il se trouve était fermée à clé pendant que je me rends à l'offrande du soir.

Ortus avait prévu cela. Il montra une clé.

— Bien sûr.

Similin était content. Il n'aurait pas pensé que le savant ferait preuve d'autant d'initiative.

— Rien ne doit être laissé au hasard, maintenant que nous sommes si près du but.

« Plus près que tu ne le penses », pensa Evor Ortus, tout en souriant et en hochant la tête.

XXXI

Coucher de soleil

L'heure de l'offrande du soir approchait, et dans la maison de Jovial Donneur, on sentait monter l'excitation. Bénédiction s'était fait faire une nouvelle toilette pour l'occasion, et son mari, qui avait l'habitude de dire qu'il ne se souciait pas de ce qu'il portait, avait revêtu une veste de cérémonie richement brodée de fils d'argent. Les deux garçons étaient habillés tout en blanc, et avaient reçu l'ordre de rester assis sans bouger pour ne pas salir leurs vêtements. Quant à Étoile de l'Aube, une couturière avait travaillé toute la journée pour lui fabriquer une robe blanche, sur laquelle étaient cousues de délicates pièces de différentes nuances de blanc, pour que tout le monde puisse voir à quel point Jovial Donneur tenait sa nouvelle fille en haute estime.

Étoile de l'Aube avait enfin été libérée de sa chaîne. En vérité, c'était indispensable si on voulait qu'elle puisse mettre sa nouvelle robe. Elle ne manifesta aucun désir de s'enfuir.

— Le roi est vraiment imposant, lui dit Bénédiction. J'espère que tu ne seras pas trop intimidée par sa présence.

— Je viens apporter un message d'une puissance encore plus grande que le pouvoir du roi, répondit tranquillement Étoile de l'Aube.

Lorsque Soren Similin arriva sur la terrasse du temple pour l'offrande du soir, le Grand Prêtre l'accueillit avec plus de chaleur qu'à l'accoutumée.

— Ah, monsieur le secrétaire. J'ai entendu dire que vous vous étiez éloigné de la cour. J'espère que vous vous êtes bien reposé.

— Merci, Votre Sainteté.

De derrière les portes fermées provenaient les éclats de voix de la séance de haine du roi.

— Qu'ils souffrent et qu'ils meurent ! Qu'ils souffrent et qu'ils meurent !

Ba ba ba bam ! Ba ba ba bam !

— Que les Nomanas meurent ! Que les Nomanas meurent !

Ba ba ba bam ! Ba ba ba bam !

Le prêtre qui devait célébrer l'offrande du soir entra.

— Dois-je préparer le tribut, Votre Sainteté ?

— Oui. Vas-y.

— Ce soir, nous avons une offrande pour la fête de quelqu'un, Votre Sainteté.

— Ah ? Et de qui s'agit-il ?

— Du marchand d'huile, Jovial Donneur.

— Ce rapace ! Il espère s'acheter ainsi une position sociale plus élevée, j'imagine. Quel genre de tribut offre-t-il ?

— Une femme. On dit que c'est une volontaire.

— Je le croirai quand je le verrai.

Le secrétaire entendit cette conversation, mais les détails de cette cérémonie ne l'intéressaient pas. Dès qu'elle serait finie, il retournerait au laboratoire, et là, il déclencherait la série d'événements qui allaient tout changer.

Le prêtre de service alla chercher le tribut du soir aux réservoirs. Le gardien ouvrit la grille, au-dessus de la fosse, et le prêtre désigna Grâce.

— C'est elle.

Grâce se leva et monta les marches sans la moindre hésitation. Sauvage comprit ce qui se passait avec quelques secondes de retard.

— Non ! s'écria-t-il. Non, pas elle ! Ne la prenez pas !

La grille se referma sur lui, le faisant tomber par terre. Les lourds verrous s'enclenchèrent avec un bruit sec. Il se releva aussitôt, se pendit aux barreaux, cogna et hurla, avant que le prêtre et le tribut ne sortent.

— Pas elle ! criait-il. Pas elle !

Grâce tourna la tête vers lui, le regarda, et lui adressa un sourire triste, plein de douceur. Il vit dans ce regard qu'elle était prête à mourir, et même qu'elle le désirait, mais la farouche énergie vitale qui était en lui se révolta. Il se retourna et cria aux autres prisonniers du réservoir, qui assistaient à la scène en silence :

— Vous êtes donc déjà morts ! Pourquoi ne criez-vous pas ? Ne hurlez-vous pas ? Ne les laissez pas faire ça ! Qu'est-ce que vous êtes ? Des poules mouillées ? De toute façon, nous allons mourir ! Ne mourez pas en silence ! Mourez en faisant du bruit ! Mourez en protestant ! Mourez avec fracas !

Il conclut en poussant un long hurlement de fureur :

— Ayaa-aa-aa !

Au-dehors, les cloches sonnaient, et le peuple de Radiance affluait vers la place du Temple. Au-dessus du lac, le soleil déclinait à l'horizon, et derrière leurs étals, les vendeurs attiraient les clients en vantant leurs marchandises à haute voix. Les murmures de la foule emplissaient l'air.

Jovial Donneur et sa famille, qui comprenait également Étoile de l'Aube, à présent, arrivèrent sur la terrasse du temple un peu trop tôt. Le roi n'était pas encore là. Le Grand Prêtre commença aussitôt le discours traditionnel, remerciant Jovial Donneur d'avoir fourni le tribut du soir. Ce discours aurait dû être prononcé en présence du roi. Jovial Donneur eut beau sourire et s'incliner comme s'il était le plus heureux des hommes de Radiance, il comprit très bien que le Grand Prêtre voulait le priver de l'honneur qui lui était dû. Il se consola en pensant à la surprise qui l'attendait.

Dans son laboratoire secret, le professeur Ortus avait fait semblant de réparer l'erreur qu'il avait fait semblant de trouver. Il réunit donc les membres de son équipe et leur ordonna de se rendre à l'offrande du soir.

— Nous avons une longue nuit devant nous, dit-il. Priez le Pouvoir Radiant pour que nous ayons la force d'achever notre grande entreprise. Revenez à minuit.

Lui-même resta au laboratoire.

Dès que ses assistants furent partis, il ouvrit la porte de la réserve où Seeker était caché, et, un doigt posé sur ses lèvres, il lui fit signe de sortir.

— Nous devons faire aussi peu de bruit que possible, murmura-t-il. Personne ne doit savoir.

Il jeta un coup d'œil à la porte du réfectoire fermé à clé, derrière laquelle Flamb, qui était la seule personne restée au laboratoire, se reposait. Aucun son ne venait de l'intérieur. Avec un peu de chance, il s'était peut-être endormi. Tant qu'ils parleraient à voix basse, le savant était sûr que Flamb ne devinerait pas ce qui se passait. Et même s'il s'en doutait, Ortus avait vu son visage vide d'idiot. Il ne craignait pas d'ennuis de ce côté-là.

Seeker restait debout, contemplant avec effroi les rangées de tubes solaires, qui reflétaient la lumière rose du soleil couchant. Il ne posa pas de questions, mais comme Flamb l'avait fait, il se dirigea vers le fauteuil qui était vissé dans le sol au centre de l'appareillage, et passa ses doigts sur ses robustes accoudoirs.

— Est-ce l'arme qui détruira Anacréa ?

— Oui.

— Comment fonctionne-t-elle ?

— Je vais te montrer. Mais d'abord, il faut que je t'attache.

Seeker regarda autour de lui les tubes et les globes de verre qui se dressaient comme des tours, ainsi que le harnais qui se trouvait au-dessus de lui. Tout cela lui parut très effrayant. Mais il était également perplexe.

— Assieds-toi dans le fauteuil, dit Ortus, en essayant de ne pas sembler trop impatient.

Seeker hésita encore un moment. Puis il s'assit dans le fauteuil.

Une petite acclamation s'éleva de la foule à la vue des trois prêtres qui escortaient le tribut du soir. Étoile de l'Aube regarda au-delà de la terrasse, et aperçut la silhouette indistincte d'une femme vêtue de blanc. Elle éprouva aussitôt un fort sentiment de culpabilité. Elle aurait dû être à la place de cette femme. Pendant le temps où elle avait essayé de se libérer par tous les moyens, elle s'était arrangée pour ne pas penser que sa survie signifierait la mort de quelqu'un d'autre. Elle détourna les yeux, bouleversée.

Le roi apparut enfin. Il boitilla jusqu'à la terrasse, le visage encore échauffé d'avoir tant crié, et il resta debout, les bras levés pour qu'on le revête de sa cape de cérémonie. A ce moment précis, le Grand Prêtre aurait dû lui présenter Jovial Donneur et sa famille, mais il n'en fit rien. Jovial Donneur, avec un sourire de plus en plus amer, fut obligé de se présenter lui-même :

— Radiance, aujourd'hui, c'est le jour de ma fête, et je suis fier de vous offrir le tribut de ce soir.

— Fier ? De quoi êtes-vous donc fier ? Ah, oui, je vois. Le jour de fête. — Le prêtre-roi lança un coup d'œil vers le petit cortège entourant le tribut. — Très bien. C'est dans cet esprit qu'il faut considérer les choses. Mais j'imagine que vous n'avez pas gagné ce tribut au combat, hein ?

Il rit, et Jovial Donneur dut rire aussi.

— Non, Radiance. Mon tribut est une femme.

— Une femme ! Eh bien ! Bravo !

— Ayaa-aa-aa ! criait Sauvage dans les réservoirs. Mourez bruyamment ! Mourez avec fracas !

— Ayaa-aa-aa !

A présent, d'autres prisonniers criaient aussi. Ils vivaient dans une telle peur que le fait de crier les soulagea. Ils furent de plus en plus nombreux à hurler, de sorte que le niveau sonore monta, jusqu'à ce que les plus craintifs sentent qu'ils n'avaient plus rien à perdre. A leur tête, Sauvage cognait contre la grille et ses verrous, tandis que les centaines de prisonniers aboyaient comme des animaux déments.

Sur la terrasse du temple, Bénédiction se tenait aux côtés de son époux, regardant devant elle avec une expression béate. Elle murmura à son mari :

— Présente notre enfant.

Le Grand Prêtre, qui suivait le cortège des yeux, ignorant résolument le moment de gloire de Jovial Donneur, se rendit compte qu'une certaine agitation gagnait les réservoirs. Il fit signe à l'un des prêtres.

— Tout ce bruit ! Arrêtez ça !

L'homme partit. Le Grand Prêtre se retourna pour voir Jovial Donneur en train de présenter au roi une fille en robe blanche.

— Radiance ! Puis-je vous présenter ma fille adoptive, Étoile de l'Aube ?

Le roi regarda Étoile de l'Aube, légèrement surpris.

— Je ne savais pas que vous aviez adopté une fille.

— Elle a un message pour vous, Radiance.

Jovial Donneur vit que le Gardien de la Couronne lui tendait l'emblème royal, afin qu'il le place sur les épaules du souverain. Les rituels de la cérémonie ne pouvaient attendre. Le soleil déclinait. Aussi, après un signe de tête encourageant vers Étoile de l'Aube, s'acquitta-t-il de ses devoirs, content de voir que ses mots avaient surpris tout le monde.

— Message ? demanda le roi.

— Message ? demanda le Grand Prêtre.

Dans son laboratoire attenant aux réservoirs, Evor Ortus aussi entendit les cris des prisonniers, mais il n'y prêta guère attention. Ses mains tremblaient tandis qu'il attachait les lanières autour des poignets de Seeker. Il ne pouvait rien y faire, il était nerveux. Il y avait trop de choses en jeu !

— Et voilà, dit-il. Tout en douceur.

— Je ne comprends pas ce que cet appareil est censé faire, dit le garçon.

Il tremblait. Ortus s'aperçut que Seeker avait peur, et qu'il devrait dire quelque chose qui le rassure.

— C'est pour te donner des forces, inventa-t-il. Pour que tu deviennes encore plus fort que les Nomanas. Ça te plairait, non ?

— Comment allez-vous me donner des forces ?

— Cette machine va te charger de puissance. Une fois que je t'aurai connecté, tu sentiras la puissance couler en toi. Alors tu seras un conquérant ! Ça te plairait, non ?

Seeker ne répondit pas. Ortus prit le harnais suspendu au-dessus du garçon, et le tira, pour le mettre au niveau de ses épaules.

— Tu ne sentiras rien d'autre qu'une petite coupure sur le côté du cou.

Sauvage criait et cognait contre les barreaux au-dessus de sa tête, et avec lui, tous les autres criaient et cognaient. Ils étaient ivres du son de leur propre colère, de leur propre peur : ils étaient tous devenus des hommes sauvages. Les gardiens de service frappèrent les grilles avec des bâtons, et hurlèrent des ordres, mais sans résultat. Lorsque l'émissaire du Grand Prêtre entra, ordonnant que les prisonniers se taisent, ses instructions furent à peine entendues.

— Arrêtez-les ! cria-t-il aux gardiens. Frappez-les ! Écrasez-les !

Les gardiens tirèrent le verrou de la porte découpée dans la grille. Deux d'entre eux soulevèrent le lourd panneau de fer pour que les autres puissent descendre dans le réservoir, frapper les émeutiers et les réduire au silence.

Ce fut une erreur.

Étoile de l'Aube s'aperçut que tout le monde, sur la terrasse du temple, avait les yeux fixés sur elle. Jovial Donneur était si nerveux que son front luisait de sueur. Le roi posait sur elle un regard sombre, de plus en plus impatient.

Bénédiction la pressa de s'exprimer :

— Rappelle-toi ce que tu nous as dit, lui chuchota-t-elle. Il y a quelqu'un dont l'âme est noire, ici.

Étoile de l'Aube comprit qu'elle devait parler.

— Je dois vous transmettre un avertissement, Radiance, dit-elle. Votre ennemi est plus près que vous ne le pensez.

Tout le monde l'entendit. Un silence électrique tomba sur l'assistance.

— Cette fille est une messagère, dit Bénédiction. Une messagère du Pouvoir Radiant.

— Radiance, reprit Étoile de l'Aube, en baissant la voix jusqu'à ce qu'elle devienne un faible murmure. La suite de mon message est pour vous seul.

Le roi écarquilla les yeux, et se pencha pour mieux l'entendre.

— Viens plus près, dit-il. Fais-moi part de ton message à voix basse. Mais dépêche-toi. Le soleil se couche.

Étoile de l'Aube s'approcha de lui. En même temps, elle étudia les couleurs du roi, et y trouva enfin l'indication dont elle avait besoin. Là, presque caché sous les jaunes et les marron dominants, signes d'arrogance et d'indifférence, une ombre bleu pâle émergea, tandis qu'elle scrutait le bleu-vert, la couleur d'un besoin inassouvi. Tous les hommes attendent des louanges du roi. De qui le roi pouvait-il en attendre ?

— Radiance, murmura-t-elle. Le Grand Pouvoir vous aime, et il vous appelle son fils.

— Son fils ! — Le roi écarquilla encore davantage les yeux.

— Radiance ! l'avertit le Grand Prêtre. Le soleil se couche !

Le roi se redressa, vit que les prêtres et le tribut étaient déjà prêts, sur le roc du temple. Il contempla fixement le globe rouge qui disparaissait à l'horizon du lac.

— Père, murmura-t-il. Je te remercie !

Se tournant vers Étoile de l'Aube, il lui dit :

— Nous reprendrons cette conversation plus tard, mon enfant. Il faut que tu me parles de cet ennemi.

Étoile de l'Aube poussa discrètement un soupir de soulagement. Elle avait survécu. Jusqu'à présent, au moins. Avec un profond sentiment de culpabilité, elle regarda vers le tribut, la femme en blanc qui allait mourir à sa place. Et en la regardant, elle eut une curieuse impression. L'impression de connaître cette femme.

« Qui êtes-vous ? »

Le tribut se retourna et la regarda, comme si elle avait entendu la question silencieuse d'Étoile de l'Aube. Pour la première fois, celle-ci vit son visage : un souvenir foudroyant éclata dans son esprit bouleversé. Elle avait déjà vu ce doux visage se tourner ainsi. Elle avait déjà ressenti cette simple sensation irrésistible d'être aimée.

« Maman ? »

Le premier gardien se laissa tomber au milieu de la masse hurlante des prisonniers, et frappa aveuglément autour de lui.

— Attrape celui qui a les cheveux jaunes ! lui cria le deuxième gardien. C'est le meneur de la bande !

Sauvage recula, l'attirant plus loin dans le réservoir. Les autres gardiens suivaient celui qui les avait précédés. Alors, avec un cri d'une incroyable férocité, Sauvage s'élança en avant, saisit le gardien à la gorge, et le jeta brutalement par terre. Aussitôt, comme si ce geste avait été le signal qu'ils attendaient, les autres prisonniers se ruèrent sur les gardiens, compensant leur manque d'armes par leur nombre.

— Mourez avec fracas ! hurlait Sauvage. Mourez en combattant !

— Radiance ! Il faut que la cérémonie continue ! Le soleil se couche !

— Pourquoi le tribut nous fixe-t-il ainsi ?

Le soleil frôlait la surface de l'eau. Le tribut se tenait immobile, regardant derrière lui. Les prêtres, tout autour, le pressaient d'avancer, mais il ne bougeait pas.

— Pourquoi n'avance-t-elle pas ? demanda Jovial Donneur. Il faut qu'elle tombe !

Étoile de l'Aube savait que c'étaient ses yeux et sa seule volonté qui empêchaient le tribut d'avancer. Elle le retenait de toutes ses forces, l'attirant vers son cœur et son esprit. Silencieusement, elle l'appela : « Maman ! »

Jovial Donneur fut soudain saisi d'une terrible appréhension. C'était son tribut. Il était censé aller volontairement à la mort. Même les tributs qui n'étaient pas consentants semblaient accepter leur destin, grâce aux tranquillisants qu'on leur administrait. Il était inconcevable que quelqu'un se débatte en haut du rocher. La pureté de l'offrande serait souillée au regard du céleste Pouvoir Radiant.

Mais le tribut ne bougeait pas.

Le Grand Prêtre, à présent très inquiet, suivit des yeux le regard du tribut qui fixait l'entourage du roi, et remarqua l'expression de la fille vêtue de blanc.

— C'est elle ! s'écria-t-il. C'est elle qui fait ça !

Le roi s'en aperçut, lui aussi. Il cria à son garde du corps, un hacheron géant :

— Empare-toi d'elle ! Tue-la !

Le professeur Ortus prépara la deuxième aiguille, pour l'enfoncer dans la veine du bras de Seeker. Le garçon était très agité, et Ortus lui-même se sentait nerveux. Il tâtonna, n'arrivant pas à trouver la veine.

— Aïe ! cria Seeker. Ça fait mal !

— Tiens-toi tranquille !

Pour son deuxième essai, il immobilisa le bras de Seeker d'une main, et fit pénétrer l'aiguille de l'autre.

— Voilà ! dit-il. C'est fait ! Comment te sens-tu ? Tu es prêt à recevoir la puissance en toi ?

— Qu'est-ce que ça me fera ?

— Elle te transformera en un véritable dieu !

Ortus traversa la pièce jusqu'aux commandes centrales. Il entendit alors du bruit venant du réfectoire. Le cri de douleur du garçon devait avoir réveillé Flamb. « De toute façon, pensa-t-il, la porte est fermée à clé. »

— Allons-y ! dit-il.

Et il appuya sur le bouton qui commandait toute l'opération.

Sur la place du Temple, les gens commençaient à s'affoler.

— Tombe ! Tombe ! criaient-ils.

En haut du rocher, les prêtres imploraient le tribut.

— Viens ! disaient-ils. Le moment est venu ! Tombe dans les bras du Pouvoir Radiant ! Donne-nous la vie !

— Tombe ! Tombe ! criait la foule tandis que le soleil descendait irrésistiblement vers l'eau.

Sur la terrasse du temple, le hacheron géant saisit Étoile de l'Aube de ses deux mains massives et la souleva dans les airs, interrompant le contact qu'elle avait établi avec le tribut. Le tribut eut un frisson, puis se tourna vers le soleil couchant.

— Tombe ! Tombe ! Tombe ! scandait le peuple de Radiance, dans un cri d'angoisse.

Les portes du réservoir s'ouvrirent violemment : rugissant, doré, magnifique, Sauvage bondit, entrecroisant les doigts de ses deux mains pour porter un double coup de poing. L'énorme tête du hacheron fut frappée de plein fouet, et son cou brisé net. Il se plia en deux, s'effondra, et Étoile de l'Aube tomba avec lui. Des piquiers sortirent des réservoirs, se déversèrent sur la terrasse, hurlant leur rage meurtrière. Les prêtres et les dignitaires du royaume, terrorisés, s'enfuirent vers le grand escalier.

— Appelez les hacherons ! cria le roi. Appelez les chiens !

Seeker était pris dans l'étau de la machine. Attaché dans le fauteuil, il était secoué de spasmes, sentait des fourmillements partout sur sa peau, et ne pouvait plus contrôler aucun de ses muscles. Il s'entendait pousser un son plaintif, tremblant et balbutiant. Il savait qu'il était allé trop loin, mais il ne pouvait échapper à son destin.

Le professeur Ortus entendit les cris de l'émeute, au-dehors. Il entendit aussi qu'on s'agitait derrière la porte fermée à clé du réfectoire.

— Tout va bien ! lança-t-il, en essayant de paraître calme.

Une voix cria :

— Qu'est-ce qui se passe ?

C'était une voix que Seeker pensait ne plus jamais devoir entendre. Il fut incapable de répondre.

— Restez où vous êtes, répondit le professeur. Tout va bien.

Il y eut alors un petit bruit contre la porte. Puis de nouveau le silence. Soudain, la porte vola en éclats sous les yeux de Seeker, et Flamb entra, transformé. Un seul coup d'œil lui suffit. Il marcha rapidement vers Seeker et enleva les aiguilles de son cou et de ses bras. Ortus se rua sur lui, prêt à tout pour l'arrêter. Flamb se retourna, et fixa le savant, emprisonnant son regard sans le sien. Ortus se figea aussitôt, glacé par la puissance qui émanait de ces yeux. Flamb leva une main et étendit deux doigts devant lui. Ortus sentit un grand poids descendre sur ses épaules et sur sa poitrine. Il tomba à genoux. Le poids l'écrasait, expulsant la vie qui était en lui.

— S'il vous plaît ! cria-t-il en suffoquant.

Il n'arrivait plus à respirer.

Flamb revint vers Seeker. D'un geste rapide, il arracha les sangles qui attachaient Seeker au fauteuil, et il l'empêcha de tomber en avant.

— Petit frère ! Mon petit frère !

Il le prit dans ses bras.

— Je ne savais pas ! Qu'est-ce que tu as fait ? Je ne savais pas !

Seeker sentit les bras de son frère qui l'étreignaient. Il essaya de parler, mais en vain. La terreur que lui avait inspirée la machine, le choc qu'il avait reçu lorsqu'il avait été en son pouvoir, l'incroyable apparition de son frère adoré sorti de nulle part, tout cela bouleversait son esprit et brouillait ses pensées. Mais soudain, levant les yeux vers le toit vitré, il vit le ciel rouge et se rappela.

— Le coucher du soleil ! Ils vont la jeter du haut du rocher !

Flamb leva la tête et émit un long sifflement perçant.

— Tombe ! Tombe ! Tombe ! scandait le peuple de Radiance tandis que le soleil s'abîmait dans l'eau.

La terrasse, où se déroulaient des scènes indescriptibles, se vidait. Les dignitaires du royaume se bousculaient pour échapper à la vengeance des piquiers, alors même que d'énormes chiens bondissaient vers le haut des marches encombrées. Le tribut se tenait tout au bord du rocher, et semblait sur le point de tomber. Les prêtres, effrayés par les piquiers, l'avaient laissé seul. Craignant pour leur propre vie, ils couraient se réfugier dans l'escalier.

Le soleil avait à moitié disparu à l'horizon.

— Tombe ! Tombe ! Tombe ! hurlaient les gens.

Les grands chiens se ruèrent sur la terrasse en aboyant, attaquant férocement les piquiers à coups de dents. Les hacherons les suivirent, balançant leurs chaînes. Sauvage protégeait Étoile de l'Aube, tout en se préparant au combat. Un chien s'accroupit, prêt à bondir. Un hacheron s'approcha, balançant sa chaîne sifflante si près de Sauvage qu'elle frôla ses bracelets sur son bras doré. Le chien s'élança...

Un sifflement perçant déchira l'air. Un homme de haute taille, vêtu d'une tunique grise à capuchon, surgit de nulle part. L'élan du chien fut brisé à mi-course. La chaîne du hacheron tomba sur le sol dans un bruit de ferraille. Un deuxième homme à capuche apparut sur la terrasse, puis un troisième. Les cris s'évanouirent sur les lèvres des piquiers en fuite. Tandis que de plus en plus d'hommes à capuche se débarrassaient de leurs déguisements, révélant qui ils étaient, les prêtres terrifiés, et les officiels qui se bousculaient dans l'escalier, s'arrêtèrent. Le vent de panique qui soufflait sur le temple retomba. Un calme soudain descendit sur le peuple de Radiance.

Les Nomanas avaient pris le contrôle de la situation.

Alors, dans le plus grand silence, le soleil sombra et disparut, sans qu'aucun tribut n'ait été offert.

La nuit était venue pour le peuple et la cité de Radiance. L'impensable s'était produit. Le jour était tombé sans qu'aucune offrande n'ait été faite au Pouvoir Radiant qui donnait la vie au monde entier. Le soleil ne pourrait donc plus se lever le lendemain matin. La fin du monde avait commencé.

Comme la foule prenait conscience de ce malheur, une terrible plainte s'éleva de la place du Temple. Les gens se mirent à gémir et à se lamenter comme des animaux blessés. Au milieu de l'immense escalier, le roi tomba à genoux, et courba la tête. Le Grand Prêtre titubait comme s'il souffrait, et proférait de graves sons gutturaux. Bénédiction respirait précipitamment et avait chaud. Elle arracha son chapeau puis, ayant de plus en plus chaud, elle arracha sa robe. Seul le secrétaire du roi resta maître de lui. Il parcourut des yeux cette ville de fous, et pensa à l'arme qu'il avait fait construire, ainsi qu'à Flamb qui l'attendait. Il se sentit alors très fier de lui, n'éprouvant que du mépris à l'égard de ceux qui l'entouraient. Que lui importait que leur dieu les trahisse ? Que lui importait qu'une poignée de Nomanas détruise toute leur cité ? Il possédait le pouvoir ultime. Il n'était pas encore entré en action. Mais lorsqu'il le ferait, ce serait fatal.

Étoile de l'Aube se releva, puis se fraya un passage sur la terrasse, jusqu'au bord du rocher. La dame en blanc se tenait immobile, sa silhouette se découpant contre le ciel embrasé. Elle l'attendait. Elle était si belle, si proche, et si triste.

— Maman ?

Étoile de l'Aube se sentait intimidée devant celle qu'elle avait tant désiré revoir. Si c'était sa mère, pourquoi ne lui tendait-elle pas les bras, et ne la serrait-elle pas contre son cœur ?

— Je ne suis pas ta maman, dit Grâce. J'ai perdu autrefois le droit de l'être.

Mais c'était bien la voix douce de sa mère, restée si longtemps gravée dans sa mémoire, et pendant si longtemps oubliée.

— Tu seras toujours ma mère, dit Étoile de l'Aube.

Et elle s'agenouilla devant elle.

— Ma chérie, dit Grâce. A quoi est-ce que je sers?

— Tu ne sers pas, maman. Tu es simplement ma mère.

Grâce tomba alors à genoux, elle aussi, et embrassa son enfant sur une joue, puis sur l'autre, voulant signifier par ces baisers qu'elle lui demandait pardon. Étoile de l'Aube comprit et pardonna. Alors, enfin, la mère prit son enfant dans ses bras.

Seeker traversa d'un pas mal assuré la passerelle de fer au-dessus des réservoirs désormais vides, et se rendit à la terrasse du temple. Là, il vit les effets du chaos dans lequel la ville avait été précipitée. Les derniers des piquiers évadés essayaient de quitter la terrasse, et de descendre jusqu'à la place. Les chiens couchés gémissaient dans la pénombre. Le corps monumental d'un hacheron bloquait à moitié l'embrasure de la porte.

Soudain, Sauvage apparut devant lui, ses bracelets d'argent reflétant les lueurs flamboyantes de la lumière mourante.

— Hé, Seeker!

Ils se tombèrent dans les bras.

— Elle est saine et sauve! dit Sauvage.

Seeker vit alors Étoile de l'Aube, à genoux sur le rocher, qui tenait les mains d'une femme vêtue de blanc.

— Ainsi, elle l'a trouvée.

Personne ne le lui avait dit. Ce n'était pas la peine. Pendant qu'il la regardait, Étoile de l'Aube se leva, quitta sa mère, et se dirigea vers eux.

— Mes amis, dit-elle.

Elle avait les larmes aux yeux.

Seeker tendit ses bras tremblants vers elle. Elle vint vers lui, et il la serra contre sa poitrine, tandis que Sauvage les étreignait tous les deux. Pendant quelques instants merveilleux, ils furent si proches qu'aucun d'eux ne ressentit le besoin de parler.

Puis Étoile de l'Aube dit :

— Sauvage m'a sauvée.

Sauvage dit :

— Les capuchons m'ont sauvé.

Seeker dit :

— Mon frère m'a sauvé.

Ils regardèrent autour d'eux. Les Nomanas étaient là, et Flamb était l'un d'eux.

Les Nobles Guerriers levèrent les bras haut au-dessus de leur tête, chacun joignant ses index pour former de son corps une flèche pointant vers les étoiles : c'était le salut des Nomanas.

Le regard de Flamb se posa tour à tour sur Sauvage, sur Étoile de l'Aube et sur Seeker.

— Tu peux être fier, petit frère, dit-il. Les Nomanas te rendent hommage.

XXXII

Nuit

Pendant toute la nuit, le peuple de Radiance marcha dans les rues, en pleurant et en demandant pardon. Les gens se rassemblaient en plein air, sur les places, autour de feux de bois improvisés, pour partager leur terreur et échapper à l'obscurité, dont ils craignaient qu'elle ne finisse jamais. Le roi, le Grand Prêtre, les hauts dignitaires de la cour, et les ministres du culte les plus éminents se rassemblèrent dans le principal sanctuaire du temple, où ils se mortifièrent, s'agenouillant sur le sol en marbre, devant l'âtre doré dans lequel brûlait un feu nocturne, symbole de leur dieu. Là, ils attendirent avec effroi l'aube qu'ils savaient ne jamais devoir venir.

Jovial Donneur réunit sa femme, ses fils, et ses domestiques, puis il alluma des torches qu'il fit disposer en cercle dans la cour de sa maison où ils passèrent toute la nuit à prier. Bénédiction, qui avait toujours été le membre le plus dévot de la famille, avait été tellement effrayée et bouleversée qu'elle en avait presque perdu l'esprit.

— J'avais une fille, répétait-elle sans cesse. Où l'a-t-on emmenée ? Pourquoi ne vient-elle pas ?

Jovial Donneur ne comprenait pas grand-chose au désastre qui les avait tous frappés, mais il était sûr d'avoir été personnellement berné. Le tribut qu'il avait acheté si cher s'était révélé être de connivence avec les Nomanas. Il était rongé de colère et d'amertume. Pour une raison ou pour une autre, tout le monde s'était entendu pour l'escroquer et pour l'humilier.

— Elle est partie, lui dit-il brutalement. Elle nous a tous ridiculisés. Je le savais depuis le début. Mais tu t'obstinais à la croire.

— Où est-elle? demanda la pauvre Bénédiction en pleurs. C'est ma petite fille à moi.

Soren Similin se tenait dans le laboratoire, plongé dans l'obscurité. A la clarté de la lune, il découvrit la dévastation de la pièce, et la ruine de tous ses espoirs. La grande machine compliquée qui remplissait la salle était désormais détruite. Flamb, son volontaire parfait, avait disparu. Son projet, son travail étaient entièrement perdus. Comment était-ce arrivé? Comment ce laboratoire secret avait-il été découvert? Comment était-on entré à l'intérieur?

Soudain épuisé, il s'assit, et enfouit sa tête dans ses mains. En quoi s'était-il trompé? Quels indices lui avaient donc échappé? Il avait été aussi surpris que tout le monde par l'arrivée des Nomanas, mais il s'était dit que ce n'était pas sa guerre. Il n'appartenait pas à Radiance, ni à son dieu. A présent seulement, devant les débris de sa plus grande création, il commençait à deviner qu'en fait, il s'agissait bien de sa guerre à lui : les Nomanas n'avaient pas attaqué un faux dieu — qu'avaient-ils à craindre de ces superstitions ridicules? — ils avaient attaqué une arme bien réelle.

Il entendit quelque chose bouger dans le noir.

— Qui est là?

Evor Ortus sortit furtivement de l'obscurité.

— Il n'y a plus rien, dit-il. Plus rien.

— Avez-vous vu ce qui s'est passé?

— Oh oui. J'ai vu.

— Est-ce que c'étaient les Nomanas ?

— C'était celui que vous avez amené ici. Le Noma que vous avez amené vous-même. Tout ça, c'est à cause de vous.

Ortus fut secoué d'un rire hystérique.

— Il a réduit la machine en miettes ! Il a cassé tout ce qu'il pouvait casser ! Un vrai massacre ! A cause de vous ! Vous vouliez tirer tout le bénéfice de cette opération. Eh bien, allez-y ! Prenez tout ! C'est vous qui l'avez amené ici ! Et par votre faute, il a détruit l'œuvre de ma vie.

— C'est absurde ! Nous pouvons la reconstruire.

— Comment ? Le soleil ne se lèvera plus jamais. C'est fini. C'est complètement fini.

Similin ne dit plus rien. L'homme avait perdu l'esprit, il s'en rendait compte. Le petit savant partit en traînant les pieds, franchit la porte en bafouillant et en gloussant tout seul, désormais inutile à qui que ce soit. Similin reprit ses réflexions et ses calculs.

Ainsi, d'une certaine façon, Flamb s'était servi de lui depuis le début. Il devait en assumer la responsabilité. Très bien. Il était prêt à accepter les conséquences de ses actes. Qu'il soit puni ! Qu'il soit en disgrâce ! Une fois de plus, il transformerait l'hostilité du monde en une source d'énergie personnelle. « Plus on se joue de moi, plus je deviens fort, se dit-il. Je suis comme l'arme que j'ai créee, et que je recréerai. Toute la haine, tout le mépris qu'on me jette à la figure coulent dans mon sang, et me rendent encore plus dangereux. Je n'ai pas été vaincu. J'ai simplement été retardé. »

Mais d'abord, il le savait, il devait subir le châtiment. Il tomba à genoux et courba la tête jusqu'à ce qu'elle touche le sol.

— Je n'ai pas bien agi, maîtresse.

Tu n'as pas bien agi, lui fut-il répondu.

— Je dois être puni.

Tu dois être puni.

Et le châtiment vint. Il avait l'impression que de petites aiguilles s'enfonçaient profondément dans sa chair, produisant une douleur aiguë qui le lançait, le lançait encore, et secouait ses membres de spasmes violents. Mais aucun son ne sortait de ses lèvres. Il se tordait par terre, ses yeux roulaient dans leurs orbites, et la sueur coulait sur son front, mais il ne poussa pas un seul cri. Lorsqu'il le méritait, il était récompensé par la douceur. Lorsqu'il échouait, il recevait un châtiment. La récompense comme le châtiment étaient des dons d'amour, et en retour il aimait sa maîtresse de tout son être, même quand elle le faisait souffrir.

A la fin de la punition, il se leva péniblement et s'assit, vidé de toutes ses forces, dans le fauteuil en bois qui avait été construit pour le porteur de l'arme. Il regarda à travers les vitres du toit les étoiles dans le ciel, au-dessus de lui. Il ne restait plus que quelques heures avant l'aube d'un jour nouveau.

« Un jour nouveau », se dit-il.

Une idée germa dans sa tête.

« Un jour nouveau. »

Lorsque les premières lueurs de l'aube se répandirent dans le ciel, les habitants de la ville, qui avaient passé la nuit dans l'angoisse, levèrent les yeux, soudain perplexes et incrédules. Devaient-ils se réjouir de voir que ce n'était pas la fin du monde ? Ou se désespérer devant l'indifférence que leur dieu manifestait à leur égard ? Car pendant toute leur vie, le rituel et le drame de l'offrande du soir leur avaient démontré, comme un examen toujours renouvelé et toujours réussi, qu'ils étaient un peuple élu. Tant que le Pouvoir Radiant, qui donnait la lumière au monde, exigeait d'eux son tribut quotidien, leur dieu était lié à eux d'une certaine façon. Leur dieu avait besoin du peuple de Radiance. Mais s'il s'avérait que le tribut quotidien n'était pas nécessaire — si le soleil se levait, que les habitants de la ville en soient dignes ou pas — alors qui pouvait dire que le Pouvoir Radiant les considérait avec plus de bienveillance que n'importe quel autre peuple ?

C'étaient des pensées dérangeantes. Trop dérangeantes pour certains. Lorsque Jovial Donneur, toujours agenouillé dans la cour de sa maison, vit dans le ciel les premières lueurs annonciatrices de l'aube, il eut le sentiment que c'était un nouveau tour qu'on allait lui jouer.

— Ce n'est pas parce qu'il y a de la lumière au-dessus des montagnes, dit-il, que c'est forcément l'aube. Qui sait si ce n'est pas la clarté de la lune ? Ou la lumière d'un feu ? Ou une fausse lumière pour éprouver notre foi ?

Mais alors qu'il prononçait ces mots, le soleil apparut au-dessus des montagnes. Des cris de stupeur et de consternation retentirent dans toute la ville. Le soleil s'était levé quand même.

Jovial Donneur ne savait plus que penser. Il se releva péniblement et éteignit les torches. Sa femme et ses deux fils s'étaient rapidement endormis, ainsi qu'une grande partie de ses domestiques. Son majordome le regardait avec des yeux apeurés.

— Que va-t-il arriver, maintenant, monsieur ?

— Comment pourrais-je le savoir ? Je ne suis qu'un marchand d'huile. Le Grand Prêtre va nous le dire.

Il avait parlé avec une profonde amertume. Il ne voyait pas comment il pourrait tirer profit de la situation, quelle que soit l'évolution de cette catastrophe. Soit les prêtres sauraient ce qu'il fallait faire — ce qui accroîtrait d'autant leur prestige — soit ils ne le sauraient pas, et l'ordre social s'effondrerait.

Il entendit une rumeur dans la rue, et se dirigea vers son portail resté ouvert, pour voir ce qu'il se passait. Là, venant de la partie basse de la ville, une grande foule avançait. Elle n'était pas menaçante, mais implorante.

— Que ta sagesse nous guide ! Que ton pouvoir nous protège !

Les gens convergeaient vers la place du Temple, entonnant ces mots familiers, désormais chargés de désespoir. Ils voulaient qu'on leur dise ce qu'il fallait penser des événements, et qu'on leur assure que, bon gré mal gré, la vie continuerait comme avant. Mais derrière cette supplication, Jovial Donneur perçut une note plus inquiétante. Le peuple se rendait au temple pour être sauvé. S'il ne l'était pas...

Il frissonna.

— Venez ! dit-il à sa famille et à ses domestiques. Il faut que nous allions voir, nous aussi.

La foule se rassembla sur la place du Temple. C'était une très grande place, mais pas assez grande pour contenir tous les gens qui arrivaient en se bousculant de toutes les rues latérales. Certains grimpaient sur les perrons, ou sur les balustrades des balcons, et remplissaient les maisons qui donnaient sur la place, tandis que d'autres allaient même se regrouper sous le vaste portique du temple. Ils laissèrent un espace vide devant les grandes portes du sanctuaire, car c'était là que le roi et les prêtres devaient se présenter devant eux.

Les cris implorants de la foule montèrent, et résonnèrent, renvoyés en écho par les murs du temple.

— Que ta sagesse nous guide ! Que ton pouvoir nous protège !

Aucune réponse ne vint de l'intérieur du temple. Mais le peuple ne quitta pas les lieux. D'abord patiemment, puis de plus en plus impatiemment, les gens lancèrent leurs cris, puis tapèrent contre les grandes portes closes.

Enfin, ils entendirent que l'on tirait les verrous. Le bruit courut dans la foule immense qui remplissait la place et les rues bondées qui y menaient :

— Les portes s'ouvrent !

Tandis que la nouvelle se répandait, le silence se fit, s'étendant de plus en plus loin, comme les rides concentriques d'un étang. Au moment où les grandes portes commencèrent à s'ouvrir, une atmosphère silencieuse et pleine d'impatience contenue planait sur la foule.

Lorsque les portes furent grandes ouvertes, les prêtres du temple apparurent. Ils formaient deux rangs, et chacun d'eux avait une main posée sur l'épaule de celui qui le précédait. Ils sortirent, la démarche hésitante, légèrement vacillante. Les gens les regardèrent, et retinrent leur souffle.

Puis le Grand Prêtre arriva. Il marchait les mains tendues devant lui, et avançait à petits pas prudents et tâtonnants. Derrière lui venait le roi, Vision Radiante, en personne. Lui aussi avait les mains tendues en avant. Le peuple les observa, et demeura perplexe. Pourquoi ses dirigeants se comportaient-ils comme s'ils ne voyaient pas, et comme s'ils ne savaient pas où ils allaient ?

Vision Radiante avança à l'aveuglette jusqu'aux marches, et son regard se posa sur la multitude de visages qui s'étendait devant lui. Mais il fut bientôt évident qu'il n'en voyait aucun. Le Grand Prêtre se tenait près de lui, ses yeux privés de vue contemplant le néant. Les ministres du culte restaient en rang, de chaque côté, et bien que leurs yeux fussent ouverts, ils étaient aveugles, eux aussi. Ce n'était pas une ruse. Ces hommes étaient de vrais croyants. Toute leur vie, ils avaient été persuadés que si le tribut n'était pas offert à leur divinité, la grande lumière ne se lèverait plus jamais. Aussi, pour eux, le soleil ne s'était-il pas levé.

— Mon peuple, déclara le roi, la voix brisée par le chagrin. Mon cher peuple ! L'obscurité s'est abattue sur nous ! La nuit éternelle a commencé ! Il n'y a plus d'espoir pour aucun d'entre nous ! C'est la fin de tout !

Le peuple l'écouta en silence, pensant qu'il ne s'agissait que du début d'un long discours. Mais ils virent le roi se retourner, et rentrer d'un pas mal assuré dans le temple. C'est alors que la fureur explosa sur la place.

— Menteur ! hurlèrent les gens. Imposteur !

— Sacrifice ! — Le cri vint de tout en haut — Il faut faire un sacrifice !

Un éclair d'or brilla sur la terrasse du temple, à l'endroit où le roi se présentait tous les soirs au peuple. Une silhouette enveloppée dans une grande cape dorée resplendissant aux rayons du soleil se tenait là, les bras grands ouverts.

— Notre dieu est en colère ! s'écria la silhouette étincelante. Le Pouvoir Radiant est en colère ! Il faut une mise à mort !

— A mort ! cria le peuple. A mort !

Les gens ne savaient absolument pas qui leur parlait, mais cet appel avait résonné en eux comme un profond écho répondant à leurs peurs. Il leur donnait un moyen de se sauver de l'horreur dans laquelle ils avaient été plongés.

— Mort aux imposteurs ! lança la silhouette étincelante, du haut de la terrasse. Qu'on les jette à bas du rocher !

Il n'en fallut pas plus. La foule comprit aussitôt que c'était la seule chose à faire, le seul moyen d'attirer de nouveau sur elle la faveur de son dieu tout-puissant. Sans hésiter davantage, les habitants de Radiance envahirent les marches du temple et se ruèrent dans le sanctuaire à la poursuite de leurs anciens maîtres. Toute leur vie, ils avaient tremblé devant eux, mais à présent, ils voyaient bien que leurs maîtres n'étaient plus sous la protection particulière du Pouvoir Radiant. La preuve en était qu'ils avaient été frappés de cécité.

La populace les poursuivit, les fit monter de force dans l'escalier jusqu'au roc immense, et de là, elle les précipita vers leur mort. Le roi, le Grand Prêtre et les prêtres moins importants, les dignitaires du royaume, furent jetés du haut du rocher par deux, trois ou quatre, et tombèrent en hurlant jusqu'aux bas-fonds ensanglantés du lac, loin en dessous.

L'homme à la cape dorée resta sous les rayons du soleil levant, le cœur empli de satisfaction. Il y voyait clair, à présent. Tout ce que les petites gens demandaient, dans la vie, c'était qu'on leur dise comment assurer leur salut. Il le leur dirait. Lorsqu'ils s'interrogeraient, inquiets, sur ce que leur dieu voulait d'eux, il les guiderait. Tout ce qu'ils demandaient, c'était de la clarté et de la cohérence.

Soren Similin avait découvert le secret du pouvoir.

Dorénavant, le petit peuple s'agenouillerait devant lui et en ferait son seigneur. Soren Similin le livrerait alors à ses maîtres, et il serait moissonné par la faux de la mort.

XXXIII

Le commencement

Ils voyagèrent ensemble, Seeker, Flamb et Sauvage, Étoile de l'Aube et Grâce, sa mère. Les Nomanas qui étaient venus à leur secours les accompagnaient également sur la longue route du sud. Étoile de l'Aube et Grâce parlaient très peu, encore bouleversées par tout ce qui s'était passé. Les Nomanas ne parlaient pas du tout. Marchant en silence, le visage dans l'ombre de leur bandane, ils semblaient presque endormis.

— Ils se sont vidés de leurs forces, dit Flamb. Ils ont besoin de se reposer.

Il restait beaucoup de choses que Seeker ne comprenait pas. Et sur la route du retour, son frère répondit à ses questions du mieux qu'il put.

— A partir du moment où j'ai quitté Anacréa, dit Flamb, les Nomanas ont veillé sur moi. Et sur toi aussi. Plusieurs des piquiers que tu as croisés sur ton chemin étaient des membres de notre communauté.

— Mais tu en as été chassé!

— Pardonne-moi, petit frère. Tout cela était de la comédie. Il fallait qu'on me croie. J'ai servi d'appât. Nous devions trouver les fabriquants de l'arme, avant qu'elle ne soit utilisée. Nous avons donc décidé de les laisser nous trouver.

— Alors, tu n'as rien fait de mal ? Tu n'es pas un traître ?

— Non. Je n'ai rien fait de mal. Si ce n'est d'avoir causé du chagrin à ceux qui m'aiment, et de vous avoir mis en danger, tes amis et toi.

— Je le savais. Je savais que tu étais bon, fort, et courageux.

— Comme toi, petit frère.

— Oh, non. Je ne pourrai jamais être comme toi.

— Tu as trouvé l'arme avant moi. Tu les as laissés te mettre dans leur machine. Tu savais que ça te tuerait.

— Oui, dit Seeker, en y repensant. J'étais sûr que j'allais mourir.

— Et pourquoi voulais-tu mourir ?

— Parce que...

Il aurait voulu parler à Flamb de la voix. Il aurait voulu lui raconter que la voix lui avait dit : « Tu sais sûrement que c'est toi qui me sauveras. » Mais les mots ne vinrent pas.

Flamb passa son bras autour des épaules de Seeker. Il était fier de lui, il l'aimait.

— Ça ne fait rien. Je sais pourquoi.

Puis il ajouta en souriant, comme il l'avait toujours fait dans le passé, quand ils allaient à l'école ensemble :

— Il est temps de rentrer à la maison, petit frère.

Étoile de l'Aube arriva à la petite maison perchée dans les collines au crépuscule. Amik l'entendit venir, et s'élança dehors à sa rencontre. Derrière Amik, Agnel bondit et jappa d'excitation en la revoyant. Étoile de l'Aube s'agenouilla, caressa le museau d'Amik et prit le chiot dans ses bras.

— Tu ne m'as pas oubliée, hein, petit Agnel ?

Le chiot se tortillait, essayant à la fois de remuer la queue et de lui lécher le visage.

— Venez ! On rentre à la maison.

Elle franchit la porte ouverte, et vit son père assis à sa table, en train de faire son travail de copie à la lueur de deux chandelles. Il leva les yeux, fit semblant de ne pas être surpris, mais elle vit ses couleurs et perçut la joie silencieuse qui l'envahissait soudain.

— Ainsi, tu es revenue, dit-il, puis il se remit à copier la fin de sa phrase.

— Oui, papa. Je suis revenue.

— Ils n'ont pas voulu de toi, hein ?

— Non. Ils n'ont pas voulu de moi.

Il posa sa plume, repoussa sa chaise et la regarda longuement.

— Ils ne savent pas ce qu'ils perdent, dit-il.

Elle remit le chiot par terre, alla jusqu'à son père qui l'étreignit, les bras tremblants.

— J'ai amené quelqu'un avec moi, papa.

— Tu me suffis, mon enfant, dit-il. Qu'est-ce que tu veux que je fasse de quelqu'un d'autre ?

— Je ne sais pas, papa. Mais tu peux toujours la renvoyer.

— Oh, c'est une femme, n'est-ce pas ? J'avais cru que tu voulais me présenter un jeune homme.

— Non, papa. C'est une femme.

Étoile de l'Aube se tourna et appela du seuil de la maison :

— Entre à l'intérieur !

Personne ne vint.

— Cette femme ne semble pas vouloir entrer, mon enfant.

— Elle pense que tu seras en colère.

— Pourquoi serais-je en colère ?

— Parce qu'elle était ici il y a longtemps, et qu'elle est partie. Le peuple vers lequel elle est allée n'a pas voulu d'elle. Et elle a eu honte de revenir.

Son père resta silencieux. Il s'assit, très calme, et regarda fixement la porte ouverte. Dehors, les ombres s'allongeaient, mais il faisait encore plus clair que dans la maison éclairée par des bougies.

— Est-ce que tu vas te fâcher, papa ?

— Je pourrais, gronda-t-il. Elle a toujours été une femme stupide.

Juste à ce moment, Grâce apparut dans l'embrasure de la porte.

— Et tu as toujours été un homme désagréable.

— Oh, c'est moi qui suis désagréable, maintenant ?

— Regarde-toi ! En train de t'abîmer les yeux ! On n'écrit pas à la lueur des bougies ! Tu n'as pas assez de lumière !

— Ce sont mes yeux, et je les abîmerai si je veux.

— Très bien, mais ne me demande pas de te guider quand tu seras devenu aveugle.

— Sûrement pas. Je me guiderai tout seul.

— Tout seul ! Écoutez-moi cet homme !

A présent, elle était entrée franchement dans la pièce et regardait autour d'elle. Les choses avaient peu changé en dix ans. Il l'observa et attendit.

— Tu t'es bien occupé de la maison, dit-elle.

— J'avais intérêt à le faire. C'est moi qui vis ici.

— Tu t'es bien occupé de toi aussi.

— Je vis tranquillement, dit-il.

— Je ne veux pas te déranger.

— Je n'ai pas l'intention de te laisser me déranger.

Étoile de l'Aube regardait leurs couleurs changer pendant qu'ils parlaient et elle comprit que ça se passerait bien entre eux. Elle vit Agnel flairer les pieds de sa mère, et sa mère se pencher pour prendre le chiot dans ses bras.

— Nous n'avons qu'une seule vie, dit Grâce.

— Et on dirait que tu as gâché la nôtre.

— C'est vrai.

— Bah, je ne sais pas si j'ai fait beaucoup mieux. Si tu

as envie de rester ici quelque temps, ça me convient à moi aussi.

Étoile de l'Aube se glissa au-dehors, sans qu'aucun d'eux ne s'en aperçoive. Elle monta sur les collines familières, où les troupeaux broutaient, et regarda disparaître les derniers rayons du soleil. Le lendemain, elle partirait de nouveau pour Anacréa. Elle avait la force tranquille de son père, et les rêves brisés de sa mère. Une chose compensant l'autre, après tout, pourquoi ses rêves ne se réaliseraient-ils pas ?

Seeker et Flamb rentrèrent chez eux ensemble. Leur mère pleura de joie, tandis que leur père hochait la tête sans rien dire. Bouleversé par un changement aussi brusque, qui le faisait passer du chagrin à la gloire, il était à la fois très fier de ses deux fils, et s'en voulait terriblement d'avoir douté de Flamb.

— Nous croyions que vous étiez partis pour toujours, leur reprocha leur mère en riant. Nous croyions ne plus jamais vous revoir ni l'un ni l'autre.

— Pardonne-moi de t'avoir désobéi, père, dit Seeker.

— Tu es revenu sain et sauf, lui répondit celui-ci. C'est tout ce qui compte.

Il s'éclaircit la gorge et toussota. Sa voix n'était pas aussi maîtrisée que d'habitude.

— Et pardonne-moi pour un autre acte de désobéissance, père.

— Quoi encore, mon garçon ?

— Je veux te demander la permission de rejoindre la communauté.

Son père fronça les sourcils. Flamb passa un bras autour des épaules de son jeune frère.

— C'est moi qui le présenterai, père. Il est né pour être un Noma.

— Tu crois ça ?... Je vois... Je vois.

Il dansait d'un pied sur l'autre, toussotait et montrait de mille manières qu'il était mal à l'aise, mais tous deux savaient que cette gêne venait de lui-même et non pas d'eux.

— Je voulais simplement ce qu'il y a de mieux pour vous. Pour vous deux. Un père doit faire tout ce qu'il peut pour guider ses enfants. Pour guider ses enfants, vous comprenez.

— C'est ce que tu as fait, père, dit Seeker. Mais j'ai seize ans, maintenant. J'ai l'âge. Je te demande la permission de trouver ma propre voie.

— Je vois. Oui. Eh bien, il me semble que tu l'as trouvée.

Sauvage attendit le retour de ses amis du côté du port. Il était assis, et balançait ses jambes au-dessus du mur du quai, offrant son visage à la douce chaleur du soleil. Il avait l'esprit vide : vide de peurs, vide d'exigences. Au moins, en cet instant ensoleillé. Il se sentait en sécurité et confiant. Un nouveau chemin allait s'ouvrir devant lui. Il y aurait des guides sur ce nouveau chemin. Pour la première fois de sa vie, il n'affronterait pas chaque nouvelle journée tout seul. Quant à savoir où menait ce chemin...

« Je serai un capuchon ! » se dit-il, et il sourit de plaisir à cette pensée. Il avait vu les capuchons à l'œuvre à Radiance, et désirait plus que tout au monde posséder leur force tranquille.

Seeker s'occuperait de tout. Il était ici chez lui, et son frère était un capuchon. Sauvage n'avait jamais eu autant confiance en quelqu'un qu'en Seeker. Plus encore qu'en Sinueux qui l'avait protégé quand il était petit. Car un jour, sans avertissement ni explication, Sinueux était parti.

Seeker lui avait serré la main en lui disant : « Je suis avec toi. A partir d'aujourd'hui jusqu'à la fin du monde. »

Sauvage le croyait.

Il leva les yeux vers le soleil étincelant, et éclata de rire. Ne s'adressant à personne en particulier, mais aux mouettes et aux faucons perchés sur la falaise, aux pêcheurs qui raccommodaient leurs filets, aux fenêtres vides du château-monastère, tout en haut, il cria :

— Hé ! Est-ce que vous m'ai-ai-mez ?

Flamb conduisit son frère au sommet des marches, vers les deux rangées de vieux pins. Mais au lieu de se tourner vers les hautes murailles du Nome, il se dirigea dans l'autre sens et prit le chemin qui se terminait en surplomb au-dessus de la mer. Là, près du garde-fou placé au bord de la falaise, Seeker vit une silhouette voûtée, assise dans une chaise roulante.

— Il t'attend.

— Tu ne veux pas venir avec moi ?

— Non, dit Flamb. Il veut te voir seul.

Seeker emprunta donc le chemin seul, entre les pins tordus, entrant et sortant de l'ombre que projetait leur haut feuillage en forme de poing. Le vieil homme ridé, assis dans son fauteuil, ne fit pas attention à lui, mais continua à contempler la mer. Seeker s'arrêta, et se tint silencieusement à ses côtés.

— Alors, Seeker, le Chercheur de Vérité, dit l'Aîné en tournant enfin la tête pour le regarder. On m'a dit que tu avais bien servi la communauté, et que maintenant, tu voulais la rejoindre.

— Oui, l'Aîné.

— Ton cœur est-il toujours plein de colère ?

— Non, l'Aîné. Je comprends mieux, maintenant.

— Pourtant, un jour viendra où tu haïras les Nomanas et toutes nos valeurs.

— Mais après, apprendrai-je de nouveau à mieux comprendre ?

L'Aîné sourit.

— Tu commences à apprendre.

Il tourna ses yeux délavés vers le grand océan.

— Est-ce que tu t'es déjà demandé ce qui s'étend au-delà de l'horizon ?

— Oui, l'Aîné. Bien souvent.

— D'autres terres ?

— J'aime à l'imaginer, l'Aîné.

— Le Toujours et Omniprésent est-il aussi sur ces autres terres ? La Lumière Limpide brille-t-elle au-delà de l'horizon ?

— J'en suis sûr, l'Aîné.

— Notre vie est dure. Tu le sais.

— Oui, l'Aîné.

— Dure à un point que tu ne peux même pas imaginer.

— J'ai seize ans, l'Aîné, dit Seeker. Comment pourrais-je savoir ce qui m'attend ? Je dois faire au mieux avec le peu que je sais.

L'Aîné approuva d'un signe de tête.

— Tu me parles sur un ton de reproche. Et tu as raison.

— Non, l'Aîné. Je ne voulais pas dire...

Le vieil homme agita une main, pour lui montrer qu'il ne lui en voulait pas.

— Si tu veux rejoindre la communauté, tu le feras. Tu as gagné le droit d'en faire partie.

Seeker sentit un grand calme l'envahir. Ce n'était pas du tout un sentiment de triomphe. Mais simplement l'impression que les choses se passaient comme elles devaient se passer : que c'était ainsi que sa vie devait être.

C'est alors qu'il se souvint de ses amis. Pendant très longtemps il avait désiré avoir des amis, et maintenant il en avait deux qui, il le savait, le resteraient jusqu'à la fin de ses jours.

— Et Étoile de l'Aube ? Et Sauvage ? Pourront-ils eux aussi rejoindre la communauté ?

— La fille, oui. Mais l'autre... Je pense que même toi, tu peux voir qu'il ne correspond pas à notre mode de vie.

— Non, l'Aîné. Je ne vois pas pourquoi.

L'Aîné leva les yeux, l'air surpris.

— Il a montré son courage. Je te l'accorde. Mais il ne comprend pas ce que nous faisons, ni pourquoi.

— Il apprendra, l'Aîné.

— Mais il n'a pas la foi.

— Il la trouvera.

Seeker n'avait pas l'intention de contrarier aussi obstinément l'Aîné, mais il n'avait pour argument que sa propre conviction. Il avait beau voir que Sauvage n'était pas un candidat très crédible, lui-même était sûr de son ami. En outre, Sauvage lui faisait confiance.

— Tu laisses peut-être ton amitié influencer ton jugement, lui dit gentiment l'Aîné.

— Nous avons fait un pacte pour nous aider l'un l'autre. Nous nous sommes toujours soutenus. Je ne peux pas m'éloigner de lui maintenant.

La cloche du Nome se mit à sonner, appelant les membres de la communauté à leur réunion quotidienne.

— Ramène-moi. Pousse mon fauteuil, veux-tu ?

Seeker conduisit le fauteuil roulant, auquel il fit faire demi-tour avant de reprendre l'allée bordée d'arbres qui menait jusqu'au Nome.

— Si nous faisions entrer ce jeune Sauvage dans la communauté et que nous nous apercevions que nous avons fait une erreur, est-ce que tu admettrais que tu as eu tort ?

— Oui.

— Tu en accepterais la responsabilité ?

— Oui.

— Il devrait alors nous quitter. Et si tu prends cette responsabilité, tu devras toi aussi nous quitter. Est-ce que tu comprends cela ?

— Oui.

— Il serait dépouillé de ses pouvoirs. Et toi aussi.

Un frisson parcourut tout le corps de Seeker. L'Aîné n'avait pas utilisé le mot, mais Seeker ne comprenait que trop bien ce qu'il voulait dire. Il serait nettoyé. Comment pourrait-il oser prendre un tel risque ?

Pourtant, il connaissait la réponse : risque ou pas, c'était la voie qui s'ouvrait devant lui, et il n'avait pas le choix : il devait la prendre.

« Là où est ton chemin, la porte est toujours ouverte. »

La voix n'avait pas voulu signifier qu'il verrait son vrai chemin chaque fois qu'il y avait une porte ouverte. C'est ce qu'il avait appris en haut du rocher de Radiance. Le sens de ces mots était : « Suis ton vrai chemin, et les portes s'ouvriront devant toi. »

— Est-ce que j'ai imaginé la voix que j'ai entendue dans le Nome, l'Aîné ?

— Non, la voix était réelle.

— Savez-vous d'où elle vient ?

— Oui, je le sais. Et tu le sauras toi aussi, lorsque tu seras prêt.

— Quand le serai-je ?

— Patience. Tu ne voudrais pas être vieux avant l'heure, n'est-ce pas ?

— Non, l'Aîné.

L'Aîné ne dit rien de plus, et se laissa pousser dans son fauteuil roulant sur le chemin bordé de pins tordus, qui menait au Nome. Lorsqu'ils arrivèrent devant la porte du Pèlerin, Flamb avait disparu, et un serviable se tenait là, attendant d'emmener l'Aîné à l'intérieur du Nome même.

Seeker osa parler :

— Quelle est votre décision, l'Aîné ?

— As-tu compris ce que je t'ai dit ?

— Oui, l'Aîné.

— Alors vous serez tous invités à rejoindre la communauté. Tous les trois. Mais c'est toi qui en prends la responsabilité. Est-ce que cette décision te convient ?

— Oui, l'Aîné.

Le vieillard approuva d'un hochement de tête, et leva une main. Seeker la prit et, courbant la tête avec respect, il la lui baisa. Alors, l'Aîné tira la main de Seeker jusqu'à ses lèvres desséchées, et la baisa à son tour.

— Nous t'attendions, Seeker, le Chercheur de Vérité.

Ils restèrent ensemble à l'ombre des hautes murailles du Nome, près de la petite porte qui n'avait pas de poignée. Chacun d'eux portait un simple sac qui contenait tout ce qu'ils possédaient désormais dans ce monde. Le Maître des Novices, accompagné d'un serviable du Nome, se tenait devant eux, prêt à les admettre dans la communauté. La mère et le père de Seeker, placés sur le côté, ainsi que la mère et le père d'Étoile de l'Aube, les regardaient.

Ainsi, humblement, ils prononcèrent leurs vœux.

— Je jure de vivre ma vie avec simplicité et dans la vérité. De ne rien posséder, et de ne construire aucun foyer durable. De ne pas aimer une personne plus que les autres. D'utiliser mes pouvoirs pour rendre la justice aux opprimés et la liberté aux asservis. D'aimer et de protéger le Tout et l'Unique. Et toujours, partout, d'obéir à la Règle des Nomanas.

Étoile de l'Aube observait Seeker pendant qu'il prêtait serment, et elle vit de nouveau scintiller autour de lui la lueur dorée qu'elle avait déjà remarquée auparavant. Cette fois, peut-être grâce à la solennité du moment, elle comprit le sens de cette couleur : c'était une profonde aspiration à un idéal, un désir, un besoin dévorant de tout ce qui durait et était vrai.

« Oh, mon ami, pensa-t-elle en regardant la subtile lueur dorée qui tremblotait autour de lui. Sauvage, toi et moi, nous deviendrons tous de Nobles Guerriers. Mais ton voyage t'emmènera plus loin et te fera découvrir plus de choses qu'aucun de nous. »

Puis elle se retourna pour embrasser ses parents, tandis que Seeker étreignait les siens. Étoile de l'Aube pleura un peu, ainsi que sa mère et celle de Seeker. Mais dèjà les pensées des novices se portaient au-delà de cet instant de séparation, vers la nouvelle vie qui allait commencer. Pour chacun d'eux, le moment où ils avaient prononcé leurs vœux à haute voix avait marqué la fin de leur ancienne vie. Cette partie d'eux-mêmes qui s'attardait à recevoir des baisers et des paroles d'adieu n'était plus qu'une ombre qui allait bientôt s'estomper.

La porte du noviciat s'ouvrit, l'étroite porte à ferrures dépourvue de poignée extérieure. Ils en franchirent le seuil sans se retourner, et elle se referma avec un bruit metallique, accompagné du grincement de ses puissants verrous qui reprenaient leur place. Tous trois avaient disparu.

Fin du premier livre

TABLE DES MATIÈRES

Biographie

William Nicholson a longtemps été réalisateur, producteur et scénariste (*Les ombres du cœur; Firelight*) avant de se consacrer à la littérature. Avec sa trilogie intitulée *Le Vent de Feu*, il a fait une entrée spectaculaire dans la littérature pour la jeunesse. Son premier roman, *Les Secrets d'Aramanth*, lui a valu le prix Smarties en 2000, une des plus grandes récompenses décernées en Grande-Bretagne. Il est également l'un des trois scénaristes du film réalisé par Ridley Scott, *Gladiator*, au succès international. Il fut à cette occasion nominé aux Oscars du meilleur scénario. Il vit actuellement dans le Sussex avec sa femme et leurs trois enfants.

Seeker est le premier volume de la trilogie des *Nobles Guerriers*.

Loi n° 49-956
du 16 juillet 1949
sur les publications
destinées à la jeunesse

ISBN 2-07-057244-7
N° d'édition : 137705
N° d'impression : 78940
Imprimé en France
sur les presses de la Société
Nouvelle Firmin-Didot
Dépôt légal : mai 2006